El mensaje de las cartas de Juan

John Stott

Ediciones Certeza Unida
Barcelona, Buenos Aires, La Paz, Lima
2019

Stott, John

El mensaje de las Cartas de Juan. – 2a. ed. – Ciudad Autónoma de Buenos Aires: Certeza Unida, 2017.

252 páginas; 15 x 23 cm. - (Stott)

Traducción de: Adam F. Sosa

ISBN 978-950-683-241-4

1. Biblia. 2. Nuevo Testamento. 3. Comentarios Bíblicos. I. Sosa, Adam F., trad. II.

Título.

CDD 225

Título original en inglés: *The Epistles of John*

Salvo que se mencione otra versión, las citas bíblicas corresponden a la Nueva Versión Internacional.

Traducción: Adam F. Sosa   Revisión bíblica: Alejandro Romero
Diseño: Ayelen Horwitz   Corrección: Adriana Riccomagno

Ediciones Certeza Unida es la casa editorial de la IFES Amércia Latina (International Fellowship of Evangelical Students, Comunidad Internacional de Estudiantes Evangélicos). La IFES es un movimiento compuesto por grupos estudiantiles que buscan cumplir y capacitar a otros para la misión en la universidad y el mundo. Más información en:

Certeza Argentina, Bernardo de Irigoyen 678, 5° "I", (1072) CABA, Argentina. certeza@certezaargentina.com.ar
Ediciones Puma, Av. 28 de Julio 314 Oficina G, Jesús María, Lima, Perú. Apartado Postal 11-168. ventas@edicionespuma.org www.edicionespuma.org
Editorial Lámpara, Calle Abdón Saavedra 2204 esquina Fernando Guachalla, Sopocachi, La Paz, Bolivia. editoralampara@hotmail.com
Publicaciones Andamio, Alts Forns 68, Sótano 1, 08038, Barcelona, España. libros@andamioeditorial.com — www.andamioeditorial.com

Impreso en Colombia. *Printed in Colombia.*

Prólogo general

Es ostensible el interés que en estos últimos años ha habido en el estudio de las Sagradas Escrituras. Se trata de un verdadero despertar bíblico que no se limita a los teólogos profesionales sino que se extiende a muchísimos cristianos tanto en el campo protestante como en el católico romano.

A pesar de la proliferación de literatura que caracteriza este momento de auge escriturístico, existe aún una necesidad ampliamente sentida entre quienes desean profundizar en el estudio de la Biblia: la de comentarios que, sin ser técnicos, expliquen el significado del texto haciendo uso de todos los recursos propios de la exégesis.

El propósito que nos anima es poner en manos del lector una obra que mantiene la calidad exegética mediante una referencia constante a los idiomas originales y a la situación histórica de los escritores sagrados, a fin de promover una genuina teología bíblica. El énfasis de este comentario está en la interpretación, aunque sin dejar completamente de lado la nota homilética. Prima el criterio de dejar que la Biblia hable por su propia cuenta. Quedan excluidas las alegorizaciones y las aplicaciones que, aunque se inspiren en el afán de mostrar la actualidad del mensaje bíblico, no puedan desprenderse legítimamente del texto.

El comentario toma como base el texto bíblico de la Nueva Versión Internacional, e incluye la referencia a otras versiones de la Biblia.

Por todos lados hoy día hay señales evidentes de un anhelo de renovación espiritual. Lanzamos este comentario al público hispanoparlante con la esperanza de que, gracias a su magistral combinación de erudición bíblica, sencillez y fidelidad a la Palabra escrita, sirva al propósito de que esa renovación mantenga una orientación auténticamente bíblica, para la gloria de Dios y la edificación de la Iglesia de Cristo.

Los editores

Índice

Prólogo del autor

Si se dice (muy razonablemente) que quien no es en ningún sentido un erudito en el Nuevo Testamento no debiera tomarse la atribución de escribir un comentario sobre cartas del Nuevo Testamento, yo diría, en una respetuosa defensa propia, que he escrito como pastor y no como teólogo. Lo cual no es del todo una desventaja, puesto que el penetrar en la literatura del Nuevo Testamento exige cierta familiaridad, no solo con los usos griegos, sino también con una situación eclesiástica local tal como la que hay detrás de las cartas juaninas. Ciertamente, Juan escribe como un pastor a su grey en un lenguaje que todo pastor moderno entenderá. Él ama a su gente. Está profundamente preocupado por protegerlos de las tentaciones del mundo y los errores de los falsos maestros, y verlos establecidos en la fe, el amor y la santidad. De modo que apela a lo que son y a lo que saben. Les advierte y los exhorta, discute con ellos y los instruye. Todo esto hallará eco en la experiencia de todo pastor a quien el Supremo Pastor le haya confiado el cuidado de un rebaño. Espero que los lectores de este comentario, sin menospreciar las cuestiones académicas planteadas por las cartas, no olviden el propósito práctico con el cual fueron escritas.

La consideración más amplia de algunos de los principales problemas exegéticos de la primera carta se ha reservado para las notas adicionales. Aun así, el comentario es más extenso de lo que hubiera tenido que ser, y estoy agradecido a los editores por haberlo aceptado indulgentemente tal como está. Mi deuda hacia otros comentaristas se hará evidente en la exposición del texto, aunque he tratado de resistir la tentación de ser un mero copista servil de otras personas mejores y más capaces.

Ruego que nos sea dada la gracia de hacer más que estudiar estas cartas, a saber, someternos a ellas en mente y vida. La Iglesia necesita su mensaje. Para usar la fraseología del propio Juan, que permanezcamos en ellas y ellas en nosotros (2 Juan 9; 1 Juan 2.24).

J.R.W.S.

Abreviaturas principales

Alexander *The Epistles of John* por Neil Alexander en los *Torch Bible Commentaries* (S.C.M. Press, 1962).

Alford Comentario sobre las epístolas de Juan por Henry Alford en su Testamento Griego (Rivingstons & Deighton & Bell, 3ª. Edición, 1866).

Barclay *The Letters of John and Jude,* por William Barclay (The Saint Andrew Press, 1958).

BJ Biblia de Jerusalén (Desclée de Brouwer, 1967).

Blaiklock *Faith is the Victory* (Estudios devocionales en la primera epístola de Juan) por E. M. Blaiklock (The Paternoster Press, 1959).

Brooke Comentario sobre las cartas juaninas por A. E. Brooke en *The International Critical Commentary* (T. & T. Clark, 1912).

Calvino Comentario sobre la Primera epístola de Juan por Juan Calvino, traducido por T. H. L. Parker, en la serie *Calvin's Commentaries* (Oliver & Boyd, 1961).

Candlish *The First Epistle of John Expounded in a Series of Lectures* por Robert S. Candlish (A. & C. Black, 1877).

DHH Dios Habla Hoy, Sociedades Bíblicas Unidas, 1994.

Dodd Comentario sobre las cartas juaninas por C. H. Dodd en *The Moffatt New Testament Commentary* (Hodder & Stoughton, 1946).

Ebrard	*Commentary on St. John's Epistles* por John H. A. Ebrard (T. & T. Clark, 1860).
Eusebio	*Historia eclesiástica* por Eusebio de Cesarea, *circa* 260–340, tarducida con introducción y notas por H. J. Lawler y J. L. Oulton (SPCK, 1927–28; dos tomos). Hay traducción castellana publicada por Editorial Nova, 1950.
Findlay	*Fellowship in the Life Eternal* (Una exposición de las cartas de Juan) por George G. Findlay (Hodder & Stoughton, 1909).
Grimm –Thayer	*Greek–English Lexicon of the New Testament* por C. L. W. Grimm, traducido, revisado y ampliado por J. H. Thayer (T. & T. Clark, 4ª. Edición, 1901).
H–A	*El Nuevo Testamento de Nuestro Señor Jesucristo,* versión Hispano–Americana (Sociedades Bíblicas Unidas, 1916).
Law	*The Tests of Life* (Estudio de la primera epístola de San Juan) por Robert Law (T. & T. Clark 1909).
Lewis	*The Johannine Epistles* por Greville P. Lewis en la serie *Epworth Preacher's Commentaries* (Epworth Press, 1961).
Liddell y Scott	*A Greek–English Lexicon* compilado por H. G. Liddell y R. Scott (1843), revisado y aumentado por H. S. Jones y R. McKenzie (1925), (Oxford University Press, 10ª. Edición, 1940).
LXX	La Septuaginta (versión griega precristiana del Antiguo Testamento).
mg.	margen
NEB	New English Bible: New Testament, 1961.
Plummer	Comentario de las epístolas de Juan en el *Cambridge Greek Testament for schools and Colleges* por Alfred Plummer (Cambridge University Press, 1894).

RSV   American Revised Standard Version, 1946–52.

RV60   La Santa Biblia, Versión de Casiodoro de Reina, revisada por Cipriano de Valera (Sociedades Bíblicas Unidas, revisión de 1960).

RV95   La Santa Biblia, Versión de Casiodoro de Reina, revisada por Cipriano de Valera (Sociedades Bíblicas Unidas, revisión de 1995).

Smith   Comentario sobre las cartas de Juan por David Smith en *The Expositor's Greek Testament* (Hoder & Stoughton, 1910).

VM   La Santa Biblia, Versión Moderna (Sociedad Bíblica Americana, 1897).

Westcott   *Commentary on the Epistles of St. John* por B. F. Westcott (Macmillan, 1883).

Introducción

I. El autor

El lugar natural en el cual buscar información acerca del autor de una carta antigua es en ella misma. En la antigüedad era costumbre que el que escribía una carta comenzara anunciando su identidad. Esta era la norma invariable de Pablo y lo mismo se puede afirmar de las cartas de Pedro, Santiago y Judas. El autor de 2 y 3 Juan se denomina a sí mismo 'el anciano', sin descubrir su nombre. Solo la carta a los Hebreos y 1 Juan empiezan sin anuncio alguno del nombre o título del autor y, de hecho, sin salutación introductoria. El anonimato de 1 Juan no se ha de explicar mediante la sugerencia de que el autor está escribiendo un tratado de teología o aun una carta general o 'católica', como Orígenes fue el primero en llamarla. Aunque tiene un considerable contenido teológico, contiene un mensaje genuinamente personal dirigido a una determinada congregación, o grupo de congregaciones, en una situación particular (ver 1 Juan 2.19).

En toda ella se mantiene la forma de dirigirse 'yo–vosotros–nosotros'; los destinatarios de la carta son los amados 'hijitos' del autor, quien conoce su historia y sus presentes circunstancias espirituales. Además, 'el escrito está animado de principio a fin de un intenso sentimiento personal' (Westcott). Es una verdadera carta pastoral, enviada por un pastor a su grey o a una parte de ella, como lo son también (y más claramente aún) las dos cartas más breves.

¿Quién fue, pues, el autor de estas cartas? Puesto que son anónimas, no hay necesidad de atribuirlas *a priori* al apóstol Juan o a algún otro Juan. No obstante, la evidencia externa está fuertemente en favor de esta atribución, particularmente en el caso de la primera carta.

a. Evidencia externa para la primera carta

Las tres cartas se encuentran en los manuscritos griegos más antiguos. La primera está incluida también en las versiones más antiguas de la Iglesia oriental y occidental, a saber, la siríaca y la latina, mientras que la segunda y la tercera no se hallan en la siríaca antigua.

Los comentaristas han hallado posibles alusiones a las cartas de Juan en una cantidad de escritos patrísticos antiguos. Así, Clemente de Roma describe dos veces al pueblo escogido de Dios como 'perfeccionados en amor', y en *La Didaqué* hay una expresión similar. La *Epístola a Diogneto* incluye frases tales como 'desde el principio', 'Dios amó a los hombres' y 'envió a su Hijo unigénito', de modo que amamos 'al que nos amó primero'. Pero solo se trata de ecos del lenguaje juanino, derivados tanto del Evangelio como de la teología juanina corriente o de la primera carta. No hay citas formales o exactas, ni mención alguna de Juan o de las cartas por nombre.

La más antigua referencia definida a estas cartas en los Padres procede de Policarpo de Esmirna (155 d.C.), quien en el séptimo capítulo de su carta a los filipenses, escrita tal vez treinta o cuarenta años antes de su martirio, afirma que cualquiera que no confiese que Jesucristo ha venido en la carne es anticristo. Pasa a instar al retorno al mensaje recibido desde el principio. Aquí hay citas de 1 Juan 4.2,3 (con una posible reminiscencia de 1 Juan 2.22 y 2 Juan 7) y 1 Juan 2.24. Sin embargo, Policarpo no atribuye sus citas a Juan.

El primero en referirse específicamente a una carta juanina fue, a mediados del siglo II, Papías de Hierápolis quien, según Eusebio (iii.39.17), 'usó testimonios tomados de la primera epístola de Juan'.

Recién cuando llegamos a Ireneo de Lyon (c. 130–200) al fin se atribuyen claramente la primera y segunda cartas al Juan que fue a la vez 'el discípulo del Señor' y el autor del cuarto Evangelio. En su *Adversus Haereses* (iii. 16. 18) cita de 1 Juan 2.18–22, 4.1–3, 5.1 y 2 Juan 7,8.

Clemente de Alejandría, que sobrevivió algunos años a Ireneo, evidentemente conoció más de una carta juanina, puesto que se refiere a 'la carta mayor' y la atribuye 'al apóstol Juan'. Sus citas son más numerosas aun que las de Ireneo. En los capítulos 2–5 de *Stromateis* cita 1 Juan 1.6,7; 2.4,18, 19; 3.18,19; 4.16,18 y 5.3,16,17, mientras en su *Quis Dives Salvetur?* capítulos 37 y 38, cita 1 Juan 3.15 y otra vez 4.18.

Tertuliano, su contemporáneo latino (220 d.C.), hizo considerable uso de la primera carta, citándola unas cincuenta veces (especialmente 1 Juan 1.1,3; 2.22; 4.1,2; 5.1) en sus escritos polémicos contra Marción, Praxeas y los gnósticos. Orígenes de Alejandría, poco después (255 d.C.), también aprovechó mucho de la primera carta, atribuyéndola a Juan, aunque, como Tertuliano, no cita las otras dos cartas más breves.

El Canon Muratorio, que probablemente fue compilado en Roma entre el 170 y el 215 d.C., tal vez por Hipólito, contiene dos pasajes importantes, aunque de significado incierto. En uno el autor explica cómo él creía que Juan había llegado a escribir su Evangelio, e inmediatamente agrega una referencia a 'sus cartas' en la cual pretende escribir 'lo que hemos visto con nuestros ojos, oído con nuestros oídos y tocado con nuestras manos' (citando 1 Juan 1.1,4). En el otro, se mencionan 'dos' cartas de Juan (no está claro de cuáles se trata); luego se las describe con la frase *in catholica habentur,* que los eruditos han interpretado en el sentido de que, o eran reconocidas 'en la Iglesia católica' o 'entre las cartas católicas'.

Cipriano, obispo de Cartago a mediados del siglo III, citó de 1 Juan 1.8 y 2.3,4,6,15–17, y es interesante notar que los pasajes que empleó tienen que ver más bien con la conducta ética que con la controversia teológica.

Cuando llegamos a Eusebio (c. 325 d.C.) hallamos que numera la primera carta entre los *homologoumena* o 'libros reconocidos', mientras que coloca la segunda y la tercera cartas entre los *antilegomena* o 'libros disputados' (iii. 25. 2,3)

b. Evidencia externa para la segunda y la tercera carta

La evidencia externa para la segunda y tercera carta no es tan clara o fuerte como para la primera. La primera cita definida ocurre en Ireneo (Adversus Haereses iii. 16. 3,8), quien menciona dos cartas, atribuyéndolas a 'Juan el discípulo del Señor', y cita 2 Juan 7, 8, 10 y 11. Clemente de Alejandría, con su referencia a la 'carta mayor' de Juan (Stromateis ii. 15.66), implica que él escribió también una o más cartas menores y, según Eusebio, en alguna otra parte menciona 'la segunda carta de Juan', la cual, dice, fue escrita a cierta dama que representa 'la santa Iglesia'. En Orígenes es donde hallamos la primera mención explícita de alguna duda acerca del autor de estas dos cartas. Él conocía ambas, pero no ha sobrevivido ninguna cita de su pluma y, según Eusebio, sabía que no eran reconocidas universalmente como 'genuinas' (vi. 25.10).

Eusebio mismo, como ya hemos dicho, colocaba la segunda y la tercera carta entre los *antilegomena* (iii. 25.10), aunque 'bien conocidas y reconocidas para la mayoría'. Agrega la interesante explicación de la incertidumbre que las rodeaba, a saber, 'si pertenecen al evangelista o a otro del mismo nombre'. En otro lugar expresa su convicción de que habían sido escritas por el apóstol Juan (vi.25.10). La referencia en el Canon Muratorio a 'dos cartas' de Juan podría ser tan fácilmente una alusión a la primera y a la segunda como a la segunda y la tercera. Jerónimo decía que las dos cartas breves eran atribuidas a Juan el Presbítero y, aunque a través de toda la Edad Media las cartas parecen haber sido aceptadas como obra del apóstol Juan, Erasmo volvió a la teoría mencionada por Jerónimo. No es sorprendente que esta mención de la segunda y la tercera carta sea más escasa que en el caso de la primera, porque ambas son brevísimas y contienen muy poco material distintivo que sería apto para ser citado.

c. Autoría común del Evangelio y la primera carta

La evidencia en cuanto a la autoría de las cartas que puede recogerse en ellas mismas es más bien indirecta que directa. Existe un problema complejo acerca de las relaciones mutuas entre el Evangelio y cada una de las tres cartas. Si se puede demostrar que cualquiera de estas, o todas ellas, fueron escritas por el autor del cuarto Evangelio, entonces evidentemente los argumentos en favor de la autoría del Evangelio serán igualmente aplicables a las cartas. Más sencillamente, si el Evangelio es del apóstol Juan, también lo serán las cartas. No es este el lugar para intentar ni siquiera una introducción a la complicada cuestión de la autoría del cuarto Evangelio. El lector deberá ver para ello comentarios competentes sobre este. Lo que aquí debemos hacer, sin embargo, es examinar la relación entre el Evangelio y las cartas. La mejor manera de proceder es considerar la evidencia de una autoría común primero entre el Evangelio y la primera carta, luego entre la segunda y la tercera y, finalmente, entre estas y la primera.

Aun una lectura superficial del Evangelio y la primera carta revela una notable similitud entre ambos tanto en tema como en sintaxis. Los temas generales tratados son en gran parte los mismos. A menudo se ha señalado que el autor de cada escrito tiene el mismo amor a los opuestos colocados en agudo contraste entre sí (luz y tinieblas, vida y muerte, amor y odio, verdad y falsedad), mientras se dice que las personas pertenecen a una u otra de dos categorías, sin una tercera alternativa (o son hijos de Dios o hijos del diablo, del mundo o no del mundo; tienen vida o no la tienen; conocen a Dios o no lo conocen.). En el estilo se advierte lo que Westcott llamó 'la misma monótona simplicidad de construcción', y el mismo amor hebreo al paralelismo. El autor usa pocas partículas, y no le agradan las oraciones subordinadas introducidas por el pronombre relativo. Por otro lado, tiene gran afición a las oraciones que empiezan con ciertas fórmulas enfáticas como 'Esto es… aquello…', 'Por esto… es que…', 'Por esto… aquello' y 'Todo aquel que…'.[1]

Cuando comparamos la ocurrencia de frases precisas en el Evangelio y la primera carta, descubrimos que de hecho se presenta el mismo propósito o plan divino de salvación, en términos casi idénticos. Esto podría resumirse como sigue, imprimiendo en primer lugar en cada paréntesis la referencia de la epístola y en el segundo el del Evangelio: En nuestro estado natural y alejado somos 'del diablo', que ha pecado y mentido y asesinado 'desde el principio' (3.8 vs. 8.44), y 'del mundo' (2.16; 4.5 vs. 8.23; 15.19). Por lo tanto 'cometemos pecado' (3.4 vs. 8.34) y lo 'tenemos' (1.8 vs. 9.41), 'andamos en tinieblas' (1.6; 2.11 vs. 8.12; 12.35, RV) y somos espiritualmente 'ciegos' (2.11 vs. 12.40) y estamos espiritualmente 'muertos' (3.14 vs. 5.25). Pero Dios nos amó y envió a su Hijo para ser 'el Salvador del mundo' (4.14 vs. 4.42) y para que tuviéramos vida (4.9 vs. 3.16). Este era su 'unigénito' (*monogenes*, 4.9 vs 1.14, 18; 3.16,18), a fin de 'quitar' el pecado (3.5 vs. 1.29). De este dan 'testimonio' en parte los que 'vieron' y en consecuencia 'testificaron' (1.2,3; 4.14 vs. 1.34; 19.35), pero especialmente Dios mismo (5.9 vs. 3.33; 5.32,34,36,37) y el Espíritu (5.6 vs. 15.26). Debiéramos 'recibir' ese testimonio divino (5.9 vs. 3.11, 31,33; 5.34), 'creer' en Aquel confirmado de esa manera (5.10 vs. 5.37–40) y 'confesarle' (4.2,3 vs. 9.22). Creyendo en él o en su 'nombre' (5.13 vs. 1.12, etc.), pasamos de muerte a vida (3.14 vs. 5.24). Nosotros 'tenemos vida' (5.11,12 vs. 3.15,36; 20.31), porque

---

1. Para un examen detallado de las similitudes y disparidades lingüísticas, véase Brooke, pp. I–xix y 235–242, y Law, pp. 341–363.

la vida está en el Hijo de Dios (5.11,12 vs. 1.4; 14.6). Esto es ser 'nacidos de Dios' (2.29; 3.9; 5.4,18 vs. 1.13).

Los que han nacido de Dios, los 'hijos' de Dios (3.1,2,10; 5.2 vs. 1.12; 11.52), son descritos de diversas maneras, en relación con Dios, con Cristo, con la verdad, con los demás hermanos y con el mundo. Son de 'Dios' (3.10 vs. 8.47) y han llegado a 'conocer' a Dios, el Dios verdadero, mediante Jesucristo (5.10 vs. 17.3). Hasta se puede decir que han 'visto' al Señor (3.6; ver 3 Juan 1.11 vs. 14.9), aunque en sentido literal nadie ha visto al Señor (4.12,20 vs. 1.18; 6.46). Los cristianos no solo son 'de Dios', sino también 'de la verdad' (2.21; 3.19 vs. 18.37). La verdad está también 'en' ellos (1.8; 2.4 vs. 8.44) y ellos la 'hacen' (1.6 vs. 3.21), porque les ha sido dado 'el Espíritu de verdad' (4.6; 5.6–14.17; 15.26; 16.13). La relación de los cristianos con Dios y con la verdad se establece por medio de Jesucristo, en quien y en cuyo amor 'permanecen' (2.6,27,28; 3.6,24; 4.13,15,16 vs. 15.4–10) y quien permanece en ellos (2.24; 3.24; 4.12–16 vs. 6.56; 15.4,5). También su Palabra permanece en ellos (1.10; 2.14,24 vs. 5.38; 15.7) y ellos en ella (2.27 vs. 8.31). De modo que ellos 'guardan su palabra' (2.5 vs. 8.51–55; 14.23; 15.20; 17.6) o 'sus mandamientos' (2.3,4; 3.22,24; 5.2,3 vs. 14.15,21; 15.10), siendo su 'nuevo mandamiento' que se amen unos a otros (2.8–10; 3.11,23; ver 2 Juan 1.5,6 vs. 13.34). Sin embargo 'el mundo los aborrecerá' (3.13 vs. 15.18, RV). Esto no debe sorprenderlos. La razón de ello es que ya no pertenecen al mundo (4.5,6 vs. 15.19; 17.6), y aunque permanecen en él no deben amar las cosas que están en él (2.15,16 vs. 17.15). Cristo 'ha vencido al mundo', de modo que por la fe en él ellos también lo han vencido (5.4,5 vs. 16.33). El resultado final de todo lo que Cristo ha hecho por su pueblo y le ha dado es la plenitud del gozo (1.4 vs. 15.11; 16.24; 17.13).

En vista de este paralelo notablemente estrecho, no parece demasiado fuerte la expresión de Alford cuando atribuye una obstinada 'perversidad' a aquellos que sostienen una autoría diferente. Sin embargo, durante los últimos cien años más o menos una pequeña pero persistente minoría de eruditos ha sostenido que la evidente similitud entre la carta y el Evangelio se debe más bien a imitación que a que el autor sea el mismo. Así, C. H. Dodd, quien sostiene que las tres cartas (pero no el Evangelio) fueron escritas por el mismo autor, supone que no fue 'un mero imitador' del evangelista, sino su 'discípulo' o 'alumno', que reflejó, aunque modificándolo, el pensamiento de su maestro, así como los barthianos modernos aceptan la teología de Karl Barth y sin embargo la adaptan. Estos eruditos señalan principalmente tres fenómenos: primero, palabras y conceptos de la carta que no aparecen en el Evangelio; segundo, peculiaridades del Evangelio que no tienen paralelo en la carta, y, tercero, diferencias sutiles pero significativas en doctrinas que son comunes al Evangelio y la carta.

Brooke analiza las cincuenta peculiaridades de la carta que enumeró Holtzmann, y al fin de cuentas no representan mucho. Las palabras más importantes de la carta que no aparecen en el Evangelio son *angelia* (mensaje), *koinōnía* (comunión fraternal), *'ilasmos* (propiciación), *crisma* (unción o ungimiento), *anticristos*, *anomia* (falta de ley) y *sperma* (semilla). Pero aunque estas palabras falten en el Evangelio, sería torpe decir que también están ausentes las ideas sobre el pecado del hombre, o la muerte de Cristo o la obra del Espíritu Santo que las mismas contienen. Para C. H. Dodd estas diferencias lingüísticas se deben en gran parte a que el Evangelio refleja el lenguaje, pensamiento y costumbres del judaísmo palestino, mientras que la carta está coloreada por el misticismo helenista con su característico vocabulario de 'luz', 'simiente', 'crisma', y sus ideas abstractas (por ejemplo, 'Dios es amor'). Pero aparte del hecho de que uno esperaría que el Evangelio, con su posición palestina, fuera más arameo que helenista, seguramente tiene razón Neil Alexander cuando afirma que en la carta 'esos términos helenistas a menudo tienen comillas invisibles'. Juan se apropia deliberadamente del lenguaje de los falsos maestros que está combatiendo.

Brooke enumera en ocho páginas las peculiaridades del Evangelio. Da un catálogo de 813 palabras que ocurren en este pero no en la carta. Esto puede parecer impresionante, pero no lo es cuando se lo examina. La gran mayoría de esas palabras carecen de importancia y se las utiliza una o dos veces. Las más notables son 'buscar' (34 veces), 'cielo' (20 veces), 'cruz' y 'crucificar' (14 veces entre ambas), 'discípulo' (78 veces), 'gloria' y 'glorificar' (39 veces entre ambas), 'ley' (13 veces), 'señal' (17 veces) y 'Señor' (52 veces). Pero de estas se puede decir que solo 'gloria' y 'glorificar' tienen un significado doctrinal significativo, porque las *ideas* de la cruz, el discipulado, el cielo, etc., están presentes en la carta aunque no lo estén las palabras.

Dejando las palabras que son peculiares del Evangelio o de la epístola, debemos considerar ahora aquellas palabras y temas que se manejan en ambos pero con una diferencia; de hecho, según C. H. Dodd, 'una diferencia formidable'. Son siete las principales, que han sido aducidas para postular una diferencia de autor:

1) En el prólogo del cuarto Evangelio, el *Logos* es personal, refiriéndose al Hijo unigénito de Dios, mientras que en el prefacio de la carta el '*logos* de vida' es impersonal y se refiere al evangelio portador de vida. Esto es probablemente cierto, como se acepta en el comentario citado (aunque, con todo, algunos sostienen que el 'Logos de vida' es personal), pero las similitudes entre el prólogo y el prefacio superan con mucho esta diferencia y están resumidas en la nota adicional en la página 73.

2) El Paracleto en el Evangelio es el Espíritu Santo, 'el Consolador', mientras en la carta este título, que no se encuentra en otra parte en el Nuevo Testamento, se aplica a Jesucristo el Justo, que es nuestro Abogado en el cielo, no en la Tierra. Pero un concepto no contradice ni excluye al otro. ¿Por qué ha de considerarse imposible que tanto la segunda como la tercera persona de la Trinidad ejerzan un ministerio de ayuda y defensa, el Espíritu en la Tierra y el Hijo en el cielo? Además, si Jesús llamó al Espíritu '*otro* Paracleto' (Juan 14.16), ¿quién es el primero?

3) En el cuarto Evangelio Jesucristo es la 'luz verdadera', 'la luz de los hombres' y 'la luz del mundo' (Juan 1.4,9 y 8.12), mientras que el mensaje de la carta es que 'Dios es luz' (1 Juan 1.5). Otra vez, ambas cosas son ciertas; no se puede decir de ninguna manera que sean irreconciliables en la mente del mismo autor que tenía un concepto tan elevado de la relación entre Padre e Hijo. Ni es del todo correcto decir que 'El Evangelio es cristocéntrico, la carta teocéntrica'[2] puesto que en la última el autor emplea muchas veces el pronombre 'él' (*autos, ekeinos*), sin especificar a quién se está refiriendo. Su alusión es normalmente al Hijo, pero no siempre considera necesario decirlo.

4) El Evangelio contiene la afirmación de que 'Dios es espíritu' (Juan 4.24), mientras la carta declara una vez que 'Dios es luz' (1 Juan 1.5) y dos veces que 'Dios es amor' (1 Juan 4.8,16). Es extraordinario que alguien pueda considerar que de alguna manera el autor de ambas declaraciones es inconsecuente.

---

2. Law, quien modifica mucho su propio aforismo.

5) La muerte de Cristo, se dice con razón, se presenta en el Evangelio como su 'levantamiento' y su 'glorificación'. Ninguna de estas palabras aparece en la carta, donde su muerte tiene un propósito propiciatorio (1 Juan 2.2; 4.10) y da vida y limpia de todo pecado (1 Juan 1.7; 4.9). Pero las referencias a la muerte de Cristo en la carta son en gran parte pasajes polémicos, en los que el propósito del autor es subrayar sus beneficios para los hombres en la salvación más bien que su significación para él en la glorificación. Además, no se puede decir que la enseñanza acerca de los méritos de la muerte del Salvador esté ausente de un Evangelio que declara que la ira de Dios está sobre el que no cree (Juan 3.36) e incluye versículos como 1.29; 3.14–16; 6.51; 10.11,15; 11.49–52; 12.24, etc.

6) La palabra *parrēsia*, osada franqueza, aparece tanto en el Evangelio como en la carta; pero en el primero denota claridad de lenguaje al hablar con los hombres (por ejemplo, Juan 10.24; 11.14; 16.29 y 18.20), y en la segunda, confianza ante Dios en la oración y en el día del juicio (Juan 2.28; 3.21; 4.17; 5.14). Todo lo que hace falta decir aquí es que la osadía debiera caracterizar al cristiano en su acercamiento a Dios y a los hombres, y que no hay razón para que el mismo autor no creyera en ambas cosas y escribiera sobre las dos.

7) Finalmente, se dice que la enseñanza escatológica es distinta. En el Evangelio, se nos dice, la escatología es 'realizada'. La vida eterna y el juicio se reciben ahora, puesto que el dar vida y juzgar son las actividades presentes de Dios por medio de Cristo (Juan 3.14–19; 5.19–27), y Jesucristo promete retornar no en gloria o en las nubes del cielo, sino espiritualmente por medio del Espíritu Santo (Juan 14.15–24, etc.). En la carta, por otra parte, se conservan las expectativas más antiguas y populares de la 'venida' personal de Cristo (*parousia*, 2.28) y su 'aparición' visible (*fanerosis*, 2.28; 3.2) y de un 'día del juicio' final (4.17). Esto, se nos dice, no toma en cuenta la profunda reinterpretación de la escatología que se da en el cuarto Evangelio; es más bien el 'pensamiento ingenuo de la iglesia primitiva' (Dodd). Pero esta reconstrucción es demasiado categórica, como si no hubiera escatología 'popular' en aquel ni escatología 'realizada' en la carta. La verdad es que el Evangelio incluye dichos de Jesús acerca de su venida para tomar consigo a su pueblo y acerca del 'último día' de resurrección y juicio (por ejemplo: Juan 14.3; 5.28,29; 6.39,40,44,54; 11.24–26; 12.48), mientras en la carta la vida eterna está considerada claramente como una posesión presente, recibida y disfrutada en Cristo, ahora (1 Juan 5.11–13). La actividad personal, presente, del Espíritu Santo en el testimonio, también se enseña en la carta; no es exacto decir que no contiene "rastros de la elevada doctrina 'juanina' que se encuentra en el Evangelio" (Dodd).

Estas diferencias de énfasis no constituyen una base solida sobre la cual fundamentar la diferencia de autor. Quedan suficientemente explicadas por el propósito diferente con que el autor escribió en cada ocasión (que muchos comentaristas parecen no haber notado adecuadamente) y por el intervalo que transcurrió entre la composición de ambos escritos. El propósito del autor al escribir se conoce por su propia definición. Escribió el Evangelio para no creyentes, a fin de despertar en ellos la fe (Juan 20.30,31), y la carta para creyentes, a fin de profundizar su seguridad (1 Juan 5.13). Su deseo para los lectores del Evangelio era que por medio de la fe recibieran vida; para los lectores de la carta, que supieran que ya la tenían. En consecuencia, el primero contiene 'señales' para evocar la fe (Juan 20.30,31), y la segunda pruebas por las cuales juzgarla. Además, en el Evangelio los enemigos de la verdad son judíos no creyentes, que dudan, no de la historicidad de Jesús (a quien podían ver y oír), sino de que sea el Cristo, el Hijo de Dios. En la carta, en cambio, los enemigos de la verdad son pretendidos cristianos (aunque las pruebas de Juan demuestran que su profesión de fe es falsa), y su problema no tiene que ver con la divinidad del Cristo, sino con su relación con el Jesús histórico. Westcott resume bien esta distinción diciendo: "el tema de la carta es 'el Cristo es Jesús'; el tema del Evangelio es 'Jesús es el Cristo'".

Esta doble diferencia de propósito implica una diferencia de tiempo y parecería establecer también, no que la carta fue escrita para acompañar al Evangelio (Ebrard, Lightfoot), menos aún que lo precedió, sino que lo siguió después de un intervalo, por cuanto los lectores de Juan debían ser conducidos a la fe por medio del testimonio y a la vida por medio de la fe, antes que pudieran obtener la certidumbre de la vida. Aquellos comentaristas que creen que la carta es anterior al Evangelio sostienen que han detectado en ella ideas embrionarias (acerca del Logos, la expiación y las últimas cosas) que finalmente germinan en el Evangelio. Pero esto seguramente es trastrocar las cosas. La carta fue escrita para personas que ya conocían la verdad y no necesitaban que nadie les enseñara (1 Juan 2.20,21,27), con tal que permanecieran en lo que habían oído desde el principio (1 Juan 2.24). La NEB llama con razón a la carta 'Un llamado a las cosas fundamentales'. Juan no está enseñando verdades nuevas o emitiendo mandamientos nuevos; los innovadores son los herejes. La tarea de Juan es llamarlos a lo que ya conocen y tienen. Todo esto parece presuponer de parte de los lectores un conocimiento del Evangelio o, cuando menos, del cuerpo de doctrina contenido en él. Podemos concordar, entonces, en que la carta es 'un comentario sobre el Evangelio, un sermón con el Evangelio como texto' (Plummer).

Hasta aquí, pues, hemos sugerido que las similitudes de tema, estilo y vocabulario entre el Evangelio y la carta proporcionan una evidencia muy fuerte para la identidad de autor, que no es materialmente debilitada por las peculiaridades de ambos o las diferencias de énfasis en el tratamiento de los temas comunes. Estas se explican en base al propósito específico de cada uno de los escritos y al lapso que puede asegurarse transcurrió entre uno y otro. La similitud entre el Evangelio y la carta es considerablemente mayor que la que existe entre el tercer Evangelio y Hechos, que se sabe proceden de la misma pluma; entre las cartas pastorales a Timoteo y Tito, y aun podría aducirse, entre las dos cartas a los Tesalonicenses escritas durante el segundo viaje misionero del apóstol Pablo y entre las epístolas a los Efesios y los Colosenses escritas durante su primer encarcelamiento en Roma. 'El uso sugiere un mismo autor que varía sus frases, más bien que un mero copista' (Brooke). 'La misma mente se ocupa de las mismas ideas en conexiones diferentes … Las cartas dan desarrollos posteriores de ideas comunes y características. Ningún imitador del Evangelio habría podido combinar elementos de semejanza y diferencia de esta manera…' (Westcott).

d. Relación de la segunda y la tercera carta entre sí y con la primera

No es necesario acumular argumentos para demostrar que 2 y 3 Juan pertenecen al mismo autor; es casi evidente por sí mismo. Es verdad que la tercera carta tiene una o dos palabras que le son peculiares (por ejemplo, *filoprōteuein* en el versículo 9 y *fluarein* en el versículo 10). No obstante, a pesar de las diferentes circunstancias que evocan y el hecho de que el varón destinatario de la tercera carta era una persona y el destinatario femenino de la segunda probablemente una personificación, hay una notable similitud en el encabezamiento (de 'el anciano' a alguien 'a quien amo en la verdad'), la misma situación en el trasfondo de itinerancia misionera, la misma longitud, patrón, estilo, lenguaje y conclusiones. Son como 'hermanas gemelas' (Alford). 'La similitud entre ellas es tan estrecha que no admite otra explicación que un autor común o una imitación consciente' (Brooke); y lo último resulta increíble en vista de la brevedad y poca importancia relativa del contenido de las cartas.

Si consideramos la relación entre las dos cartas más breves y la que Clemente de Alejandría llamó 'la mayor', se ve que las divergencias son insignificantes. Una vez que se señala que mientras el autor de la primera carta no se identifica en ninguna parte, mientras el de la segunda y la tercera se presenta como 'el anciano' y que en la primera (2.18) aparece 'anticristos', en plural, mientras en la segunda solo está en singular (v. 7, aunque evidentemente aquí es representante de la clase denominada 'muchos engañadores'), parece que esta es la suma total de las diferencias que se pueden descubrir. En contraste con estos puntos triviales son notables las similitudes entre la carta mayor y las menores. Hay el mismo énfasis sobre la 'verdad' (once veces en la segunda y la tercera, nueve veces en la primera) que consiste preeminentemente en la doctrina de que 'Jesucristo ha venido en carne' (2 Juan 1.7 vs. 1 Juan 4.2, RV). Ser leales a esta verdad es 'tener al Padre y al Hijo' (2 Juan 1.9 vs. 1 Juan 2.23), ser desleales a ella es ser un 'engañador' y 'anticristo' (2 Juan 7 vs. 1 Juan 2.22,26). Esta no es una nueva doctrina, sino la antigua. Deben 'permanecer' en ella (2 Juan 9 vs. 1 Juan 2.27) y permitir que ella 'permanezca' en ellos (2 Juan 2 vs. 1 Juan 2.14, 24). La ética cristiana, lo mismo que la doctrina cristiana, no es nueva; Juan no les escribe un 'mandamiento nuevo', sino 'lo que hemos tenido desde el principio', a saber, 'que nos amemos unos a otros' (2 Juan 5,6 vs. 1 Juan 2.7; 3.11). En esa comunión es donde puede hallarse gozo en plenitud (2 Juan 12; ver también 3 Juan 14 vs. 1 Juan 1.4). Aquellos que aman y hacen el bien dan evidencia de ser 'de Dios' (3 Juan 11 vs. 1 Juan 3.10; 4.4, 7); aquellos que pecan y hacen lo malo muestran que 'no han visto a Dios' (3 Juan 11 vs. 1 Juan 3.6).

Concluimos que las dos breves cartas fueron escritas por la misma persona y que esta fue también el autor de la primera carta y quien, como hemos sostenido ya, había escrito anteriormente el cuarto Evangelio. Si este razonamiento es correcto, significa que todo lo que podamos descubrir sobre el autor del cuarto Evangelio por la evidencia interna, se aplicará al de las cartas, y viceversa; es imposible estudiar el problema juanino si se aísla cualquiera de estos cuatro escritos, para no mencionar el Apocalipsis. Lo que ahora nos interesa, sin embargo, es averiguar si se puede descubrir alguna otra evidencia interna en las tres cartas que pueda arrojar luz sobre su autor. Esa evidencia adicional es por un lado la aparente afirmación del autor de haber sido un testigo presencial del Jesús histórico, y por otro, el tono autoritativo con que se dirige a sus lectores llamándose 'el anciano'. Si se puede demostrar que escribió como testigo *de visu* y con una autoridad consciente, habremos hecho un progreso considerable hacia la afirmación de que el autor fue un apóstol, puesto que una de las condiciones del apostolado era haber sido un testigo presencial (por ejemplo, Marcos 3.14; Lucas 24.48; Juan 15.27; Hechos 1. 21–26; 22.12–15; 26.16; 1 Corintios 9.1; 15.8,9), mientras la unicidad del apostolado consistía en la autoridad especial con que habían sido investidos por el mismo Jesucristo (por ejemplo, Marcos 3.14,15; 6.7; Lucas 6.13; Gálatas 1.1).

e. El autor como testigo presencial

La afirmación más clara y definida del autor de la primera carta de ser un testigo presencial se encuentra en sus palabras iniciales (1 Juan 1.1,3). Allí Juan está anunciando su énfasis particular. Lo que proclama acerca del Verbo de vida, el evangelio, dice, es 'lo que era desde el principio, lo que hemos oído … visto … contemplado … y tocado…'. Su mensaje tiene que ver supremamente con la manifestación histórica, audible, visible, tangible del Eterno. Difícilmente podría haber presentado más enfáticamente lo que quería decir. Responde su mensaje con su experiencia personal. No se trata de 'fábulas artificiosas' (2 Pedro 1.16, RV), sino de una revelación histórica verificada por los tres sentidos más elevados del hombre: el oído, la vista y el tacto. Sí, él hasta había 'tocado'. Repite esta apelación a la experiencia empírica en el paréntesis del versículo 2 ('la hemos visto, y testificamos', RV) y nuevamente después del paréntesis: 'lo que hemos visto y oído, eso os anunciamos' (versículo 3, RV). Su declaración es un testimonio, y su testimonio depende de la experiencia personal concedida a sus ojos, oídos y manos. Una afirmación similar parece la de 1 Juan 4.14: 'nosotros hemos visto y testificamos que el Padre ha enviado al Hijo, el Salvador del mundo', RV. El puede testificar en el presente debido a lo que ha visto en el pasado. Ese testimonio objetivo es el que confirma el testimonio interior y subjetivo del Espíritu (versículo 13). Tal vez una tercera alusión, aunque indirecta, a la experiencia *de visu* del autor se pueda hallar en la referencia al agua y la sangre en 5.6 (ver Juan 19.34,35).

Ahora bien, en 1 Juan 1.1–13 y 4.14 la afirmación de que es la experiencia de un testigo presencial se hace en la primera persona del plural. En cada caso se trata de que 'nosotros' 'hemos visto' y 'testificamos'. La pregunta es: ¿A quién incluye el autor en el 'nosotros'? ¿Es meramente un 'nosotros' editorial o epistolar con el cual (como el 'nos' real) no hace más que referirse a sí mismo? Así opina Ebrard: 'San Juan está hablando de *sí mismo* y *su* anuncio y escrito'. Su 'nosotros' está 'lleno de dignidad y distinción'. Que esto es lo que quiere decir Juan, al menos a veces, está claro por 3 Juan 9, donde salta del singular ('Le escribí a la iglesia') al plural ('pero Diótrefes … no nos acepta'). ¿O está, como cree C. H. Dodd, identificándose con la Iglesia toda? ¿O, como se ha aceptado tradicionalmente, está distinguiéndose de la Iglesia en general y asociándose con los otros apóstoles como si dijera que, aunque ellos habían muerto y solo él sobrevivía, sin embargo estaba proclamando el único mensaje apostólico, común a todos ellos, basado sobre la experiencia única, común de testigos presenciales, de los apóstoles? 'San Juan … usa el plural … como si hablara en nombre del cuerpo apostólico del cual él era el último representante sobreviviente' (Westcott). Es cierto que a menudo abandona el 'nosotros' y emplea la primera persona singular, más directa, pero no parece haber ningún cambio de sujeto entre el 'les escribimos estas cosas' de 1 Juan 1.4 y el 'les escribo estas cosas' de 2.1.

Ciertamente el uso de la primera persona del plural como indicación de que su mensaje no era suyo solamente, sino la fe apostólica, tiene paralelos en las epístolas paulinas (por ejemplo, 1 Corintios 15.11 y Gálatas 2.14–16). C. H. Dodd, sin embargo, después de un largo excurso sobre la identidad del 'nosotros' en 1.1–4 (pp. 9–16), concluye que el autor habla 'no exclusivamente por sí mismo o por un grupo restringido, sino por la Iglesia toda, a la cual pertenece el testimonio apostólico por virtud de su *koinōnia*' … El corolario es que 'esta clase de lenguaje … no es suficiente en sí para probar que el autor es un testigo presencial'. Su argumento es persuasivo y merece una consideración cuidadosa. Señala que en otras partes de la carta "el primer pronombre personal … se usa muy frecuentemente en una forma que incluye en una clase al autor y los lectores. Es lo que podríamos llamar el 'nosotros' del predicador". Pero, continúa, su uso es ocasionado por algo más que el tacto y la humildad. 'Pertenece al lenguaje de la Iglesia como comunidad'. Hasta aquí debemos estar de acuerdo. El autor se identifica claramente con sus lectores en muchas partes de la carta, como el predicador lo hace con su congregación en un sermón, tanto en la confesión (por ejemplo, 1.6–2.2), como en la afirmación (por ejemplo, 2.3; 3.2,14,19–24; 4.19 y 5.18–20) y en la exhortación (por ejemplo, 3.11; 4.7,11). En estas y otras oraciones, el autor ni está hablando editorialmente ni asociándose con los otros apóstoles, sino identificándose con toda la comunidad cristiana, o al menos con sus lectores. En cada caso el 'nosotros' introduce una declaración general aplicable por igual a todos los cristianos. En tales pasajes la antítesis de 'nosotros' no es 'vosotros' sino 'ellos', es decir, 'el mundo' de los no cristianos, grupo al cual pertenecen propiamente los heréticos, por ejemplo, 1 Juan 2.19 ('Salieron de nosotros, pero no eran de nosotros', RV) y 1 Juan 5.19 ('Sabemos que somos hijos de Dios, y que el mundo entero está bajo el control del maligno').

El problema es más difícil, sin embargo, en tres pasajes que C. H. Dodd pasa a discutir, y en los cuales la antítesis no es entre 'nosotros' y 'ellos', sino entre 'nosotros' y 'ustedes' 1 Juan 4.4–6, 14 y 1.1–5. En el primer pasaje la cuestión crucial es si hay alguna diferencia de sujeto en las expresiones 'ustedes … pertenecen a Dios' (versículo 4) y 'nosotros somos de Dios' (versículo 6). C. H. Dodd dice que no la hay y concluye que la prueba de que se conoce a Dios o se es de él, o sea, si las personas 'nos' escuchan, significa si escuchan 'a la Iglesia … proclamando el evangelio'. Ciertamente la secuencia del pensamiento en estos versículos es complicada, puesto que se mencionan no menos de cinco personas o grupos, y posiblemente seis, a saber: 'ustedes' (la iglesia), Dios, 'ellos' (los falsos maestros), 'él' (el diablo), 'el mundo' y el controversial 'nosotros'. Según el desarrollo de la argumentación, parece más natural que las declaraciones 'ustedes … pertenecen a Dios' (versículo 4) y 'nosotros somos de Dios' (versículo 6) se refieren a grupos diferentes ('ustedes' a la comunidad cristiana, 'nosotros' al cuerpo apostólico), puesto que conducen a conclusiones diferentes. 'Ustedes … son de Dios y han vencido a esos falsos profetas' (versículo 4). Es decir, su nacimiento divino los ha capacitado para resistir a las falsas enseñanzas. 'Nosotros somos de Dios, y todo el que conoce a Dios nos escucha' (versículo 6). Es decir, así como el mundo oye el mensaje de los falsos maestros que son ellos mismos del mundo (versículo 5), los que conocen a Dios y son de Él oyen a la fe apostólica porque el mensaje y la comisión de los apóstoles eran de Dios. El contraste en el versículo 4 es entre el falso maestro y el *oyente* cristiano; en el versículo 6 entre el falso maestro y el *maestro* cristiano. 'El oyente discierne el mensaje verdadero. El maestro descubre al verdadero discípulo' (Westcott sobre el versículo 6). Esta es una aplicación de las palabras de Cristo a los doce apóstoles: 'Quien los recibe a ustedes me recibe a mí; y quien me recibe a mí recibe al que me envió' (Mateo 10.40).

El siguiente versículo que examina Dodd es 1 Juan 4.14: 'Y nosotros hemos visto y declaramos que el Padre envió a su Hijo para ser el Salvador del mundo'. Nuevamente atribuye el plural a la comunidad cristiana, particularmente porque el versículo está inserto en un párrafo (versículos 7–19) en el cual 'nosotros' se refiere claramente a los cristianos en general. Sostiene que 'este es un ejemplo de un tipo de argumentación que se repite en toda la carta, en el cual se prueba la validez de ciertas proposiciones haciendo referencia a la fe y la experiencia cristianas comunes'. Y continúa: 'Es difícil aceptar un repentino cambio de significado, tan radical que mientras en todo el pasaje 'nosotros' ha significado los cristianos en general, ahora significa un grupo de testigos presenciales netamente distinguido de los cristianos en general'. La solución que propone se deriva del concepto neotestamentario, y no menos juanino, de la *koinōnia* 'que connota una participación tan profunda y completa de la vida y experiencia, que lo que se afirma de toda la comunidad se puede afirmar en algún sentido real de cada uno de los miembros, y viceversa'. Cita como paralelos del Antiguo Testamento el 'yo' de los Salmos, que a veces 'expresa la solidaridad del salmista con el Israel de Dios', una solidaridad que se extiende a 'las generaciones sucesivas de Israel', como se ve en Amós 2.10 y Josué 24.7, donde se dice que la redención de Israel ha sido vista y experimentada por una generación que, personalmente, ni la había visto ni experimentado. Asimismo, C. H. Dodd sugiere que el autor de la primera carta pudo haber escrito que toda la comunidad cristiana había 'visto' y por lo tanto testificaba de 'los poderosos actos del Señor' por los cuales había sido redimida, aunque individualmente no hubieran sido testigos de ellos.

Este es un argumento impresionante, y contiene indudablemente mucha verdad; reservamos su comentario para cuando hayamos considerado la conclusión a que llega C. H. Dodd al ocuparse ahora del prefacio (1 Juan 1.1–4). Concuerda en que 'aquí se hace ciertamente una distinción … entre el autor y sus lectores', la que se expresa por 'nosotros–ustedes' al menos en los versículos 3 y 4, aunque aun aquí refiere el 'nuestra' de 'nuestra comunión' (versículo 3) y 'nuestro gozo' (versículo 4, RV95) a la Iglesia toda. En cuanto al 'nosotros' de los versículos 1 y 2, aunque aceptando que 'esta clase de lenguaje sería muy natural en el apóstol Juan o el presbítero Juan… o algún otro testigo presencial … no es suficiente en sí para probar que el autor fue un testigo presencial'. El énfasis, sostiene, está puesto en el oír, ver y palpar, y no en la identidad de aquellos que oyeron, vieron y palparon, ni en 'el conocimiento directo de algunos cristianos frente al conocimiento de segunda mano de otros'.

Todo esto constituye una argumentación plausible, pero deja insatisfecho al lector crítico del Comentario de C. H. Dodd, particularmente con respecto al prefacio de la carta. Examinando este párrafo *de novo*, hallamos varios puntos a los cuales no se les ha dado suficiente importancia. Primero, el autor distingue entre él y aquellos a quienes se está dirigiendo, con más claridad de lo que admite Dodd, no solo como escritor a sus lectores, sino como testigo *de visu* y maestro autoritativo a los educandos. El prefacio contiene siete verbos en primera persona plural, que describen tanto la experiencia empírica como el anuncio, antes de que el autor agregue el 'ustedes' a quienes se hace el anuncio. ¿Quiénes son esos 'ustedes' a quienes 'les anunciamos' el evangelio, si el 'nosotros' que anunciaba incluye a toda la comunidad cristiana? No es ciertamente 'el mundo'. ¿Pero cómo puede ser la Iglesia? La nota de Neil Alexander carece de sentido: 'el *ustedes* de los versículos 2, 3 y 4 (los lectores de Juan) no se opone al *nosotros*, sino que está incluido en él. *Ustedes* y *nosotros* somos igualmente la Iglesia'. ¿Hemos de entender entonces que la predicación del evangelio es una suerte de auto proclamación, en la cual la Iglesia se habla a sí misma? No. La secuencia del pensamiento en el paréntesis del versículo 2 es que la vida que estaba con el Padre se nos manifestó a *nosotros*, para que nosotros pudiéramos anunciarla a *ustedes*. Y el propósito del anuncio es que *ustedes* (de una generación subsiguiente) tengan comunión con *nosotros* (los testigos originales del Verbo hecho carne). Deseamos esto para *ustedes* debido a que *nuestra* comunión es tan privilegiada y preciosa; es con *el Padre* y con *su Hijo Jesucristo* (versículo 3).

Tampoco parece justo decir que el énfasis del primer versículo está puesto en la experiencia empírica en sí como un hecho, más que en la identidad de los que tuvieron. Por el contrario, el autor parece acentuar no solo la realidad material de lo que había visto, oído y palpado, sino también las personas que habían tenido la experiencia, porque menciona que fueron 'nuestros ojos' los que vieron y 'nuestras manos' las que palparon. Además, la primera persona plural se usa no solo en los versículos que describen la experiencia histórica, sino en los que describen el anuncio de la misma. Las personas que hacen el anuncio son las personas que tuvieron la experiencia. La interpretación natural de estos versículos es, por consiguiente, no meramente de una experiencia empírica en general, ni de los testigos originales con quienes la comunidad cristiana está identificada en la *koinōnia,* sino de la experiencia personal de los mismos que ahora están haciendo el anuncio. Aquellos cuyos ojos han visto, cuyos oídos han oído y cuyas manos han palpado, son los que abren sus bocas para hablar.

Esto se ve con particular claridad en el empleo que hace el autor, además de 'nosotros anunciamos' (*apangellomen*), del verbo 'testificamos' (*martyroumen*) precedido por 'hemos visto' ('*eōrakamen*). Aunque es cierto que *martyreisthai* se emplea comúnmente en Hechos para 'predicar', que es dar testimonio público de los hechos del evangelio, la expresión compuesta 'ver y testificar' es empleada exclusivamente con relación a los testigos presenciales, especialmente por Juan. Las dos formas 'un par de ideas compacto' (Ebrard). Así Juan el Bautista 'dio testimonio' diciendo: 'Vi al Espíritu que descendía … sobre él. Y yo le vi, y he dado testimonio de que este es el Hijo de Dios' (Juan 1.32,34, RV). La misma combinación se emplea en relación con la enseñanza del mismo Jesús (Juan 3.11,32), y del testimonio del propio evangelista en el Evangelio, en relación con el lanzazo: 'El que lo vio ha dado testimonio' (19.35). Ver también Hechos 22.14–16. En todas estas ocurrencias de la relación 'ver y dar testimonio', está claro que el haber visto califica al testigo. Solo podía testificar de lo que había visto, y porque lo había visto.

En vista de este consecuente empleo neotestamentario (y especialmente juanino), debemos disentir respetuosamente de C. H. Dodd en su interpretación del 'nosotros' tanto en el prefacio como, con un poco menos de convicción, en 1 Juan 4.14. Interpretar estas palabras 'sobre una visión espiritual', escribe Brooke, 'sería en extremo forzado y antinatural'. Tampoco es convincente la clase de visión de segunda mano de la comunidad cristiana. Alford se acerca a la verdad cuando escribe acerca del 'nosotros' enfático de 4.14: 'este *ēmeis* pone en agudo relieve el cuerpo apostólico al que Cristo designó sus testigos, Juan 15.27, Hechos 1.8. La afirmación es de la misma especie que la del cap. 1.1'. Toda la dificultad surge de que el autor (si es un apóstol) era un hombre que tenía dos posiciones. En un sentido, asociado con sus colegas apostólicos, era único; en otro sentido, asociado con sus lectores, era simplemente un cristiano común. Vemos esta misma tensión en el apóstol Pablo, quien al principio de una epístola puede titularse 'esclavo de Jesucristo', un título compartido por todos los cristianos, y 'llamado a ser apóstol' o 'apóstol de Jesucristo', lo cual lo coloca en una categoría aparte de sus lectores (Romanos 1.1; Tito 1.1). Así Juan puede llamar a aquellos a quienes escribe, tanto 'hijitos', lo cual indica tanto su autoridad como su edad, como 'hermanos' en igualdad de posición con ellos. Puede comenzar escribiendo: 'hemos visto y testificamos y os anunciamos' (1 Juan 1.1–5, RV), distinguiéndose de ellos, y continuar inmediatamente: 'si decimos que no tenemos pecado' (versículo 8), incluyéndose él mismo entre ellos. Nuevamente, en 1 Juan 2.1, RV 'Hijitos míos, estas cosas os escribo para que no pequéis' es seguido inmediatamente por 'y si alguno hubiera pecado, abogado tenemos…'

Solo el contexto puede guiarnos para descubrir si su 'nosotros' es únicamente apostólico o se refiere al común de los cristianos. Parece que cuando se trata de la doctrina, conserva la modalidad 'nosotros–ustedes'. Así sucede en 1 Juan 4.1–6. El cambio se produce abruptamente en el versículo 7: 'Queridos hermanos, debemos amarnos unos a otros'. Aunque él y ellos eran distintos en la relación enseñar–aprender, eran uno en responsabilidad ética. Ciertamente cuando les está enseñando, o cuando se refiere a la fe apostólica que han recibido de él 'desde el principio', cae directamente en el lenguaje 'yo (o nosotros) – ustedes', (por ejemplo; 1 Juan 2. 7,18,21,24). Un ejemplo particularmente interesante es 1 Juan 3.11, porque empieza:

'este es el mensaje que *han* oído desde el principio' y continúa: 'que *nos amemos* unos a otros'. Es 'yo–ustedes' en la entrega del mensaje, pero 'nosotros' al recibirlo y obedecerlo. Es por esta razón, sin duda, que la única excepción a la regla mencionada es 2 Juan 5, donde al principio describe el mandamiento como 'el que hemos tenido desde el principio, que *nos amemos* los unos a los otros', RV60, puesto que se aplica tanto a él como a ellos y él no se exime de su obediencia. Pero en el versículo siguiente vuelve al lenguaje directo: 'Y este es el mandamiento: que *vivan* en este amor, tal como *ustedes* lo han escuchado desde el principio'. Todos estos ejemplos del uso de 'nosotros' por el autor, puede hacernos convenir con Calvino: 'Como las palabras están en plural y la cuestión se aplica igualmente a todos los apóstoles, lo interpreto como referencia a ellos; especialmente porque trata de la autoridad de los testigos'.

f. La conciencia de autoridad del autor

El tono autoritativo del autor es particularmente evidente en los pasajes 'yo–vosotros' y parece más notable cuando se lo ve en contraste con la forma humilde en que se asocia con sus lectores en algunos de los pasajes 'nosotros'. No hay nada tentativo o apologético en cuanto a lo que escribe. No vacila en llamar a ciertas personas mentirosas, engañadoras o anticristos. Proporciona las pruebas mediante las cuales cada cual puede ser catalogado en una u otra de las dos categorías. Según su relación con tales pruebas, o tienen a Dios o no lo tienen, conocen a Dios o no, han nacido de Dios o no, tiene vida o están en muerte, andan en tinieblas o en luz, son hijos de Dios o hijos del diablo. Esta autoridad dogmática del autor se ve especialmente en sus declaraciones y mandamientos. Para algunos de estos pronunciamientos, véase: 1 Juan 1.5; 2.1,2; 2.8; 2.17; 2.23; 3.6,9; 4.8,16; 4.18; 5.12. Para mandamientos positivos, véase: 1 Juan 2.15; 2.28; 4.1; 5.21. Más notables que los mandamientos éticos generales de la primera carta son las instrucciones personales y particulares de la segunda y tercera: 'Si alguien los visita y no lleva esta enseñanza, no lo reciban en casa ni le den la bienvenida' (2 Juan 10); y en la tercera epístola, la instrucción de hospedar a los misioneros cristianos itinerantes, una instrucción que Diótrefes había desobedecido desafiando la autoridad del Anciano (versículos 5–10).

¿Pero quién es este que pretende hacer afirmaciones tan dogmáticas y emitir mandamientos que recuerdan lo que James Denney llamó 'la soberana autoridad legislativa' de Jesús mismo? En sus declaraciones y mandamientos, es verdad, Juan a veces cita o es un eco de la enseñanza de Jesús que él mismo ha registrado en el Evangelio (por ejemplo, Juan 2.25; 3.13), pero va mucho más allá. Se atreve a dar instrucciones y directivas en cuestiones que exceden la enseñanza del Señor. Además, al hacerlo insinúa que considere una clase de enseñanza más autoritativa que la otra. Algunos de los mandamientos sobre los cuales escribe son de Dios (por ejemplo, 1 Juan 3.23,24; 5.3), algunos de Cristo (por ejemplo, 1 Juan 2.7; 2 Juan 5), y algunos suyos (por ejemplo, 2 Juan 10,11 y 3 Juan 9 ss.). Pero él no hace distinción alguna entre ellos; espera que todos sean obedecidos. Compárense los mandamientos y requisitos de obediencia de Pablo en 2 Tesalonicenses 3.4,6,10,12,14).

Todo esto 'hubiera sido imposible para un personaje inferior a un apóstol' (Smith). Su actitud es enteramente consecuente con la posición única ocupada por los apóstoles de Jesús en vista de las promesas y la comisión que él les diera. Debían enseñar a otros y observar todo lo que él les había ordenado (Mateo 28.20), pero él, por su Espíritu, continuaría enseñando y ordenando por medio de ellos (Juan 14.26; 16.12,13; ver también Hechos 1.1). Era esa comisión que les había sido conferida la que, junto con su experiencia *de vis*, constituían el carácter único de los apóstoles; y Juan reclama ambas cosas en el primer capítulo de su primera carta. Lo que había 'visto' de Cristo era lo que lo calificaba para 'anunciar' a otros un mensaje autoritativo. Si la pretensión de Juan a esta doble calificación es una pretensión verdadera, entonces su identidad es la del apóstol Juan.

g. El título de 'anciano'

Pero en la segunda y tercera carta el título que se da no es 'apóstol', sino 'anciano'. ¿Por qué es esto? Es cada vez más común que los comentaristas respondan a esta pregunta diciendo que en realidad hubo dos Juanes (que pueden o no haber vivido ambos en Éfeso), Juan el apóstol y Juan el presbítero (o 'anciano'), y que fue el último quien escribió estas cartas. Algunos agregan que también escribió el Evangelio. ¿Qué evidencias hay de que existió tal persona? Se la halla en la *Historia eclesiástica* de Eusebio, al final del Libro III, en el cual ha estado describiendo algunas de las personalidades destacadas del período subapostólico. El último capítulo (39) se refiere a Papías, obispo de Hierápolis, de quien cita el dicho que 'si llegara a venir alguien que hubiera sido realmente seguidor de los ancianos', él (Papías) inquiriría acerca de (o en) 'los discursos de los ancianos, lo que Andrés o lo que Pedro dijeron, o lo que Felipe, o lo que Tomás o Santiago, o lo que Juan o Mateo o cualquier otro de los discípulos del Señor; y las cosas que dicen Aristión y Juan el anciano, discípulos del Señor' (iii. 39.4). Inmediatamente Eusebio llama la atención a la doble mención de Juan, una vez con los apóstoles y otra con Aristión. Y concluye que Papías se estaba refiriendo a dos Juanes distintos, el apóstol y el presbítero. Fundándose en esto, y a pesar de que cita a Ireneo diciendo que Papías era 'un oyente de Juan y compañero de Policarpo, un hombre de los primeros tiempos' (iii. 39. 1), continúa aseverando categóricamente que Papías 'en ningún sentido fue un oyente y testigo presencial de los santos apóstoles' sino que solo aprendió 'de sus alumnos' (iii. 39. 2).

¿Pero es correcta la interpretación de Eusebio? Él estaba escribiendo un siglo después, y tenía una pobre opinión de Papías, de quien dijo, a juzgar por sus escritos, 'era un hombre de inteligencia sumamente pequeña' (iii. 39. 13). Este no solo no era inteligente, sino 'un escritor chapucero en forma poco común' (Dodd). Ciertamente su declaración acerca del 'anciano Juan' es ambigua. Brooke se refiere 'al anciano a quien Papías distingue tan cuidadosamente del apóstol', mientras otros comentaristas dudan de que fuera la intención de Papías hacer distinción alguna entre los dos Juanes. Señalan estos, con razón, que los siete apóstoles mencionados en la cita son asimismo llamados 'ancianos' lo mismo que 'el anciano Juan' (iii. 39. 4 y ver también 39. 7), y sostienen que 'es imposible que el término tuviera diferentes significados dentro del espacio de una misma oración' (Smith). No solo los siete apóstoles y el 'anciano Juan' son todos igualmente 'ancianos', sino que unos y otros también son llamados 'discípulos del Señor', a quien habían conocido en los días de su carne. Los siete eran apóstoles o 'ancianos' o discípulos, pero habían muerto. Aristión estaba vivo y era un discípulo, pero no apóstol. Juan estaba en una categoría propia porque solo él poseía las tres condiciones: ser un discípulo, un apóstol y un anciano, y estar vivo. Por eso es que se lo menciona dos veces: primero con Andrés, Pedro, Felipe y los otros que, aunque no vivían, eran como él apóstoles o ancianos, y segundo, con Aristión quien, aunque no un apóstol o anciano, estaba como él vivo.

Esta interpretación es sugerida por el cambio de tiempo, a lo cual Plummer, Smith y otros han llamado la atención, de lo que los apóstoles/ancianos 'dijeron' (*eipen*) a lo que dicen (*legousin*) Aristión y el anciano Juan. Sostienen coherentemente que Papías estaba afirmando que sus materiales provenían de dos fuentes: una de segunda mano, a saber, los 'seguidores' de los apóstoles/ancianos que les habían oído durante su vida, y la otra de primera mano, a saber, testigos presenciales, ya fueran discípulos como Aristión o el único apóstol/anciano sobreviviente, Juan. Puesto que Papías había oído la enseñanza de Juan en las dos formas, por información de otros y de sus propios labios, lo menciona dos veces. Si no se puede probar que esta interpretación y no la de Eusebio es la correcta, al menos debe admitirse con C. H. Dodd (para quien el autor de las tres cartas fue un 'presbítero Juan' distinto del apóstol) que Papías 'se expresa tan incoherentemente en el pasaje crucial, que sería posible sostener que quería incluir apóstoles en la clase más amplia de los presbíteros'.

También se cita a Ireneo, obispo de Lyon, en apoyo de la teoría de los dos Juanes. El mismo procedía de Asia y estaba familiarizado con los escritos de Papías. En su famoso *Adversus Haereses* (v.33,36) se refiere varias veces a un grupo de personas a quienes llama 'los presbíteros, discípulos de los apóstoles'. Parece estar refiriéndose a 'aquellos que habían acompañado a los apóstoles, y tal vez habían sido puestos en funciones por ellos' (Brooke) quienes de ese modo 'formaban un eslabón entre los apóstoles y la generación siguiente' y 'transmitían … las tradiciones apostólicas' (Dodd). A veces menciona también a uno de esos presbíteros en singular (iv.47, 49, i.8,17 e *Historia eclesiástica*, v.8.8, 'cierto anciano apostólico, cuyo nombre encomienda al silencio'), pero no hay indicación alguna de que se refiera al presbítero Juan a quien de hecho no menciona. Se refiere, sin embargo, al apóstol Juan, y lo llama un 'discípulo del Señor', que es el mismo título que usa Papías para los siete apóstoles/ancianos, Aristión y 'el anciano Juan'.

Eusebio cita también a Dionisio de Alejandría, del siglo III (iii.39.6 y vii.25.16) en confirmación de su teoría de que habían existido dos Juanes: 'puesto que se dice que en Éfeso había dos tumbas, y cada una de ellas se dice que era de Juan'. Esta declaración debe ser tratada con mucha precaución. Para empezar, Eusebio no parece tener ningún conocimiento personal de esas dos tumbas; meramente cita a Dionisio. Tampoco este pretende conocerlas personalmente; se limita a decir que 'se dice' que había dos tumbas y que 'se dice' que ambas eran de Juan. Además, Dionisio tenía una razón para querer distinguir dos Juanes: estaba decidido a hallar otro Juan, que no fuera el apóstol, a quien atribuirle el libro del Apocalipsis que no era de su agrado. Finalmente, aunque en algún momento hubiera habido en Éfeso dos tumbas que llevaban el nombre de Juan, es más probable que hubiera pretendientes rivales a la tumba del mismo Juan que tumbas separadas de dos Juanes distintos. Ciertamente Policrates, que era obispo de Éfeso a fines del siglo II, y que envió al obispo Víctor, de Roma, una lista de las celebridades cristianas primitivas que habían sido sepultadas en ciudades asiáticas, no menciona al 'anciano Juan'; pero menciona que en Éfeso se encontraban las tumbas del apóstol Juan y de Policarpo. Recién en la época de Jerónimo (m. 420) se dijo que una segunda tumba podía ser un lugar alternativo para la sepultura del mismo Juan, o el sepulcro de otro Juan 'el anciano', quien según la opinión de muchos era el autor de las cartas más breves (*De Viris Illustribus* 9).

Es probable que Eusebio adoptara la teoría de los dos Juanes por la misma razón que Dionisio, a saber, que desaprobaba el Apocalipsis por sus supuestos conceptos milenarios, y quería atribuirlo a otro autor que el apóstol Juan. En consecuencia propuso a 'Juan el anciano' y citó a Papías y Dionisio en apoyo a tal persona.

Debe admitirse que las bases para creer en un segundo Juan, 'el presbítero', son extremadamente escasas. Plummer no vacila en escribir: 'No hay evidencia independiente de la existencia de un segundo Juan. Papías, interpretado o mal interpretado por Eusebio, es nuestro único testimonio … Nosotros, por lo tanto, consideramos al segundo Juan como no histórico'.

Dejando ahora la debatida cuestión de la historicidad de un 'presbítero Juan' distinto, supongamos por un momento que tal persona hubiera existido y preguntémonos: ¿podría ser el autor de estas cartas? Aquí los eruditos se encuentran en dificultades, porque algunos quieren que sea el autor de las cartas y otros del Evangelio, mientras otros aun quieren que sea el autor del Apocalipsis. Dejando de lado esta tan ofensiva contienda para el nebuloso presbítero Juan, a fin de atribuirle escritos de los cuales se deseaba eximir de responsabilidad al apóstol Juan, ¿hay alguna evidencia de que ese presbítero escribiera las cartas? Westcott describe tal posición como 'puramente conjetural' y agrega que 'no hay la menor evidencia directa, externa o interna, en su favor'.

Estamos de acuerdo, desde luego, en que el autor de las dos cartas breves se llama a sí mismo 'anciano'. Debe haberlo hecho, sin agregar su nombre, porque su identidad era tan bien conocida y su autoridad tan reconocida que podía emplear el título sin necesidad de explicación o ampliación alguna. Además, puesto que las dos cartas fueron escritas a diferentes iglesias, evidentemente era conocido y reconocido en una vasta región de la provincia de Asia. Al leer sus cartas se evidencia que estaba íntimamente relacionado con sus asuntos, y acepta la responsabilidad por su supervisión espiritual. Los ama, los exhorta, les advierte, les ordena. ¿Es posible que un hombre tan prominente, que ejercía tal autoridad y escribió tres cartas que fueron incluidas en el canon del Nuevo Testamento, no hubiera dejado más rastros suyos en la historia que una dudosa referencia de Papías? Parece mucho más probable que esa amplia autoridad fuera la del apóstol Juan que, según una tradición bien confirmada, vivió hasta una gran ancianidad en Éfeso. Eusebio dice (iii.23.1,3,4) que 'aquel a quien Jesús amó, juntamente apóstol y evangelista, Juan,' vivió en Asia 'dirigiendo las iglesias de allí'; según Ireneo, 'hasta la época de Trajano' (reinó del 98 al 117 d.C.). Tan extensa era su 'diócesis', que, según las palabras de Clemente de Alejandría citado por Eusebio, 'acostumbraba salir, cuando se lo solicitaban, a los distritos vecinos también de los gentiles, para designar obispos en algunos lugares, organizar iglesias enteras en otros...' (iii. 23.6).

Si el autor fue el apóstol Juan, cabe preguntar todavía por qué se presenta como 'el anciano'. No tiene nada de extraño que un apóstol se llame 'anciano'. El título había sido tomado de las costumbres judías, y en las iglesias cristianas se designaban ancianos, al menos desde la época del primer viaje misionero de Pablo (Hechos 14.23). El apóstol Pedro se aplica él mismo el título, y se considera 'anciano como ellos' con relación a aquellos a quienes escribe su primera carta (1 Pedro 5.1). Y hemos visto que la cita de Papías, de cualquier manera que se la interprete, llama también 'ancianos' a los apóstoles. ¿Pero por qué emplea Juan el título absoluto *el* anciano? Desde luego, la palabra significa literalmente 'anciano', 'mayor' o 'veterano', y es posible que Juan asumiera, o le atribuyeran, el título en su ancianidad, así como Pablo, en su carta a Filemón, se denomina a sí mismo 'Pablo, ya anciano' (versículo 9; aunque la palabra que emplea es la similar *presbytes*, no *presbyteros*). No es necesario hablar del título como un 'sobrenombre afectuoso', como nuestro 'Viejo' (Dodd), que no es probable que Juan la usara en una carta pastoral, formal y solemne. Pero como título serio, sería particularmente apropiado para el apóstol que había sobrevivido a los otros apóstoles. No hubiera soñado con llamarse 'el apóstol', porque todos los apóstoles compartían la misma comisión especial divina. El era solamente '*un* apóstol', como Pablo y Pedro también se presentaban (por ejemplo, Romanos 1.1; 1 Pedro 1.1). Pero podía ser llamado 'el anciano' *par excellence*. En Éfeso había otros ancianos, pero él era único entre ellos debido a que era un apóstol además de un verdadero patriarca por su edad. Aun es posible que el posterior uso técnico del título 'ancianos' para los 'discípulos de los apóstoles' se derivara de Juan, quien como último sobreviviente de estos y 'el anciano' era el eslabón entre los períodos apostólicos y subaspostólicos. Como 'el anciano', cuya dirección era aceptada, ejercía una amplia supervisión de las iglesias asiáticas aledañas a Éfeso, tal vez especialmente las otras seis mencionadas en las siete cartas de Apocalipsis 2 y 3.

Concluimos, pues, que aunque solo podemos conjeturar cómo y por qué el escritor llegó a ser llamado 'el anciano' en esta forma anónima y absoluta, el uso del título tiende a confirmar la posición única de la persona que lo ostentaba. Tan excepcional posición, junto con el tono autoritativo del autor y la afirmación de haber sido un testigo *de visu*, son totalmente consecuentes con la tradición primitiva de la Iglesia de que estas tres cartas fueron escritas en realidad por el apóstol Juan.

II. La ocasión

Una cantidad de autores han sostenido que las cartas de Juan deben ser consideradas como escritos más bien pastorales que polémicos. Hay algo de verdad en esta afirmación. El apóstol exhibe un tierno interés pastoral por sus lectores. Su primera preocupación no es confundir a los falsos maestros, cuyas actividades forman el trasfondo de las cartas, sino proteger a sus lectores, sus amados 'hijitos', y confirmarlos en su fe y vida cristiana. Así, pues, define su propósito al escribir como el de que 'vuestro gozo sea cumplido', 'que no pequéis' y 'que sepáis que tenéis vida eterna' (1 Juan 1.4; 2.1; 5.13, RV). Gozo, santidad, seguridad. Estas son las cualidades cristianas que el pastor desea ver en su grey. La primera carta es 'una obra maestra del arte de la edificación' (Findlay).

No obstante, tenía también un propósito polémico. No se trata de un tratado teológico escrito en la paz académica de una biblioteca, sino de un tratado para el momento, suscitado por una situación particular y urgente en la Iglesia. Esta situación tiene que ver con la propaganda insidiosa de ciertos falsos maestros. 'Estas cosas les escribo acerca de los que procuran engañarlos' (1 Juan 2.26). 'Queridos hijos, que nadie los engañe' (1 Juan 3.7). Evidentemente, la profecía de Pablo a los ancianos efesios, sobre 'lobos feroces' (Hechos 20.29,30), repetida más tarde a Timoteo (2 Timoteo 3.1ss.; 4.3,4), se había hecho realidad. Juan los describe con tres expresiones que llaman la atención a su origen diabólico, su mala influencia y sus falsas enseñanzas. Primero, son 'falsos profetas' (1 Juan 4.1). Un profeta es un maestro que habla bajo la inspiración de un poder sobrenatural. El verdadero profeta es el vocero del Espíritu de verdad; el falso, del espíritu de error. Por eso es que al examen de las enseñanzas de los profetas se lo llama 'probar los espíritus' (1 Juan 4.1–6, RV). En segundo lugar, son 'engañadores' (2 Juan 7), porque están descarriando a la gente. En tercer término, son 'anticristos' (1 Juan 2.18, ver también el versículo 22; 4.3; 2 Juan 7), debido a que la sustancia de su enseñanza es negar la Persona divino—humana de Jesucristo. En cada caso son 'muchos': 'muchos falsos profetas', 'muchos engañadores', 'muchos anticristos'. En un tiempo pasaban por miembros leales de la iglesia, pero ahora han salido (1 Juan 2.19), 'han salido por el mundo' (1 Juan 4.1; ver también 2 Juan 7, BJ) a difundir sus perniciosas mentiras. Parece probable que su alejamiento se debiera a que no habían logrado convertir al resto de la congregación, que con su lealtad a la verdad los había 'vencido' (1 Juan 4.4). Sin embargo, el estado de algunos de los que se quedaron debe haber sido fluctuante e inseguro, de modo que Juan tiene que escribirles para reafirmarlos y fortalecerlos. Su gran énfasis está en las diferencias entre los cristianos genuinos y los espurios, y cómo discernir entre ambos.

La evidencia interna proporcionada por las cartas muestra no solo la existencia y actividad de los falsos maestros, sino hasta cierto punto también la naturaleza de su perverso sistema. Podemos descubrir esto tanto por las referencias directas de Juan a sus enseñanzas, que él contradice, como por el énfasis positivo que siente necesario hacer a fin de contrarrestarlas. El contexto de esta doble mención de los engañadores muestra que su error era a la vez teológico (1 Juan 2.26; ver también 2 Juan 7) y ético (1 Juan 2.26; 3.7).

Su error teológico tenía que ver con la Persona de Jesús. Negaban que Jesús fuera el Cristo (1 Juan 2.22). Esto no significa, sin embargo, que no creyeran en Jesús de Nazaret como el Cristo de la expectación del Antiguo Testamento. La argumentación de Juan tiene poco en común con el primitivo razonamiento apostólico con los judíos sobre que Jesús era el Cristo (por ejemplo, Hechos 9.22; 17.3; 18.5)[3]. Lo que negaban los adversarios de Juan no era la mesianidad sino la encarnación de Jesús. En su caso, negar que él era 'el Cristo' era equivalente a la negación de que era 'el Hijo' (1 Juan 2.23; 4.15; 2 Juan 9). En forma similar el que 'cree que Jesús es el Cristo' es idéntico al que 'cree que Jesús es el Hijo de Dios' (1 Juan 5.1,5, y ver también los versículos 9,13). Lo mismo sucede en el Evangelio (Juan 20.31). En dos importantes versículos Juan es más preciso. La enseñanza herética era una negación a que 'Jesucristo ha venido en cuerpo humano' (1 Juan 4.2; 2 Juan 7, H–A; véase el comentario citado). Pero ya sea que utilice esta expresión más elaborada o la más simple, a saber, 'reconocer a Jesús' (4.3, H–A), Juan quiere decir lo mismo. Está afirmando la realidad de la encarnación, la venida en carne de Jesucristo, que los heréticos negaban. Además, aunque negaran la encarnación, evidentemente pretendían ser pensadores progresistas (2 Juan 9, H–A), y tener aun al Padre sin el Hijo (2.22,23; 2 Juan 9). Contra esos falsos maestros Juan da énfasis a la manifestación histórica de 'lo que era desde el principio' a los oídos, ojos y manos de los testigos (1.1–3, 4.14). También apela contra el pensamiento 'progresivo' de los heréticos al evangelio apostólico original que sus lectores han recibido 'desde el principio' (1 Juan 2.7,24).

---

3. Brooke y Barclay, sin embargo, piensan que Juan tenía en mente a los judíos, que, especialmente después de la destrucción de Jerusalén en el 70 d. C., rechazaron aún más vigorosamente el mesianismo de Jesús.

No se nos dice explícitamente cuál era el error ético de los falsos maestros, pero la inferencia está clara. Sus pretensiones parecen estar a la vista cada vez que Juan emplea las fórmulas 'si afirmamos' y 'el que afirma'. Los tres 'si afirmamos' de 1 Juan 1.6ss., son una negación o de la existencia del pecado en nuestra naturaleza y nuestra conducta, o de que el pecado importe, pues que no interfiere en nuestra comunión con Dios. Aquellos que hacen tales aseveraciones, dice Juan bruscamente, o mienten o se engañan a sí mismos o hacen mentiroso a Dios (1 Juan 1.6,8,10). La autorrevelación de Dios es ética, y no puede haber comunión con él sin rectitud de conducta. Asimismo 'el que afirma' que conoce a Dios es un mentiroso si desobedece sus mandamientos; mientras 'el que afirma' que permanece en Cristo debe dar evidencia de ello andando como él anduvo (1 Juan 2.4,6). ¿Y qué implican los mandamientos de Dios y el andar de Cristo? En una palabra, amor. 'El que afirma' que está en luz, pero aborrece a su hermano aún está en tinieblas (2.9; ver también 4.20). Juan no mide sus palabras. Los falsos maestros pretendían 'conocer a Dios', 'permanecer en él', estar 'en la luz' (tal vez sus propias expresiones o lemas), mientras vivían en la injusticia y la falta de caridad. Tales personas son 'mentirosas'. No pueden pretender 'ser' justos si en realidad 'no practican' la justicia (1 Juan 2.9—3.10).

Juan no se conforma con negaciones. La primera carta es una gran afirmación positiva de que 'Dios es Luz' (1.5) y 'Dios es amor' (4.8, 16), y que por lo tanto la oscuridad del pecado y el odio es incompatible con toda pretensión de conocer a Dios. Solo si obedecemos los mandamientos del Señor y amamos a los hermanos podemos saber que lo conocemos (2.3; 3.14). Además, Jesucristo apareció para quitar el pecado y destruir las obras del diablo. Por lo tanto el pecado y la falta de amor están tan distanciados de la misión de Cristo como lo están de la naturaleza de Dios (3.4–10). Todo pecado es 'transgresión de la ley' e 'injusticia' (3.4; 5.17) y es totalmente incompatible con la profesión y la conducta del cristiano. La carta expone con argumentos sucesivamente profundos y elaborados la necesidad ineludible de la justicia y el amor en los hijos de Dios. Además Juan apela contra el error de los heréticos, como lo hace contra su error cristológico, a la enseñanza apostólica original que sus lectores habían 'oído desde el principio', a saber, 'que nos amemos los unos a los otros' (1 Juan 3.11).

De esta evidencia interna surge que, si hemos de identificar la herejía contra la cual escribe Juan, debemos hallar un sistema que negara que Jesús era el Hijo o el Cristo venido en carne y considerase como indiferentes la injusticia y el amor. Algunos escritores han sostenido que este sistema es la doctrina conocida como 'docetismo'. Este nombre se deriva del verbo griego *dokein*, 'parecer', y describe el concepto de que Jesús no era realmente un hombre, sino solo en apariencia. A los ojos de los testigos 'parecía' verdaderamente humano, pero era un disfraz por el estilo de los del Antiguo Testamento cuando Dios (o el ángel del Señor) se aparecía en forma de hombre. Conocemos este error por varios autores patrísticos, que también emplearon las epístolas juaninas para refutarlo. Fue condenado, por ejemplo, por Ignacio, Policarpo y Tertuliano.

Pero un estudio cuidadoso de la fraseología de Juan muestra que lo que interesa no es simplemente la realidad de la 'carne' de Jesús, sino la relación entre el 'Jesús' humano y el 'Hijo' o el 'Cristo' divino. 'El énfasis no es tanto sobre la verdadera humanidad de Jesús como sobre la identidad personal del Cristo divino y preexistente con Jesús' (Law).

Esto ha llevado a la mayoría de los comentaristas a descubrir en las filas de los gnósticos a heréticos cuya preocupación era la liberación de la 'carne', a la cual consideraban como la cárcel material del alma. 'Gnosticismo' es un término muy amplio que abarca diversos sistemas paganos, judíos y semicristianos. Era de origen pagano, y se combinaban en él elementos del 'intelectualismo occidental y misticismo oriental' (Law). Completamente sincretista en su genio, una 'mezcolanza teosófica' (Dodd), no vaciló en lanzarse primero sobre el judaísmo y luego sobre el cristianismo y corromperlos. Plummer resume sus dos principios capitales como 'la impureza de la materia' y 'la supremacía del conocimiento'. La noción de que la materia es inherentemente mala era tanto griega como oriental. Conducía a especulaciones acerca del origen del universo material y en qué sentido podía haber sido creado por el Ser supremo, que es bueno. Los gnósticos hablaban de una serie de 'eones' o emanaciones del Ser supremo, cada uno de los cuales estaba más apartado de él que sus predecesores, hasta que emergió uno suficientemente remoto como para crear el mundo material.

La controversia que reflejan las epístolas de Juan, sin embargo, no tiene que ver con la doctrina de la creación, sino con la de la encarnación. Los gnósticos que creían que la materia era mala estaban obsesionados con el problema planteado, no ya por el mundo en general, sino por el cuerpo en particular. Se vieron inmediatamente en dificultades con la religión cristiana debido a que esta es una religión tan esencialmente 'material'. Ella afirma que el Hijo de Dios se revistió de un cuerpo, y que el cuerpo del cristiano es el templo del Espíritu Santo. ¿Qué podían hacer con el cuerpo de Cristo y el cuerpo de los cristianos? Ya hemos visto que negaban el primero. Lo que negaban no era que el hombre Jesús hubiera tenido un cuerpo, sino que el Cristo debiera ser identificado personalmente con el hombre corporal Jesús. No podían concebir cómo el 'eón' Cristo podía haberse encarnado, y menos aún asumir un cuerpo sujeto al sufrimiento y dolor. En cuanto al cuerpo de los cristianos, era una idea fundamental para ellos que el cuerpo era una vil prisión en la cual estaba encarcelada la parte racional o espiritual del hombre, y de la cual necesitaba ser liberada por la *gnosis*, el conocimiento. Creían en la salvación por la iluminación. Esa iluminación podía ser resultado del impartimiento de un conocimiento esotérico en alguna ceremonia secreta de iniciación. Los iniciados eran los *pneumatikoi*, las personas verdaderamente 'espirituales', que despreciaban a los no iniciados como *psyquikoi*, condenados a una vida animal sobre la Tierra. Los mejores sistemas gnósticos combinaban estos conceptos de iluminación y liberación espirituales con un estricto ascetismo; los peores sistemas afirmaban que el mal no podía dañar al espíritu iluminado, que por consiguiente la moralidad era un asunto indiferente, y que eran permisibles las formas más groseras de inmoralidad. Esos *pneumatikoi* pretendían ser también *dikaioi*, 'justos', fuera cual fuera su conducta.

Las tradiciones más antiguas asocian las epístolas juaninas con Asia, especialmente con Éfeso, y por otras partes del Nuevo Testamento (por ejemplo, las epístolas a los Colosenses y Timoteo, y las de Pérgamo y Tiatira, en el Apocalipsis) es evidente que las ideas de los gnósticos habían comenzado a infiltrarse en las iglesias de Asia. Un gnóstico residente de Éfeso era un tal Cerinto que se sabe fue contemporáneo y adversario de Juan. Lo que sabemos de él lo debemos principalmente a Ireneo y Eusebio. Ireneo, en *Adversus Haereses*, registra la famosa anécdota relatada por Policarpo, obispo de Esmirna, según la cual 'Juan, el discípulo del Señor, yendo a bañarse, en Éfeso, y viendo adentro a Cerinto, salió apresuradamente de la casa de baños sin bañarse, exclamando: ¡Huyamos, no sea que se derrumbe la casa, porque adentro está Cerinto, el enemigo de la verdad!'[4]. Ireneo ya ha dado una reseña de las ideas heréticas de Cerinto en el Libro I de esa misma obra *Adversus Haereses*. Dice que este 'representaba a Jesús como no habiendo nacido de una virgen, sino como hijo de José y María según el curso normal de la generación humana, aunque no obstante era más justo, prudente y sabio que otros hombres. Además, después de su bautismo, Cristo descendió sobre él desde el Supremo Gobernante, en forma de paloma, que luego proclamó al Padre desconocido y realizó milagros. Pero al final Cristo se apartó de Jesús, y entonces Jesús padeció y resucitó, mientras Cristo permanecía impasible,[5] por cuanto él era un ser espiritual'.[6] El relato de Epifanio de la herejía, en su *Refutación de todas las herejías* es sustancialmente el mismo, excepto que identifica el eón divino que descendió sobre el hombre Jesús como 'el Espíritu' más bien como 'Cristo'.[7] La esencia del error de Cerinto era esa separación del hombre Jesús del Cristo divino o el Espíritu. Ireneo se refiere nuevamente a dicho error cuando alude a 'aquellos que separan a Jesús de Cristo, alegando que Cristo permaneció impasible, mientras que Jesús fue el que sufrió'[8], y otra vez, 'el Hijo del Creador era, por cierto, uno, pero el Cristo de lo alto otro, que también continuó impasible, descendiendo sobre Jesús, el Hijo del Creador, y volviendo de nuevo a su Pleroma'[9].

Los argumentos de Juan se entienden más fácilmente si se consideran dirigidos contra el cerintianismo. Lo define como la negación de que 'Jesús es el Cristo' (1 Juan 2.22), la negación de que ambos deben ser identificados. Más precisamente, es la negación de que Jesús es 'el Cristo venido en carne' (1 Juan 4.3; 2 Juan 7). Una antigua versión de 4.3 representa la posición herética no como 'negando' sino 'soltando' a Jesús. Véase la nota en la página 159. Ireneo evidentemente

---

4. iii.3.4. Eusebio también registra el relato en su *Historia Eclesiástica*, en iii.2.8.6 y en iv. 14.6.
5. Es decir, 'no sujeto a dolor o daño' (D.E.D.).
6. i. 26.i.
7. *Haereses* xxviii.1.
8. *Op. cit.* iii. 11.7
9. *Op. cit.* iii. 11.1.

conocía esta variante, porque según su cita, 4.3 dice: 'todo espíritu que *separa* a Jesucristo no es de Dios'[10]. La Vulgata dice *solvit*. Aunque no es una lectura original, atestigua el temprano reconocimiento de que el rechazo gnóstico de la encarnación era una separación o 'suelta' de Jesús de Cristo. Juan va más lejos en su refutación de Cerinto cuando describe a Jesús (1 Juan 5.6): 'Este es el que vino mediante agua y sangre, Jesucristo; no solo mediante agua, sino mediante agua y sangre'. Véase el comentario sobre este versículo, donde se sostiene que aquí el 'agua' se refiere primordialmente al bautismo de Jesucristo, y la 'sangre' a su muerte. Cerinto enseñaba que el Cristo descendió sobre Jesús *después* de su bautismo y partió de él *antes* de su muerte; Juan afirma, por el contrario, que 'Jesucristo', una persona, *pasó* por el bautismo y la muerte.

Ireneo y Eusebio nos hablan también acerca de las tendencias éticas de Cerinto. Según Ireneo el error de este había sido diseminado entre los hombres… mucho tiempo antes por los denominados nicolaítas,[11] los cuales son mencionados en Apocalipsis 2.6,14,15 como culpables de inmoralidad. Tanto Tertuliano como Clemente de Alejandría decían que esos gnósticos no reconocían freno alguno en sus disolutas conductas. Esto está confirmado, además, por dos pasajes de la *Historia eclesiástica* de Eusebio, quien tenía una fuerte posición antimilenaria y criticaba a Cerinto por el milenio totalmente sensual que al parecer anticipaba.[12]

En las cartas juaninas no hay evidencias claras de que los falsos maestros a quienes Juan se opone sostuvieran tan extremas ideas carnales, pero hay abundante evidencia, como ya hemos visto, de que consideraban la rectitud de conducta como algo indiferente. Es por eso que Juan da énfasis repetidamente a la necesidad de la santidad de la vida y la obediencia a los mandamientos de Dios. Muestra que la práctica del pecado es totalmente inadmisible en el cristiano. También niega la posibilidad de una doble norma de moralidad por la cual la *élite* está exenta de las obligaciones morales exigidas a la grey común. '*Todo aquel* que tiene esta esperanza en él, se purifica', escribe, y más adelante: '*Todo aquel* que es nacido de Dios no practica el pecado'

---

10. iii. 16.8.
11. *Op. cit.* Iii.11.1.
12. iii.28.1,2, vii.25.2,3.

(Véase 1 Juan 3.3,9, RV). Los *dikaioi,* los que se llaman a sí mismos 'justos', solo pueden mostrarse dignos de ese título haciendo justicia (1 Juan 3.7). Si pecan, demuestran que, pretendan lo que pretendan, ni han visto ni conocen a Dios (1 Juan 3.6).

Una tercera característica de los gnósticos, incluyendo sin duda a Cerinto, parece haber sido su falta de amor. Pretendiendo ser una aristocracia espiritual de iluminados, los únicos que habían llegado a conocer 'las profundidades', menospreciaban a los cristianos del común. Juan ataca esta peligrosa posición afirmando que no hay dos categorías de cristianos, los iluminados y los no iluminados, porque 'Dios es luz' y se revela continuamente a todos. 'Todos ustedes conocen, escribe (véase 1 Juan 2.13,14,20; 5.20). Sus lectores habían recibido todos la misma 'unción' y el mismo mensaje 'que han oído desde el principio' (véase 1 Juan 2.20–27). En el comentario sobre este párrafo se sostiene que Juan se está refiriendo al Espíritu y al Verbo. Si todos los cristianos han recibido el Verbo de Dios y el Espíritu de Dios, no hay institución que pretenda tener una iluminación superior.

Ni hay justificación alguna para el espíritu falto de amor entre los hermanos, tal como el que distinguía a los gnósticos. El obispo Ignacio de Antioquia los describe en su carta a los esmirnences. Habiendo citado el 'nuevo mandamiento … que os améis los unos a los otros', continúa: 'considerad a los que tienen otra doctrina acerca de la gracia de Jesucristo, cómo afirman que el Padre de Cristo no pude ser conocido, y cómo muestran envidia y dolo en sus tratos unos con otros. Nada les importa el amor…'. San Pablo había escrito en 1 Corintios acerca de los peligros del conocimiento sin amor (1 Corintios 8.1–3; 13.2). Es muy aparente en las cartas juaninas. Así Juan afirma que Dios es amor en su ser mismo, y que conocemos el amor porque Él envió a su Hijo para ser nuestro Salvador y porque Cristo puso su vida por nosotros (1 Juan 4.8,10,14; 3.16). Puesto que Dios es amor y nos ha amado, y puesto que todo amor es de Dios, razona, 'hermanos, amémonos los unos a los otros'; 'el que no ama no conoce a Dios' (1 Juan 4.7,8).

En su comentario sobre Gálatas 6.10, Jerónimo cuenta una famosa historia del 'bienaventurado Juan el evangelista' en su ancianidad extrema, en Éfeso. Sus discípulos acostumbraban llevarlo en brazos a la congregación, y no podía decir más que 'hijitos, ámense los unos a los otros'. Al final, cansados de que siempre dijera las mismas palabras, le preguntaron: 'Maestro, ¿por qué dices siempre esto?'. 'Porque es el mandamiento del Señor', contestó él, 'y si solo se hace esto, es bastante'[13].

Podemos concluir, pues, que contra la herejía cristológica, el indiferentismo moral y la arrogante falta de amor del gnosticismo cerintiano, Juan pone el énfasis en tres señales del cristianismo auténtico, a saber: la creencia en Jesús como el Cristo venido en carne, la obediencia a los mandamientos de Dios y el amor fraternal.

III. El mensaje

Esta época es fundamentalmente una época de inseguridad. Todo está cambiando; nada es estable. Estas inseguridades externas se reflejan en el mundo de la mente y el espíritu. Aun la Iglesia cristiana, que ha recibido 'un reino inconmovible' y tiene la misión de proclamar a Aquel que es 'el mismo ayer y hoy y por los siglos' (Hebreos 13.8) presenta ahora su mensaje en forma blanda, tímida y sin convicción. Hay una difundida desconfianza del dogmatismo y una preferencia por el agnosticismo o librepensamiento. Muchos cristianos están llenos de incertidumbre y confusión.

Leer las epístolas de Juan contra este trasfondo es entrar en otro mundo, cuyas marcas son la seguridad, el conocimiento, la confianza y la osadía. El tema predominante de estas epístolas es la certidumbre cristiana. Sus verbos característicos son *ginōskein*, 'percibir' (15 veces), y *eidenai*, 'conocer, saber' (25 veces), mientras el sustantivo característico es *parrēsia*, 'confianza de actitud' u 'osadía de palabra'. La certidumbre del cristiano es doble: objetiva (que la religión cristiana es verdadera) y subjetiva (que él mismo ha nacido de Dios y posee la vida eterna). Ambas son expuestas por Juan, quien da por sentado que esta doble seguridad es correcta y saludable en todos los cristianos. Sus enseñanzas acerca de estas certidumbres, su naturaleza y las bases sobre las cuales se apoyan, necesitan urgentemente ser oídas y atendidas en el día de hoy.

---

13. Versión más extensa, capítulo vi.

a. Certidumbre acerca de Cristo

Se puede afirmar de los cristianos, como resultado de la unción que hemos recibido, que todos tenemos pleno conocimiento (2.20). Esto no significa, desde luego, que conozcamos *todas las cosas,* como sugiere erróneamente la traducción de la RV95, porque hay cosas que el Señor aún no ha revelado (por ejemplo, 1 Juan 3.2). No obstante, 'conocemos la verdad' (1 Juan 2.21; ver también 2 Juan 1 y 4.6), que incluye la verdad acerca del mundo y su condición (1 Juan 5.19; ver también 2.18; 3.15) y acerca de nosotros mismos, nuestro deber y nuestro destino (1 Juan 2.10,11,29; 3.2; 5.18). Sobre todo, conocemos la verdad acerca de Dios y Cristo. 'Sabemos que el Hijo de Dios ha venido y nos ha dado entendimiento para que conozcamos al Dios verdadero' (1 Juan 5.20). Conocemos, pues, a Dios (1 Juan 2.13,14; 4.6,7) y a Cristo (1 Juan 3.6; ver también 3.1). Sabemos, además, que la causa de la venida de Cristo fue el amor (1 Juan 3.16; 4.16) y su propósito *'quitar nuestros pecados'* (1 Juan 3.5).

¿Pero cómo sabemos estas cosas, especialmente quién es Jesucristo y por qué vino? La clara respuesta de Juan está en tres partes. Primero está en el acontecimiento histórico de que Cristo fue 'enviado' (1 Juan 4.9,10,14), su 'venida' (1 Juan 5.20), su 'manifestación' o 'aparición' (*efanerōthē* en 1 Juan 1.2; 3.5,8; 4.9). Su venida fue 'en cuerpo humano' (1 Juan 4.2; 2 Juan 7) y 'mediante agua y sangre' (1 Juan 5.6). Es decir, fue real, y lo involucró en las experiencias históricas definidas del nacimiento, el bautismo y la muerte. Luego, está el testimonio de los apóstoles. El acontecimiento no pasó inadvertido. Aquel que vino en cuerpo humano fue visto, oído y tocado, de modo que los que lo habían visto podían testificar por su experiencia *de visu* (1 Juan 1.1–3; 4.14). En tercer lugar, está el 'ungimiento' del Espíritu Santo, por el cual somos enseñados y por consiguiente sabemos (1 Juan 2.20,27; ver también 3.24; 4.13). Este testimonio del Espíritu está dentro del creyente (1 Juan 5.10) y corrobora el testimonio externo del 'agua y la sangre' (1 Juan 5.6,8,9).

La base de nuestra certidumbre acerca de Cristo no ha cambiado. El hecho de que leamos las epístolas de Juan en el siglo XXI y no en el I no hace diferencia. La fe cristiana aún está atada al acontecimiento histórico de Cristo y el testimonio que de él dieron los apóstoles. En esta 'enseñanza de Cristo' debemos 'permanecer' (2 Juan 9). Avanzar más allá de esto nos llevaría inevitablemente al error y por lo tanto a la ruina. El deber de los ministros cristianos hoy en día es seguir al apóstol Juan, no a los falsos maestros. No hemos de conducir a la congregación a doctrinas novedosas, sino recordarles lo que oyeron 'desde el principio' (1 Juan 2.7,24; 3.11,2; Juan 5). Además, a aquellos que creen en el Jesús histórico por el testimonio único de los testigos apostólicos, que ahora está preservado en el Nuevo Testamento y se expone en la Iglesia, les es conferido el testimonio contemporáneo y confirmatorio del Espíritu dentro de sí mismos.

b. Certidumbre acerca de la vida eterna

El tipo de conocimiento cristiano que se trata distintivamente en estas epístolas, sin embargo, es más bien subjetivo que objetivo. Concierne no tanto a la verdad acerca de Dios y Cristo como acerca de nuestra propia posición como cristianos, que Juan describe con cuatro expresiones favoritas. Primero, sabemos que 'hemos llegado a conocer a Dios' (1 Juan 2.3; ver también 5.20). Segundo, sabemos que 'estamos unidos a él' y que 'permanecemos en él, y él permanece en nosotros' (1 Juan 2.5; 4.13; ver también 3.24). Tercero, sabemos 'que somos hijos de Dios' (5.19; ver también 3.19 'de la verdad'). Cuarto, sabemos 'que hemos pasado de la muerte a la vida' y que por lo tanto tenemos vida eterna (3.14; 5.13). Ser cristiano, pues, en el lenguaje de Juan, es haber nacido de Dios, conocer a Dios y estar en él, gozando de esa comunión íntima, personal con él que es la vida eterna (5.20; ver también Juan 17.3). De este nacimiento celestial y esta relación vivificadora no tenemos duda alguna. De hecho, el apóstol declara que su propósito al escribir la primera carta es que los que 'creen' también 'sepan' (1 Juan 5.13).

El argumento de Juan es de doble filo. Mientras por un lado trata de llevar a los creyentes al conocimiento de que tienen vida eterna, por otro lado se empeña igualmente en mostrar que los creyentes no la tienen. Su propósito es destruir la falsa seguridad de lo falsificado así como confirmar la correcta seguridad de lo genuino. A lo largo de todas las epístolas está consciente de las dos clases: 'nosotros' y 'ellos' (por ejemplo, 1 Juan 2.18–20; 4.4,5). Los mismos dos grupos existen hoy. Algunos están demasiados seguros y se jactan de lo que bien pueden no poseer; otros son gente que asiste a la iglesia por costumbre pero no tiene la seguridad de la salvación, y aún dice que es presuntuoso pretender tenerla. Pero hay una verdadera seguridad cristiana, que ni es arrogante ni presuntuosa, si no por el contrario, como lo muestran estas cartas, es la voluntad de Dios para su pueblo, claramente revelada (1 Juan 5.13). Así, pues, Juan unge a sus lectores a que se examinen a sí mismos, y proporciona pruebas mediante las cuales ellos (y nosotros) pueden hacerlo.

Robert Law tituló a sus estudios sobre la primera carta de Juan *The Tests of Life* (Las pruebas de la vida, 1885) debido a que en ella se dan lo que denomina 'las tres pruebas cardinales' por las cuales podemos juzgar si poseemos o no la vida eterna.

La primera prueba es teológica: si creemos que Jesús es 'el Hijo de Dios' (1 Juan 4.15; 5.5,10,20), 'el Cristo venido en cuerpo humano' (1 Juan 4.2; 2 Juan 7). Ningún sistema de enseñanza que niegue o la eterna preexistencia divina de Jesús o la encarnación histórica de Cristo puede ser aceptada como cristiana. 'Todo el que niega al Hijo no tiene al Padre' (1 Juan 2.23). La segunda prueba es moral: si estamos practicando la justicia y guardando los mandamientos del Señor. El pecado es completamente incompatible con la naturaleza de Dios como luz (1 Juan 1.5), con la misión del Hijo de quitar los pecados (1 Juan 3.5) y con el nuevo nacimiento del creyente (1 Juan 3.9). Ahora, como entonces, toda pretendida experiencia mística sin conducta moral, ha de ser rechazada (1.6). La tercera prueba es social: si nos amamos los unos a los otros. Puesto que Dios es amor y que todo amor viene de él, está claro que una persona que no tiene amor no puede conocerlo (1 Juan 4.7,8).

Es importante ver que las tres pruebas del apóstol no han sido escogidas arbitrariamente. Por el contrario, tienen una estrecha coherencia, y él la desarrolla particularmente en la segunda mitad del capítulo 4 en relación con el evangelio. Esta es, en breve, que 'el Padre envió a su Hijo para ser el Salvador del mundo' (1 Juan 4.14), afirmación que implica la Persona divino–humana del Hijo que fue enviado, el amor del Padre que lo envió, y la justicia de aquellos que reciben su salvación. Las tres pruebas también van juntas, pues la fe, el amor y la santidad son todas obras del Espíritu Santo. Solo si Dios nos ha dado su Espíritu podemos creer, amar y obedecer (1 Juan 3.24; 4.13). De modo que quien cree que Jesús es el Cristo, y ama y hace justicia, da evidencia con ello de que ha sido 'engendrado por Dios', RV. Esta expresión se repite en el texto griego de 1 Juan 2.29, 4.7 y 5.1. 'Los tiempos gramaticales muestran suficientemente', escribe Law, refiriéndose al cambio del presente al perfecto, 'que en cada caso el antecedente necesario de la actividad humana es el haber sido divinamente engendrados'. Además, si la creencia, la santidad y el amor reflejan un nacimiento 'de Dios', son también marcas de la continuada morada recíproca de Dios y su pueblo entre sí (1 Juan 3.24; 4.12,13,16 y 4.15).

El que no pasa estas pruebas es puesto de manifiesto. Podemos pretender ser cristianos, conocer a Dios y tener vida, pero Juan insiste en que nuestra profesión verbal es desmentida por los hechos (por ejemplo, 1 Juan 1.6,8,10; 2.4,6,9; 4.20). De hecho, 'el que dice' que conoce y ama a Dios, mientras desobedece sus mandamientos y aborrece a su hermano, así como el que niega que Jesús es el Cristo, es 'mentiroso' (1 Juan 2.4; 4.20; ver también 2.22). Por otro lado, 'por esto sabemos' que conocemos a Dios, estamos en él y tenemos vida, si guardamos sus mandamientos, amamos a los hermanos y creemos en Jesucristo (1 Juan 2.3,4; 3.14,18,19,24).

Una renovada certidumbre acerca de Cristo y de la vida eterna, basada en los fundamentos que da Juan, puede todavía llevar al pueblo cristiano a esa osadía en el acercamiento a Dios y en el testimonio a los hombres que hoy en día es tan penosamente necesaria como dolorosamente ausente de la Iglesia.

Primera carta de Juan

I. Prefacio
1 Juan 1.1–4

^{1.1}**Lo que ha sido desde el principio, lo que hemos oído, lo que hemos visto con nuestros propios ojos, lo que hemos contemplado, lo que hemos tocado con las manos, esto les anunciamos respecto al Verbo que es vida. ²Esta vida se manifestó. Nosotros la hemos visto y damos testimonio de ella, y les anunciamos a ustedes la vida eterna que estaba con el Padre y que se nos ha manifestado. ³Les anunciamos lo que hemos visto y oído, para que también ustedes tengan comunión con nosotros. Y nuestra comunión es con el Padre y con su Hijo Jesucristo. ⁴Les escribimos estas cosas para que nuestra alegría sea completa.**

El comienzo de la carta llama la atención por la falta de toda salutación o referencia personal. En esto difiere de todas las otras cartas del Nuevo Testamento, excepto Hebreos. Para comprender la cuestión del autor, véase la 'Introducción', página 13. Todos los comentaristas han hallado este primer párrafo complicado en su sintaxis y abstruso en su significado. Es, en realidad, 'una maraña gramatical' (Dodd). Es necesario que tratemos de desenmarañarla. El verbo principal, que no aparece hasta el versículo 3 (*apangellomen, declaramos* o **anunciamos**), muestra que el prefacio tiene que ver esencialmente con la proclamación apostólica del evangelio —lo que era y por qué fue hecho. La primera oración empieza con cuatro cláusulas relativas yuxtapuestas (**Lo que ha sido desde el principio, lo que hemos oído, lo que hemos visto con nuestros propios ojos, lo que hemos contemplado, lo que hemos tocado con las manos**), seguidas por la frase **respecto al Verbo**. En RV60 el versículo 2 es un paréntesis que explica cómo aquello que era desde el principio pudo haber sido oído, visto y palpado, a saber, porque 'la vida fue manifestada', y desarrolla lo que se entiende por *vida* en la expresión *Verbo de vida*. Así este paréntesis interrumpe el fluir de la oración que abre el versículo 3 con la cláusula reasuntiva, relativa a 'lo que hemos visto y oído', antes de que lleguemos finalmente al verbo principal 'os anunciamos'. El resto del versículo 3 y el versículo 4 describen los propósitos, inmediato y último, de la proclamación apostólica: 'que también vosotros tengáis comunión con nosotros y que vuestro gozo sea cumplido'. En breve, pues, y omitiendo el paréntesis del versículo 2, la oración podría parafrasearse: 'Os anunciamos, acerca del Verbo de vida, lo que era desde el principio, lo que hemos visto, oído y tocado, y los objetos de nuestra proclamación son la comunión y el gozo'.

Antes de considerar en detalle el prefacio, deben discutirse dos cuestiones acerca de la frase del **Verbo de vida** (*peri tou logou tēs zōēs*). La primera es si el *logos* es personal o impersonal, si es la designación semitécnica del Hijo, que se halla en el prólogo del cuarto Evangelio, o si es más bien un sinónimo de 'la palabra del evangelio' (Hechos 15.7). La segunda cuestión es si la cláusula introducida por *peri* es una aposición a las cuatro cláusulas relativas que las preceden, o si las califica (o ellas a ella). Para una consideración detallada de estas cuestiones véase la nota adicional 'El Verbo de vida' (1.1), p.64. La conclusión a que allí se arriba es que el **Verbo de vida** no es un título para el Hijo, el Verbo o *lógos* del prólogo del cuarto Evangelio, sino una expresión que significa el evangelio, el mensaje de vida; y, segundo, que este 'verbo de vida' es el tema general de la proclamación apostólica, cuyo énfasis particular tiene que ver **Lo que ha sido desde el principio, lo que hemos oído, lo que hemos visto... lo que hemos contemplado, lo que hemos tocado con las manos.** En otras palabras, lo que el apóstol acentúa en su proclamación del evangelio es la manifestación histórica del Eterno.

Estamos ahora en condiciones se enfocar el prefacio como un todo. Su noble expansión desarrolla el propósito de Dios de eternidad a eternidad, desde **Lo que ha sido desde el principio** (v. 1) hasta la plenitud de la **alegría** (v. 4) experimentado por los cristianos, que no será finalmente consumado hasta el fin. En el desarrollo de ese propósito divino se pueden discernir cinco etapas, indicadas por las palabras **principio** (*arquēs,* 1), **manifestó, se nos ha manifestado** (*efanerōthē*, dos veces en el versículo 2), **anunciamos** (*apangelloment*, v. 3), **comunión** (*koinōnia*, dos veces en el versículo 3) y **alegría** (*cara*, v. 4).

a. La preexistencia eterna

C. H. Dodd interpreta la frase inicial del comienzo del evangelio. El autor, dice, está anunciando "lo que siempre ('desde el principio') ha sido verdad acerca del verbo de vida". No está introduciendo 'ninguna innovación o modificación' sino proclamando 'el contenido invariable, original del Evangelio, contra las nuevas formas de doctrina'. [14]

Ahora bien, es cierto que 'el principio' se emplea en el cuarto Evangelio con referencia al principio del ministerio de Cristo (Juan 6.64; 15.27; 16.4) que fue virtualmente el comienzo de la era cristiana, y en la epístolas con referencia a la experiencia cristiana del individuo (2.7, 24; 3.11; 2 Juan 6). No obstante, la expresión al comienzo del prólogo del Evangelio ('En el principio ya existía el Verbo') sugiere que allí también se hace referencia al principio de todas las cosas.

La frase se usa así para referirse al Dios eterno en 1 Juan 2.13,14 y, con una referencia menos clara, a que 'el diablo ha estado pecando desde el principio' en 1 Juan 3.8. Además, puesto que las palabras preceden a las cláusulas **lo que hemos oído, lo que hemos visto... lo que hemos contemplado, lo que hemos tocado con las manos**, debiéramos esperar que también el significado las precediera lógicamente. El Hijo eterno existía antes de su manifestación histórica; la predicación del evangelio vino después. Finalmente, la expresión es paralela a **la vida eterna que estaba con el Padre**. Ambas frases expresan la preexistencia eterna del Hijo. La primera dice que él **ha sido desde el principio**; la segunda, **que estaba con el Padre**, así como en el prólogo del evangelio está escrito primero 'en el principio ya existía el verbo', y segundo, 'el verbo era con Dios'. Desde que la vida eterna es conocer a Dios (Juan 17.3), Aquel que es la vida eterna no disfruta de una inmortal soledad, sino una consciente, continua e íntima comunión como Hijo con el Padre.

---

14. C. H. Dodd agrega una nota al pie, sin embargo, que no es necesario decidir entre este y el 'Comienzo absoluto del universo', puesto que "el Evangelio, por su naturaleza, como Palabra de Dios, es un 'evangelio Eterno' (Ap.14.6)".

b. La manifestación histórica

El contraste entre la primera y las tres cláusulas relativas siguientes con que empieza la epístola es dramático. El Eterno entró en el tiempo y se manifestó a los hombres. El Verbo se hizo carne y así se presentó a los tres sentidos superiores del hombre (el oído, la vista y el tacto). Las cuatro cláusulas relativas proceden 'del aspecto más abstracto al más material de la revelación divina' (Westcott). No era suficiente haber **oído**; los hombres 'oyeron' la voz de Dios en el Antiguo Testamento. Haber **visto** era más completo. Pero haber *tocado* era la prueba concluyente de la realidad material, de que el Verbo 'se hizo carne y habitó entre nosotros'. Esta palabra *tocado* (*epsēlafēsan*), el clímax de las cuatro cláusulas relativas, significa más que 'tocar'. "'*Psēlafān*' es *buscar a tientas, tantear* a fin de hallar, como un ciego o uno que está en la oscuridad; de ahí *tocar, palpar* … Puede emplearse también en el sentido de 'examinar cuidadosamente'" (Brooke). Aunque el 'tocar' es el clímax de la oración, el énfasis está en el 'ver' (que se repite cuatro veces en los primeros tres versículos), presumiblemente porque es particularmente la vista lo que califica a las personas para ser testigos (v. 2). Para la vista se emplean dos verbos: '*oran*, tres veces y *theasthai*, una'. "Si *blepein* es 'mirar' y *oran* 'ver', *theasthai* es contemplar inteligentemente, a fin de captar el significado y significación de aquello que cae dentro de nuestra visión"(Brooke). Este es el verbo usado en la tercera cláusula, donde está asociado con **lo que hemos tocado con las manos** —*palparon nuestras manos* (RV95)— por un relativo '*o*. Mientras los dos verbos anteriores **hemos oído** y **hemos visto** están en el tiempo perfecto, sugiriendo la posesión permanente que resulta del oír y el ver, estos dos son aoristos, y parecen referirse a un momento particular, tal vez después de la resurrección, cuando los apóstoles tuvieron ocasión de contemplar cuidadosamente al Señor Jesús y tocarlo (ver Lucas 24.39; Juan 20.26–29). Estos dos verbos expresan 'una investigación definida del observador' (Westcott). El último se emplea también en Juan 1.14: 'aquel Verbo fue hecho carne, y habitó entre nosotros … y *vimos* (contemplamos) su gloria' (RV).

La proclamación de lo que había sido oído, visto y tocado era parte del **Verbo de vida**, el evangelio de Cristo. Parecería más natural tomar el genitivo **de vida** como indicación del contenido del **Verbo**, como en Filipenses 2.16. El evangelio anuncia y ofrece la vida en Cristo. Compárese 'la palabra acerca del reino' (Mateo 13.19), 'la palabra de esta salvación' (Hechos 13.26, RV), 'la palabra de la reconciliación' (2 Corintios 5.19, RV), y expresiones similares empleadas en el Nuevo Testamento para describir el evangelio. No obstante, el genitivo *de vida* en el cuarto Evangelio significa 'dador de vida' (por ejemplo, 'luz de la vida', 'pan de vida' en Juan 8.12; 6.35,48; ver también 'agua que da vida' en Juan 4.10,11 y 'agua de vida' en Apocalipsis 21.6; 22.1,17). Tal vez no sea necesario escoger entre estas alternativas puesto que 'la revelación proclama aquello que incluye; tiene, anuncia, da vida' (Westcott).

Esta aprehensión audible, visible y tangible de aquello que era desde el principio solo era posible para los hombres porque la **vida se manifestó.** El verbo aoristo *efanerōthē* indicativo del hecho histórico de la encarnación, se repite dos veces. Primero aparece absolutamente; después se le agrega **se nos ha manifestado.** No hubiéramos podido ver a Aquel que estaba eternamente con el Padre, si él no hubiera tomado la iniciativa de manifestarse deliberadamente. Los hombres solo pueden aprender aquello que a Dios le place dar a conocer.

Este énfasis sobre la manifestación material de Cristo a los oídos, los ojos y las manos de los hombres está dirigido, desde luego, directamente contra los herejes que estaban perturbando a la Iglesia. A los seguidores de Cerinto se les muestra que *el Verbo de vida*, el evangelio de Cristo, tiene que ver con la encarnación histórica del Hijo eterno. Aquel que es desde el principio es el que los apóstoles oyeron, vieron y tocaron. Es imposible distinguir entre Jesús y el Cristo, el histórico y el eterno. Son la misma persona, Dios y hombre. Todavía hoy es necesario este énfasis sobre la revelación histórica de lo invisible e intangible, tanto para el científico educado en el método empírico, como para el radical que considera como 'mitos' mucho de lo que contiene el evangelio (pero no se puede 'desmitologizar' la encarnación) y para el místico que tiende a preocuparse con su experiencia religiosa subjetiva, con descuido de la autorrevelación objetiva de Dios en Cristo.

c. La proclamación autoritaria

La manifestación histórica de la vida eterna fue proclamada, no monopolizada. La revelación fue dada a los pocos para los muchos.

Ellos debían entregarla al mundo. Lo que **se manifestó** (v. 2) se convierte en lo que **les anunciamos a ustedes** (v. 3). Juan desea que sus lectores disfruten de 'la misma posición ventajosa que disfrutaban él y sus compañeros, los apóstoles, con respecto al conocimiento de Dios en Cristo' (Candlish).

Juan emplea dos verbos para describir el anuncio apostólico, **damos testimonio** (*martyroumen,* v. 2) y **anunciamos** (*apangelloment,* vv. 2 y 3). El ministerio apostólico involucraba a la vez un testimonio y una proclamación. Ambas palabras implican una autoridad, pero de diferente índole. *Martyreisthai indica la autoridad de la experiencia.* Dar testimonio es una actividad que corresponde propiamente a un testigo *de visu.* Debe *ser* testigo antes de ser competente para *dar testimonio.* (Compárese Lucas 24.48: 'Ustedes son testigos de estas cosas' con Hechos 1.8: 'serán mis testigos'). El verdadero testigo habla no de lo que ha recogido de segunda mano de otros, sino de lo que él mismo ha visto y oído personalmente. Es por esto que los verbos 'ver' y 'testificar' están tan comúnmente asociados entre sí en el Nuevo Testamento, como lo están en el versículo 2. (Para la significación de esto en cuanto al autor de la carta, véase la Introducción, página 25. Puesto que Juan comienza la carta con cláusulas relativas que describen lo que había sido oído, visto y tocado acerca del verbo de vida, es natural que el primer verbo que se utiliza para referirse a la predicación apostólica sea **damos testimonio.**

Si *martyreisthai* es la palabra de la experiencia, *apangellein* indica la autoridad de la comisión. La experiencia es personal; la comisión es derivada. A fin de testificar, los apóstoles debían haber visto y oído a Cristo por sí mismos; a fin de proclamar, debían haber recibido el encargo de él. Es cierto que, aunque *apangellomen* ocurre en los versículos 2 y 3, en el versículo 5 el verbo es *anangellomen* y que *apangellein* significa estrictamente 'informar con referencia a la fuente de la cual procede el mensaje' mientras que *anangellein* es 'informar con referencia a la persona a quien se habla' (Law, Brooke). Pero también es significativo que en el versículo 5, donde se emplea *anangellein,* se agrega la frase 'que hemos oído de él' (*ape' autou*). En ambos pasajes, pues, los verbos, el uno por su propio prefijo y el otro por su cláusula adicional explícita, parecen dirigir la atención del lector hacia la fuente de la cual se deriva el mensaje, a saber, Cristo mismo (ver también 1 Corintios 2.13; 11.23; 13.15). Él no solo se manifestó a sus discípulos para capacitarlos como *testigos de visu,* sino que les dio una comisión autoritativa como *apóstoles,* para predicar el evangelio. El autor insiste en que él posee esas necesarias credenciales. Poseyéndolas, es muy osado. Habiendo recibido una comisión, proclama el evangelio con autoridad, porque el mensaje cristiano no es ni una especulación, ni una sugerencia tentativa, ni una modesta contribución al pensamiento religioso, sino una afirmación dogmática de aquellos cuya experiencia y comisión los califica para hacerla.

d. La fraternidad comunal

La proclamación no era un fin en sí; ahora se definen sus propósitos, mediato e inmediato. El inmediato es la **comunión** (*koinōnia,* 3), y el final la **alegría** (*cara,* 4). La comunión fraternal creada por Cristo en los días de su carne dentro de la compañía apostólica y profundizada por el descenso del Espíritu Santo en Pentecostés, no debía limitarse a ellos. Debía extenderse a la generación siguiente (**para que también ustedes tengan comunión con nosotros**), y eso hasta el fin de las edades. 'El último de los apóstoles señala la sucesión ininterrumpida de la herencia de la fe' (Westcott).

El propósito de la proclamación del evangelio, por lo tanto, no es salvación, sino la *comunión fraternal.* Pero, cabalmente interpretado, este es el significado más amplio de la salvación, incluyendo la reconciliación con Dios en Cristo (**comunión … con el Padre, y con su Hijo Jesucristo**), santidad de vida (véase el versículo 6), e incorporación a la Iglesia (*ustedes … con nosotros*). Esta comunión es el significado de la vida eterna (Juan 17.3). Así como el Hijo, que es esa **vida eterna, estaba** (eternamente) **con el Padre** (v. 2), su propósito es que tengamos comunión con ellos y los unos con los otros (ver también Juan 17.21,22). '**Comunión**' es una palabra específicamente cristiana y denota esa participación común en la gracia de Dios, la salvación de Cristo y la posesión del Espíritu que es el derecho de nacimiento de todos los creyentes cristianos. Su posesión común de Dios, Padre, Hijo y Espíritu Santo es lo que los hace uno. Así, pues, Juan no hubiera podido escribir **que también ustedes tengan comunión con nosotros,** sin agregar: **Y nuestra comunión es con el Padre y con su Hijo Jesucristo,** puesto que nuestra comunión los unos con los otros surge y depende de nuestra comunión con Dios.

Esta verdad, aunque expresada en lenguaje diferente, es un eco de la oración de nuestro Señor: 'que todos sean uno … que también ellos sean uno en nosotros' (Juan 17.21, RV). Así como allí nuestra unidad depende de que estemos en ellos, aquí nuestra comunión los unos con los otros es imposible sin comunión **con el Padre y con su Hijo Jesucristo.** Juan no menciona aquí la comunión del Espíritu Santo, que es una expresión característica de las cartas paulinas (2 Corintios 13.14; Filipenses 2.1), indudablemente porque los falsos maestros contra los cuales escribe hacen que se concentre en el Hijo, a quien su herejía deshonraba, y en el Padre, a quien menospreciaba. Aquí expresa no solo que nuestra comunión es con el Padre mediante el Hijo, y que solo podemos tener al Padre confesando al Hijo (2.23), sino que nuestra comunión es con ambos, **con el Padre y con su Hijo.** La frase 'señala enfáticamente la distinción y la igualdad entre el Hijo y el Padre' (Plummer). El uso del título completo **su Hijo Jesucristo** (como en 3.23; 5.20 y 2 Juan 3) tal vez contenga también una alusión tangencial a los heréticos que negaban que el hombre Jesús fuera el Cristo, el Hijo de Dios (ver también 1 Corintios 1.9).

Esta declaración del objetivo apostólico en la proclamación del evangelio, a saber, una comunión humana que surge espontáneamente de una comunión divina, es un reproche a gran parte de nuestra moderna evangelización y vida eclesiástica. No podemos conformarnos con una evangelización que no conduzca a la incorporación de los conversos a la Iglesia, ni con una vida eclesiástica cuyo principio de cohesión es una camaradería social superficial en lugar de una comunión espiritual con el Padre y con su Hijo Jesucristo. La doctrina y la conducta de los heréticos estaban amenazando con desbaratar la Iglesia; por otro lado, la verdadera *angelia* ('mensaje', v. 5), produce una verdadera *koinōnia*.

e. El gozo cumplido

El versículo 4, lo mismo que el 3, contiene una cláusula final introducida por *'ina,* **para que…** En el versículo 3 la cláusula depende de **anunciamos** y en el 4 de **escribimos.** ¿Se refieren estos verbos al mismo mensaje, oral en un caso y escrito en otro, o se trata de diferentes mensajes? La mayoría de los comentaristas parecen aceptar que el anuncio de los versículos 1–3 se refiere 'a todo el ministerio apostólico' del autor (Westcott) y especialmente a su Evangelio escrito (Ebrard), y el escrito mencionado en el versículo 4 a su carta presente. 'Los versículos precedentes tienen referencia a la habitual proclamación oral del evangelio por el escritor, o a su incorporación literaria. Estas palabras ahora introducen a la carta misma' (Law). Westcott agrega también que, mientras el relativo *o* (**lo que**) en los versículos 1 y 3 denota 'el mensaje apostólico … en su unidad', *tauta* (**estas cosas**) en el versículo 4 señala por contraste ciertos aspectos especiales del mismo. Al mismo tiempo, se puede exagerar demasiado la distinción. El versículo 4 es la primera ocasión en la carta que ocurre el adjetivo *'outos'* ('estos'). Más adelante aparece frecuentemente en expresiones como 'este es/esto es' (*'outos estin* y *touto estin'*) y 'por esto nosotros…' (*en toutō, ek toutou* y *dia touto,* etc.). En casi todos los casos es incierto si estas frases señalan a lo ya escrito anteriormente o a lo que se está por escribir. Según Brooke, 'la referencia a lo que está por escribirse parece ser su costumbre prevalente' (por ejemplo, 1 Juan 1.4; 2.3; 3.8,10,16,23,24; 4.2,9,13,17; 5.4,11,14). Pero no siempre es así (por ejemplo, 1 Juan 2.22; 4.6; 5.20, y especialmente 1 Juan 2.26 y 5.13, donde la frase similar *estas cosas les escribo* en ambos casos se refiere al párrafo anterior. Y cuando la referencia es a lo que se escribirá después, señala a lo que sigue *inmediatamente.* Es posible, por lo tanto, y parece más natural, tomar **estas cosas** no como una referencia a la carta en general, sino a las declaraciones ya hechas en el prefacio acerca de la proclamación apostólica. En este caso **anunciamos** (v. 3) y **escribimos** (v. 4) se refieren al mismo mensaje.

Ahora se da el motivo por el cual se escribe. Es difícil decidir si la lectura correcta es 'su' (*'umōn'*) o 'nuestra' (*'ēmōn'*) alegría. En realidad, puesto que ambas están bien apoyadas, Westcott declara que 'aquí es imposible una decisión positiva acerca del texto'. Sin embargo, parece preferible adoptar 'nuestra' con la versión H–A y la BJ. Esto no necesita entenderse como una referencia exclusiva al autor y a los asociados con él, sino que puede incluir también a los lectores, 'ustedes … con nosotros', como en el versículo 3. Brooke cita en relación con esto Juan 4.36, donde Jesús habla del sembrador y el segador que se gozan juntos.

¿Y cuál es el secreto de que la alegría sea completa, 'la felicidad completa y perfecta que obtenemos del evangelio'? (Calvino). Está en la comunión que crea la proclamación; porque si el propósito inmediato de la proclamación es el establecimiento de la comunión, el propósito último es el cumplimiento del gozo. Este es el orden divino: *Angelia, koinōnia, cara.*

La idea de la plenitud de la alegría ('gozo', RV95) no es rara en la literatura juanina (ver también Juan 3.29; 15.11; 16.24; 17.13; 2 Juan 12), y es significativo que en cada caso hay alguna alusión al tema de la comunión con Dios o los unos con los otros. Sin embargo, la 'alegría completa' no es posible en este mundo de pecado, debido a que no es posible la comunión perfecta. De modo que el versículo 4 debe entenderse también como mirando más allá de esta vida, a la vida del cielo. Entonces la comunión consumada traerá la alegría completa. 'Me llenarás de alegría en tu presencia, y de dicha eterna a tu derecha' (Salmos 16.11). Para este fin último *Aquel que era desde el principio* se manifestó en el tiempo, y los apóstoles nos anunciaron lo que oyeron, vieron y palparon. La sustancia de la proclamación apostólica era la manifestación histórica del Eterno; su propósito era y es la comunión unos con otros, basada en la comunión con el Padre y con el Hijo y cuyo resultado es la alegría completa, perfecta.

Nota adicional: 'El Verbo de vida' | 1.1

[1.1] Lo que ha sido desde el principio, lo que hemos oído, lo que hemos visto con nuestros propios ojos, lo que hemos contemplado, lo que hemos tocado con las manos, esto les anunciamos respecto al Verbo que es vida.

a. El significado de *logos*

La palabra griega *logos* puede traducirse como 'razón' o como 'palabra' (verbo) o 'lenguaje'. Se la emplea en el prólogo del cuarto Evangelio como designación de Hijo que es la revelación del Padre.[15] Muchos comentaristas han sostenido que la palabra es también un título descriptivo del Hijo eterno en la carta que nos ocupa. Así, Moffatt translitera la palabra griega y acuña la expresión 'Logos de vida'.

---

15. Véase Tasker, R. V. G., *The Gospel According to John* (Tyndale New Testament commentary), pp. 41s.

Se puede trazar ciertamente un paralelo entre el Evangelio y la carta, aunque el prólogo de aquel es considerablemente más largo que el prefacio de esta. Ambos comienzan con una referencia al principio (Juan 1.1,2 — 1 Juan 1.1); ambos hablan del Logos en conexión con el Padre y con la vida (Juan 1.1,4 — 1 Juan 1.1,2) ; ambos declaran que el Eterno entró en la historia (Juan 1.10,11,14 — 1 Juan 1.2), ambos agregan que la manifestación divina fue vista por los hombres (v. 14, 18 — v. 1,2,3); ambos mencionan el testimonio resultante de lo que vieron los hombres (v. 7,8,15 — v. 2); ambos hablan de Cristo como Hijo del Padre (vv. 14,18 — v. 3); ambos describen el resultado de responder a Cristo en términos de una nueva relación con Dios (v. 12, 13 — v. 3); pero la similitud entre ambos pasajes puede ser exagerada. La secuencia general del pensamiento es la misma, y hay ecos verbales, pero Westcott tiene razón al decir que 'los dos pasajes son complementarios y no paralelos'. Deben mencionarse dos diferencias:

Primero, en el prólogo se emplea cuatro veces 'el Verbo', absolutamente (tres veces en el versículo 1 y una en el versículo 14), mientras que en el prefacio la frase es **al Verbo que es de vida**. Segundo, está claro por el paréntesis que sigue inmediatamente al uso de esta expresión (versículo 2, RV60) que el énfasis que el autor tiene en mente no es sobre el '**Verbo**', sino sobre '**vida**', porque la palabra *logos* no se vuelve a usar en el prefacio, ni en toda la carta, mientras que '**vida**' se repite dos veces en el versículo 2 y cinco veces más en el resto de la carta (1 Juan 2.25; 3.14; 5.11, 12,20). Es significativo que el autor no escribe '**tocante al Verbo de vida**— el Verbo fue hecho carne' sino '**respecto al Verbo que es vida — Esta vida se manifestó**'. Lo que quiere decir con '**la vida eterna, la cual estaba con el Padre**' está claro: es una evidente personificación del Hijo. No puede ser de otra manera, pues la expresión '**con el Padre**' (*pros ton Patera*) implica comunión personal. Además tanto el Evangelio como la epístola declaran que la vida no solo está en Cristo (Juan 1.4; 1 Juan 5.11,12), sino que él mismo es la vida (Juan 11.25; 14.6; ver también 5.26; 1 Juan 5.20). Esa vida, dice, que estaba eternamente en comunión con el Padre y se nos manifestó históricamente, es la que anunciamos.

Ahora bien, lo que se expresa brevemente en el versículo 2 como tema del anuncio, se expresa más detalladamente en los versículos 1 y 3.

Juan está interesado en dar a conocer lo que es eterno ('**Lo que ha sido desde el principio**') e histórico ('**lo que hemos oído … visto … tocado**') tocante al '**Verbo que es vida**'. ¿Qué significa entonces el 'Verbo que es de vida'? Westcott lo traduce 'la revelación de la vida' y lo interpreta como una referencia general a 'todo el mensaje de Dios al hombre, que habla de vida o, tal vez, del cual brota la vida, que habiendo comenzado a ser proclamado por los profetas, al fin fue plenamente anunciado por Uno que era su Hijo'. Brooke concuerda con esta posición. C. H. Dodd es más particular y traduce la frase 'el evangelio' puesto que 'la palabra de vida' en Filipenses 2.16 (aunque sin el artículo definido), 'las palabras de esta vida' en Hechos 5.20 (RV) y 'palabras de vida eterna' en Juan 6.68, son expresiones similares, sinónimas de 'evangelio'. Pero en vista del significado personal que tiene 'vida' en el versículo 2, queremos ser más particulares aún, y decir que el **Verbo que es vida** significa 'el evangelio *de Cristo*'. Lo que Juan proclama es a Cristo, que es la Vida (v. 2), y en esta proclamación acerca del Verbo que es vida pone el énfasis sobre su ser eterno y su manifestación histórica (vv. 1,3).

b. El significado de *peri*

Al discutir el significado preciso de la expresión '**Verbo que es vida**' ya hemos empezado a resolver el segundo problema que concierne a la relación de la frase del 'Verbo que es vida' con todo el párrafo en que está incluida. Moffatt y otros comentaristas han tomado la frase *peri tou logou tēs zōēs* como una aposición a las cuatro cláusulas relativas precedentes que, además agregaría otro aspecto de la proclamación a las cuatro ya mencionadas. La proclamación entonces tendría que ver por igual con '**lo que ha sido desde el principio**', con lo que fue '**oído**', '**visto**' y '**tocado**' y con él '**el Verbo que es vida**'. Pero esta teoría es poco feliz, y la rechazan Westcott, Law, C. H. Dodd y otros porque pondría cuatro pronombres relativos neutros en aposición con el masculino *logos*, y porque no presta atención al cambio de construcción de las cláusulas relativas al uso de la preposición *peri*.

La alternativa es tomar *peri tou logou tēs zōēs* como una cláusula adverbial independiente. De esta manera 'el Verbo que es vida' se convierte en el 'sujeto' (Westcott, Law) del anuncio, mientras las cuatro cláusulas relativas 'declaran la sustancia del mismo' (Law). En forma similar "la cláusula '**respecto al Verbo que es vida**' indica el *tema* del anuncio, y las cláusulas '**lo que ha sido desde el principio … lo que hemos tocado con las manos**' establecen el *contenido* del anuncio" (Dodd). En lo que Juan está interesado principalmente es en la vida eterna en Cristo (Juan 20.31; 1 Juan 5.12,13). Lo que parece estar diciendo aquí es: 'en nuestra proclamación acerca del mensaje de vida en Cristo nos concentramos en la manifestación histórica del Eterno. En parte lo hacemos porque nosotros estamos calificados en forma única para ser testigos de la encarnación. Nuestros propios ojos lo han visto, y nuestras manos lo han tocado. Lo hemos oído y contemplado por nosotros mismos. O, para decirlo de otro modo, la Vida misma (con la cual tiene que ver nuestro mensaje), la Vida eterna que estaba eternamente con el Padre, se nos manifestó y nosotros la vimos. Por eso testificamos de ella. Nuestro anuncio es un testimonio. También hacemos de esto nuestro énfasis particular debido a las falsas enseñanzas de los herejes que niegan la verdad de la encarnación, ya sea afirmando que el cuerpo de Jesús no era real (los docetistas) o distinguiendo el *Logos* divino o el espíritu, o el Cristo del hombre Jesús sobre quien descendió en el bautismo y de quien se apartó antes de la cruz. En contradicción de esos errores afirmamos enfáticamente que su cuerpo era real (porque nosotros lo oímos, lo vimos y lo tocamos) y que este Jesús histórico era la misma persona que el Verbo eterno'. Este propósito apostólico explicaría la sintaxis confusa que deja el verbo principal casi al final de la oración y que empieza con las cláusulas enfáticas 'Lo que ha sido desde el principio, lo que hemos oído, lo que hemos visto … lo que hemos tocado con las manos'. Son estos aspectos del Verbo que es vida lo que subraya la proclamación. 'San Juan emplea el neutro (*lo que…*) como la expresión más comprensiva para abarcar los atributos, palabras y obras' (Plummer) de la Vida encarnada.

II. El mensaje apostólico y sus implicaciones morales
1 Juan 1.5—2.2

> **1.5**Éste es el mensaje que hemos oído de él y que les anunciamos: Dios es luz y en él no hay ninguna oscuridad.

El vínculo entre este párrafo y el Prefacio que lo precede se encuentra en la palabra **mensaje**. Juan ya ha empleado el verbo *apangellomen* ('anunciamos', versículo 3); ahora emplea el verbo similar *anangellomen*, **anunciamos**, en conjunción con el sustantivo *angelia*, **mensaje**. Este mensaje no es una invención suya o de los otros apóstoles, sino que es lo que han **oído de él.** No es probable que 'Dios es luz' sea una cita de algún dicho específico de Jesús, pues no se ha conservado tal dicho. Más bien está resumiendo la enseñanza del Señor de acuerdo con el énfasis que él mismo le da en su propio Evangelio. 'El Verbo que es vida' (versículo 1), con el cual tiene que ver la proclamación, puede ser condensado en la gran afirmación única de que **Dios es luz, y en él no hay ninguna oscuridad** (ver también Juan 1.4). Una declaración absoluta y sin artículo. El Logos es 'la luz' (*to fōs*); pero Dios es **luz** (*fōs*), así como es 'amor' y 'espíritu' y 'fuego consumidor'. En ninguna de estas declaraciones se emplea el artículo (1 Juan 4.8,16; Juan 4.24; Hechos 12.29).

De las declaraciones acerca del Ser esencial de Dios, ninguna abarca más que **Dios es luz.**[16] Es su naturaleza revelarse, como es

---

16. Sobre el uso simbólico de 'luz' en la Escritura, y particularmente en la literatura juanina, véase la Nota adicional 'El simbolismo de la luz en las Escrituras' en página 70.

propiedad de la luz brillar; y la revelación es de perfecta pureza e inefable majestad. Hemos de pensar en Dios como un Ser personal, infinito en todas sus perfecciones, trascendente, 'el Alto y Sublime, el que habita la eternidad, y cuyo nombre es el Santo' (Isaías 57.15, RV) que, sin embargo, desea ser conocido y se ha revelado. Los miserables errores de los herejes se debían a su ignorancia de la revelación ética de Dios como Luz. Jamás hubieran pretendido tener una *gnōsis* privada, esotérica en la cual habían sido iniciados, si su concepción de Dios hubiera sido la de Aquél que es Luz, difusiva, que brilla y se manifiesta, en quien **no hay ninguna oscuridad**, ningún secreto, ningún ocultarse en las sombras. Y si Dios es también luz en sentido de poseer una perfección moral absoluta, su pretensión de conocerlo y tener comunión con él a pesar de que eran indiferentes a la moralidad, se ve como una cabal insensatez, como el autor pasa a demostrar.

Nota adicional
El simbolismo de la luz en las Escrituras | 1 Juan 1.5

Las categorías de la luz y las tinieblas pertenecen al lenguaje universal del simbolismo religioso. Son comunes a la mayoría de las religiones, y no menos a la religión revelada de la Biblia.[17] En las Escrituras se las usa metafóricamente en varios sentidos. Intelectualmente, la luz es la verdad y las tinieblas la ignorancia o el error. Moralmente, la luz es la pureza y las tinieblas el mal. Uno o dos ejemplos bastarán para ilustrar este doble uso. La revelación de Dios por medio de la ley y los profetas se describe como luz. El 'mandamiento es una lámpara, la enseñanza es una luz'; 'Tu palabra es una lámpara a mis pies; es una luz en mi sendero'; 'la palabra de los profetas más segura' es 'una lámpara que brilla en un lugar oscuro' (Proverbios 6.23; Salmos 119.105,130; 2 Pedro 1.19). Dios dijo que haría de su siervo la 'luz para las naciones' y 'salvación hasta los confines de la tierra' (Isaías 42.6; 49.6), frases que fueron aplicadas por Simeón al niño Jesús (Lucas 2.30,32;

---

17. Véase, por ejemplo, Éxodo 40:34–38; Salmos 104.2; 1 Timoteo 6.16; 1 Pedro 2.9; Santiago 1.17; Apocalipsis 21.23; ver también Apocalipsis 22.5. Véase también Mateo 8.12; 22.13; 25.30.

ver también Lucas 1.79), y por Pablo y Bernabé a su propio ministerio (Hechos 13.46,47; ver también Hechos 26.18,23). También el apóstol Pablo escribió a los corintios acerca de 'la luz del glorioso evangelio de Cristo' que había resplandecido en sus corazones (2 Corintios 4.4,6).

El segundo uso de la luz, a saber, para simbolizar la justicia, ya está claro en Isaías 5.20, donde los habitantes de Judá son tan perversos moralmente que llaman 'a lo malo bueno y a lo bueno malo, que tienen las tinieblas por luz y la luz por tinieblas'. En la instrucción ética contenida en sus epístolas, Pablo emplea varias veces esta metáfora (véase Efesios 5.8–14; Romanos 13.11–14; ver también 1 Tesalonicenses 5.4–8; 1 Corintios 4.5).

Este doble simbolismo de la luz y las tinieblas se encuentra en el cuarto Evangelio, particularmente en cuatro pasajes. En tres de ellos el énfasis indudablemente está puesto en la luz como revelación de la verdad. Véase el prólogo del Evangelio, especialmente los versículos 4, 5 y 9,[18] Juan 8.12, un pasaje que está relacionado con la curación del hombre ciego de nacimiento (ver también Juan 9.4,5), y Juan 12.35, 36, 46 (ver también 11.9,10). En este último pasaje, sin embargo, es discernible también un elemento moral. El efecto de la luz no es simplemente hacer que los hombres vean, sino capacitarlos para *andar*. La buena conducta, no solo la visión clara, es el beneficio que confiere la luz. Esto nos trae Juan 3.19–21, donde la relación entre la luz y la pureza, las tinieblas y el mal, se hace explícita. En este pasaje, el hombre bueno, opuesto a 'aquel que hace lo malo', se describe realmente como 'el que practica la verdad'. La verdad, como la luz, en las Escrituras tiene un contexto moral. Los hombres no solo han de *conocer* la verdad, sino *practicarla*, así como no solo *ven* la luz, sino que *andan* en ella. De modo que no es raro que, como en este caso, la 'verdad' no sea contrastada con el 'error' sino con la 'maldad' o la 'injusticia' (ver Romanos 1.18 y 2 Tesalonicenses 2.12).

---

18. En el prólogo se distingue al Logos de Juan el Bautista. De Juan se dice que 'no era la luz, sino que vino para dar testimonio de la luz' (8). Es verdad que en 5.33–36 el testimonio de Juan sobre la luz se describe en términos de luz, en la cual los hombres se regocijaron por un tiempo; pero él mismo no era la luz, sino una 'antorcha que ardía y alumbraba' (versículo 35, RV).

Las implicaciones morales de la luz son visibles también en 1 Juan 2.8–11. Aquí se hace la declaración de que 'ya brilla la luz verdadera' (v. 8). Esta luz difunde justicia y, en particular, amor.

Quien pretende estar 'en la luz' (v. 9) solo puede ser creído si anda en amor, porque 'el que ama a su hermano permanece en la luz', mientras 'el que odia a su hermano está en la oscuridad' y está tan ciego que 'no sabe a dónde va' (vv. 10,11).

En 1.6—2.3 se exponen y refutan tres de las pretensiones espurias de los falsos maestros. Cada una de ellas se introduce con la fórmula 'Si afirmamos' (6,8,10). C. H. Dodd piensa que el escritor 'está aludiendo a ciertas máximas que los maestros heréticos empleaban como lemas'. Si en realidad cita sus eslóganes reales o no, ciertamente está representando algunas de sus perniciosas enseñanzas, y después de presentarlas, procede a señalarlas como errores engañosos. La profesión verbal de alguien no debe necesariamente ser creída. Debe ser probada, tanto en sí misma como en su relación con la verdad fundamental de que Dios es luz, y en su influencia sobre la conducta del interesado. Expresiones similares se emplean en 1 Juan 2.4,6,9 (*El que afirma*) y en 4.20 (*Si alguien afirma*). Ver Santiago 2.14–18. Este es el tema dominante de la epístola. Juan proporciona penetrantes pruebas por medio de las cuales juzgar al que profesa ser y se llama a sí mismo 'cristiano'. La cuestión suprema es si sus enseñanzas y su conducta son consecuentes entre sí y con la proclamación apostólica de que Dios es luz. Esta afirmación es todavía ahora la prueba de la verdad y realidad de nuestra profesión cristiana.

La simetría de los siete versículos es evidente. Primero, Juan presenta la falsa enseñanza con las palabras **si afirmamos**. Luego, las refuta con un inequívoco **mentimos** o una expresión similar. Finalmente, hace una declaración positiva y verdadera correspondiente al error que ha refutado, **pero si**..., aunque en el último de los tres ejemplos la terminación es diferente (comparar los versículos 7, 9 con 2.1,2).

La frase introductoria **si afirmamos** es digna de nota debido a que en ella cambia sutilmente la identidad del **nosotros**. Véase la 'Introducción', páginas 40 y siguientes. La relación nosotros–ustedes del autoritativo apóstol con sus lectores, que hallamos en 1.1–5, se ha desvanecido; Juan ahora se identifica humildemente con ellos. Naturalmente, no está sugiriendo que él haya dicho o pensado jamás los errores que está combatiendo. Usa el primer pronombre personal solo porque está estableciendo principios generales que son aplicables a todos por igual.

Los tres errores que trata conciernen al hecho del pecado en nuestra conducta, su origen en nuestra naturaleza, y su consecuencia en nuestra relación con Dios. Son las erróneas concepciones de los que quieren una fácil comunión con él. Los que nunca han aprendido el indisoluble matrimonio de la religión y la ética y están tratando de divorciarlas. Estos tienen una doctrina totalmente inadecuada del pecado y de su pecaminosidad en relación con el Señor que es luz. Así, pues, en cada uno de los tres ejemplos que da, Juan enfrenta el hecho y el problema del pecado antes del proceder a mostrar la solución. No solo niega el concepto erróneo, sino que indica el remedio divino que se ofrece si los hombres solo quieren reconocer que lo necesitan. Cada vez describe la purificación y el perdón que Dios ha hecho posible mediante la muerte de Jesucristo su Hijo (7,9 y 2.1, 2). El cristianismo es la única religión que, dando énfasis a que Dios es luz, insiste primero en que se tome en serio el pecado y luego se ofrece una satisfactoria solución moral de este problema. La manera de tener comunión con un Dios que es luz no es negar el hecho o los efectos del pecado, sino confesar los nuestros y apropiarnos con gratitud de lo que el Señor ha provisto para nuestra purificación.

a. La negación de que el pecado rompe nuestra comunión con Dios | 1 Juan 1.6, 7

[1.6]Si afirmamos que tenemos comunión con él,
pero vivimos en la oscuridad, mentimos y no ponemos
en práctica la verdad.

Aquí la afirmación falsa es que tenemos comunión con Dios mientras que al mismo tiempo **vivimos** habitualmente **en oscuridad** (ver Juan 2.11; Isaías 9.2; Juan 8.12; Romanos 2.19). Algunos de los gnósticos primitivos eran culpables de tan clamoroso antinomianismo. Consideraban al cuerpo como un mero envoltorio que cubría el espíritu humano y sostenían que el espíritu del hombre era inviolable; no podía ser contaminado por los hechos del cuerpo. Otros, según Ireneo, enseñaban que si uno había llegado a ser verdaderamente 'espiritual', había progresado más allá de toda posibilidad de contaminación. Se podía, decían, *ser* justo, sin *practicar* necesariamente la justicia (ver 1 Juan 3.7, donde Juan niega esto), y consiguientemente la comunión espiritual con Dios era independiente de la moralidad física. Todavía hoy, aunque los conceptos gnósticos son anticuados, no es raro que algunos pretendan tener comunión con Dios, sin ver la necesidad de acudir primero a la cruz de Cristo para su purificación y perdón o de llevar después una vida consecuentemente santa. Tenemos razón en sospechar de aquellos que pretenden una intimidad mística con el Señor y, sin embargo, 'viven en la oscuridad' del error y el pecado, sin prestar atención a la revelación de Dios santo. Puesto que Dios es santo, tales pretensiones son ridículas. La religión sin moralidad es una ilusión. El pecado es siempre una barrera a la comunión con el Señor (ver Salmos 5.4; 66.18; Isaías 59:1,2), porque '¿qué comunión puede tener la luz con la oscuridad?' (2 Corintios 6.14).

Si tenemos tal pretensión, **mentimos**, deliberadamente, a sabiendas, con toda evidencia, no ponemos en práctica la verdad. Es decir, no solo contradecimos la verdad con nuestras palabras, sino que la negamos con nuestras vidas inconsecuentes. **No ponemos en práctica la verdad.** 'Nuestras palabras y nuestras vidas son una mentira' (NEB).

> **1.7** Pero, si vivimos en la luz, así como él está en la luz, tenemos comunión unos con otros, y la sangre de su Hijo Jesucristo nos limpia de todo pecado.

Refutado el error, ahora Juan afirma una verdad complementaria. Ha mostrado las consecuencias de andar en tinieblas; ahora describe lo que sucede **si vivimos en la luz**. Toda interpretación de esta frase debe concordar con el significado simbólico de la luz y con la frase siguiente: **como él está en la luz**. Dios **está** eterna y necesariamente en la luz porque él mismo *es* luz; los hombres estamos llamados a andar en la luz. El Señor está en la luz porque siempre es fiel a sí mismo y su actividad es consecuente con su naturaleza. '[Dios] no puede negarse a sí mismo' (2 Timoteo 2.13). Nosotros debemos andar en la luz de su santa revelación, y en su presencia, sin engaño ni deshonestidad en nuestra mente o pecado conscientemente tolerado en nuestra conducta. 'Andar en la luz' describe la 'sinceridad absoluta … el ser, por decirlo así, de una pieza, no tener nada que ocultar ni hacer intento alguno de ocultar algo'[19]. Se dan dos resultados de esto. Primero, **tenemos comunión unos con otros.** Puesto que en el versículo 6 Juan ha declarado que el andar en tinieblas impide la comunión con Dios, sería de esperar que en el versículo siguiente expresara la verdad opuesta de que si andamos en la luz disfrutamos de comunión con él. Esto, indudablemente, es cierto, pero característicamente él va un paso más allá y establece que el andar en la luz conduce a esa comunión de los unos con los otros que, como ya ha dicho en el versículo 3, está fundada en nuestra comunión con el Padre y el Hijo.

El segundo resultado de andar en la luz es que **la sangre de su Hijo Jesucristo nos limpia de todo pecado.** El verbo sugiere que el Señor no se limita a perdonar; borra las manchas del pecado. Y el tiempo presente muestra que este es un proceso continuo. Pero ¿qué pecado necesita ser limpiado si *andamos en la luz*? Alford, consciente de esta dificultad, insiste en que aquí y en el versículo 9 'purificación' implica 'santificación', a diferencia de la 'justificación'. Ebrard también piensa que esta interpretación 'está concluyentemente decidida por el versículo 9'. Pero sería inusitado atribuir este beneficio a **la sangre de Jesucristo.** Law, para quien 'luz' significa revelación más bien que santidad no ve nada inconsecuente en la afirmación de la presencia de pecados en aquellos que 'andan en luz'. Aun va más allá y escribe: "andar en la 'luz' es, en primer término, confesar el pecado; andar en tinieblas es ignorar o negar el pecado". Pero si 'luz' significa santidad tanto como revelación, andar en ella es vivir no solo en honestidad, sino también, al menos cierto grado, en pureza. De modo, pues, que la referencia debe ser no solo a la purificación de los pecados deliberados, sino de 'todo pecado', aun de aquellos cometidos inconscientemente o, como podría sugerirlo el empleo del singular *pecado*, de la contaminación de nuestra naturaleza caída. Lo que es evidente es que si andamos en luz, Dios ha hecho provisión para limpiarnos de cualquier pecado que pudiera de otro modo perjudicar nuestra comunión con

---

19. Neill, Stephen, *Christian Holiness, p. 35.*

él o de los unos con los otros. Esta provisión es **la sangre de Jesucristo su Hijo**, es decir, la virtud de su muerte por nuestros pecados.[20]

Esta es la única referencia explícita en toda la carta al poder salvador de la muerte de Jesucristo, aunque hay una alusión implícita cuando se dice que el Hijo vino para ser 'el Salvador del mundo' (4.14), 'para que fuera ofrecido como sacrificio por el perdón de nuestros pecados' (1 Juan 4.10; ver 2.2 y comentario) y 'para que vivamos por medio de él' (1 Juan 4.9). La eficacia de su muerte por nuestros pecados se debe a la unicidad de la Persona que murió. Era a la vez hombre (*Jesús*) y Dios (*su Hijo*). La condición para recibir la purificación por medio de la sangre de Cristo y disfrutar de comunión los unos con los otros es andar en la luz, ser sinceros, francos, honestos, transparentes.

b. La negación de que el pecado existe en nuestra naturaleza | 1 Juan 1.8, 9

[1.8]Si afirmamos que no tenemos pecado, nos engañamos a nosotros mismos y no tenemos la verdad.

La segunda afirmación de los herejes era una etapa peor que la primera, a saber, que **no tenemos pecado**. La primera afirmación herética al menos parecía admitir la existencia del pecado, aunque negando que tuviera el efecto de extrañar al pecador de Dios. Ahora se niega el hecho mismo del pecado. Estos hombres no pueden beneficiarse con el efecto purificador de la sangre de Jesús porque dicen *no tener pecado*. 'Pecado' está otra vez en singular y se refiere al principio heredado del pecado o la concentración en uno mismo. Los herejes

---

20. El obispo Westcott, en una nota adicional, dice que 'por el derramamiento de la sangre no se destruía la vida que en ella había, aunque se separaba del organismo que antes había vivificado'. De modo, pues, que la 'participación en la sangre de Cristo es participación en su vida ... la simple idea de la muerte de Cristo, como algo separado de su vida, pasa totalmente a último plano en los escritos de San Juan'. Con esto concuerda Brooke, al describir la sangre de Cristo como 'el poder de la vida de Cristo ... liberado por la muerte para un servicio más amplio del que era posible bajo las limitaciones de una vida humana en Palestina en una época dada'. Pero esta posición ha sido seriamente discutida por A. M. Stibbs en *The Meaning of the Word 'Blood' in Scripture* (Tyndale Press, 1948), donde muestra claramente que en la Biblia, 'sangre' (por ejemplo, Levítico 17.11) significa no meramente 'vida', sino 'vida terminada violentamente; es una señal de la vida dada o tomada en la muerte' (p. 33).

ahora están diciendo que, sea cual fuere su conducta exterior, no hay pecado inherente en su naturaleza.[21]

1.9 Si confesamos nuestros pecados, Dios, que es fiel y justo, nos los perdonará y nos limpiará de toda maldad.

La actitud que corresponde al cristiano en cuanto al pecado no es negarlo sino admitirlo y recibir así el perdón que Dios ha hecho posible y nos promete. **Si confesamos nuestros pecados**, reconociendo delante del Señor que somos pecadores no solo por naturaleza (*el pecado*), sino también por la práctica (*nuestros pecados*), **Dios, que es fiel y justo, nos los perdonará y nos limpiará de toda maldad.**
En la primera frase, el pecado es una deuda que él remite y en la segunda, una mancha que él borra. En ambas se dice que **él es fiel y justo**. La primera palabra puede significar que es fiel a su naturaleza y carácter (ver 2 Timoteo 2.13). Pero en la Escritura la fidelidad de Dios se asocia continuamente con las promesas de su pacto (por ejemplo, Salmos 89; Hechos 10.23). Él es fiel a su palabra y fiel a su pacto. Puesto que el nuevo pacto incluye la promesa: 'Yo les perdonaré su iniquidad, y nunca más me acordaré de sus pecados' (Jeremías 31.34), no es difícil ver por qué se dice que Dios es '**fiel**' al perdonar nuestros pecados. ¿Pero cómo puede describírselo como **justo** para perdonarlos? Algunos comentaristas relacionan la justicia del Señor con su fidelidad y sugieren que por ser fiel a sus promesas es que él es justo para perdonar. Aun así es un adjetivo extraño en esta relación. En nuestras mentes la justicia se asocia con el castigo, no con el perdón. Si Dios visita al pecador por su pecado y 'no deja sin castigo al culpable' (Éxodo 34.7), ¿cómo puede perdonar los pecados? Este es el dilema divino. El Juez de toda la Tierra no puede perdonar ligeramente el pecado. La cruz es, de hecho, el único fundamento moral sobre el cual puede perdonar el pecado, porque allí fue derramada la sangre de Jesús su Hijo para que fuera 'la propiciación' (RV95) por nuestros pecados (1 Juan 2.2). Ver Romanos 3.25, otro pasaje en el que la justicia

---

21. Otros comentaristas sostienen que 'tener pecado' en la literatura juanina significa 'tener culpa' o 'ser culpable'. Así lo traduce la RSV en Juan 9.41 (ver Juan 15.22,24; 19.11); y Moffatt traduce 1 Juan 1.8: "Si decimos 'no somos culpables'…". Law afirma que en el cuarto Evangelio, la frase 'denota específicamente la culpabilidad del agente'. En este caso la negación aquí no sería tanto del pecado en sí como de la responsabilidad por el mismo.

de Dios muestra no solo lealtad a su pacto, sino también su fidelidad debido a la palabra que lo inició, y su justicia debido al hecho que lo ratificó. Más sencillamente, es **fiel** para perdonar porque ha prometido hacerlo, y **justo**, porque su Hijo murió por nuestros pecados.[22]

El perdón y la purificación, que resultan de la fidelidad y la justicia de Dios, están condicionados por la confesión. Hay en las Escrituras muchas advertencias acerca del peligro de ocultar nuestros pecados, y muchas promesas de bendición si los confesamos. Además, lo que se requiere no es una confesión general de pecado, sino una confesión particular de *los pecados*, recordándolos deliberadamente, confesándolos y abandonándolos (ver Salmos 32.1–5; Proverbios 28.13).

c. La negación de que el pecado se muestra en nuestra conducta | 1 Juan 1.10—2.2

> **1.10.**Si afirmamos que no hemos pecado, lo hacemos pasar
> por mentiroso y su palabra no habita en nosotros.

La tercera afirmación herética está indicada por las palabras **Si afirmamos que no hemos pecado**. Podemos aceptar en teoría que el pecado rompería nuestra comunión con Dios si pecamos, y que en nuestra naturaleza existe aquel como una disposición innata y, sin embargo, negar que hayamos pecado en la práctica, colocándolos fuera de la comunión con el Señor. Esta es la más jactanciosa de las tres negaciones. Los herejes sostenían que su iluminación superior los hacía incapaces de pecar. Pero Juan es tan claro acerca de la irrupción del pecado en nuestra conducta como lo es acerca de su origen en nuestra naturaleza y sus consecuencias como impedimento para

---

22. Algunos comentaristas interpretan en forma diferente la relación entre la fidelidad y la justicia, o rectitud, de Dios, llamando la atención al hecho de que en el Antiguo Testamento a menudo la justicia de Dios no es un atributo sino una actividad equivalente a la 'salvación' (por ejemplo, Isaías 51.5). Así C. H. Dodd escribe: 'Para Juan como para Pablo ... la misericordia o el perdón de Dios es una función de su justicia ... Si confesamos nuestros pecados ... Dios perdona ... porque ninguna otra actitud sería consecuente con la voluntad perfectamente buena por la cual todo el universo es creado y sustentado'. Pero la justicia (*dikaiosunē*) de Dios se despliega también contra el pecado, y la 'voluntad perfectamente buena' de él no excluye su 'ira' o antagonismo contra el pecado y la consiguiente necesidad de 'propiciación'. Véase la Nota adicional 'El concepto bíblico de propiciación' sobre 2.2 en la página 84.

nuestra comunión con Dios. Decir que no hemos pecado no es solo decir deliberadamente una mentira (v. 6), o estar engañados (v. 8), sino realmente acusar a Dios de mentira, hacerlo pasar por **mentiroso** y revelar claramente que **su palabra no habita en nosotros**, porque su palabra declara frecuentemente que el pecado es universal (por ejemplo, 1 Reyes 8.46; Salmos 14.3; Eclesiastés 7.20; Isaías 53.6; 64.6), y la palabra del evangelio, que es un evangelio de salvación, da por sentado claramente la pecaminosidad del hombre.

> **2.1 Mis queridos hijos, les escribo estas cosas para que no pequen. Pero, si alguno peca, tenemos ante el Padre a un intercesor, a Jesucristo, el Justo.**

Ahora cambia la construcción simétrica de este párrafo, no sea que se piense que la franca admisión y el perdón de nuestros pecados (1 Juan 1.9,10) nos permita considerarlos con ligereza. Por el contrario, el propósito del autor es 'prevenir el pecado, no condonarlo' (Brooke). Así, pues, en lugar de agregar 'si' como en las dos ocasiones anteriores, Juan empieza una nueva cláusula a fin de explayarse sobre el tema del pecado en el cristiano. Esto lo hace primero negativamente (**para que no pequen**) y luego positivamente (**Pero si alguno peca**). Es importante mantener en equilibrio estas dos declaraciones. Es posible ser demasiado blandos o demasiado severos con el pecado. Demasiada blandura parecería casi alentar el pecado en el cristiano, al acentuar la provisión que Dios ha hecho para el pecador. Por otro lado, una exagerada severidad negaría la posibilidad de que el cristiano peque o le negaría el perdón y la restauración si cae. Juan contradice ambas posiciones extremas.

La frase '**Mis queridos hijos**' sugiere a la vez la avanzada edad del autor y la relación tierna y afectuosa que existía entre él y sus lectores. Estos son simplemente *paidia*, 'niños', en 1 Juan 2.13,18 (LBLA), o *teknia*, 'hijitos', en 1 Juan 2.12, 28; 3.7,18; 4.4; 5.21, pero solamente aquí se agrega el adjetivo posesivo. Ambas palabras aparecen en el Evangelio en labios de Jesús mismo: *teknia* en Juan 13.33 y *paidia* en 21.5. El propósito de la epístola, dice, es guardarlos del pecado. Sus referencias a la sangre purificadora de Jesús (1.7) y al perdón de Dios (9) no están destinadas a darles un concepto liviano de la gravedad del pecado. Lejos de ello. 'El horror, el odio, el miedo, el repudio del pecado impregnan toda la epístola' (Law). Anhela que sean preservados de las malas enseñanzas de los herejes y que no caigan en el pecado. El cristiano jamás puede eludir el mandamiento específico de Jesús: 'No vuelvas a pecar' (Juan 5.14; 8.11). Pero, por otro lado, agrega que, **si alguno peca**, Dios ha provisto graciosamente para su restauración. La cláusula es significativa. Indica claramente la convicción del autor de que los actos de pecado (esto es lo que implica el aoristo '*amartē*), en oposición al hábito pecaminoso continuo, son posibles en el cristiano, lo que algunos han considerado que se niega en 3.9 y 5.18. 'La idea es la del acto único ('*amartē*) en el cual puede incurrir el cristiano contra el verdadero tenor de su vida, en contraste con el estado habitual ('*amartanei*, 3.6, 9; 5.18)' (Westcott).

Ahora se muestra la provisión que Dios ha hecho para el cristiano pecador. Es aquel que se describe primero como **intercesor** ante el Padre, segundo como **Jesucristo, el Justo**, y tercero (v. 2) como **el sacrificio por el perdón de nuestros pecados**.

La palabra **intercesor**, 'abogado' (RV95), en su equivalente latino, *advocatus*, y griego, *paraklētos*, está en forma pasiva, no activa. Significa literalmente no 'consolador', sino 'llamado junto a' y describe a cualquiera que es convocado a ayudar a otro. Se la empleaba particularmente en los tribunales para el letrado que tiene la responsabilidad de defender, como consejero, la causa de la persona acusada. Aunque el verbo *paraklein*, estimular, exhortar o consolar, se emplea con frecuencia en el Nuevo Testamento, el nombre *paraklētos* aparece solamente en la literatura juanina. En realidad, aparte de este versículo su uso está restringido a los discursos del aposento alto en el cuarto Evangelio, donde Jesús hace de ella un título del Espíritu Santo (Juan 14.16, 26; 15.26; 16.7). Una comparación de los usos es instructiva. Si tenemos un intercesor, abogado, en el cielo, Cristo tiene un abogado en la Tierra. El Espíritu Santo es el Paracleto de Cristo, así como el Señor Jesús es el nuestro. Pero mientras el Espíritu Santo defiende la causa de Cristo ante un mundo hostil, Cristo defiende nuestra causa contra nuestro 'acusador' (Apocalipsis 12.10) y **ante el Padre**, quien ama y perdona a sus hijos. Ahora no ha de ser considerado como nuestro Juez. La persona que cree en Cristo ya 'tiene vida eterna y no será juzgado, sino que ha pasado de la muerte a la vida' (Juan 5.24; ver 1 Juan 3.14; 5.12 y Romanos 8.11,33,34). Una vez que el pecador ha sido justificado por el Señor su Juez, ha entrado en la familia de Dios y se ha relacionado con él como con su Padre. Si peca, no necesita otra justificación del divino Juez. Es hijo de Dios; necesita el perdón del Padre. Esto se le asegura por la mediación de **Jesucristo, el justo**, una expresión compuesta que indica su naturaleza humana (*Jesús*), su oficio mesiánico (*Cristo*) y su carácter justo. En el cuadro de un Abogado justo que se presenta ante el Padre en favor nuestro, 'no se trata de que el amor alegue con la justicia'. Más bien lo contrario: '¡La justicia alega con el amor para nuestra liberación!' (Findlay).

Esta referencia a la justicia de Cristo, lo mismo que la descripción de Dios en 1 Juan 1.9 como 'justo' (el adjetivo es *dikaios* en ambos casos), es inesperada. Sin embargo, la similitud entre ambos versículos puede ser exagerada. La justicia, pureza y falta de pecado del carácter de Cristo se mencionan varias veces, directa o indirectamente, en esta carta (2.6,29; 3.3,5,7). Es evidente por sí mismo que solo mediante un Salvador **justo** podíamos ser limpiados de 'toda maldad' (1.9). Ver 2 Corintios 5.21 y 1 Pedro 3.18. Sobre la relación entre la intercesión de Jesús y su santidad, ver Hebreos 7.25,26. Hay muchas similitudes entre la enseñanza de esta carta y la de la carta a los Hebreos sobre los temas de la propiciación y la intercesión. En ambos libros las dos doctrinas están estrechamente vinculadas, aunque en Hebreos Cristo intercede como Sacerdote, y en esta carta como Paracleto.

> **2.2Él es el sacrificio por el perdón de nuestros pecados,**
> **y no solo por los nuestros sino por los de todo el mundo.**

Juan procede ahora a describir a nuestro justo Abogado como **el sacrificio por el perdón de nuestros pecados**, pues es esto solo lo que lo califica para el cargo. 'Nuestro abogado no alega que somos inocentes, ni aduce circunstancias atenuantes. Reconoce nuestra culpa y presenta su obra vicaria como base para nuestras absolución' (Smith). 'La intercesión de Cristo es la aplicación continua de su muerte a nuestra salvación' (Calvino). En escritos paganos este sustantivo **sacrificio** ('*ilasmos*') y su verbo ('*ilaskesthai*') se usaban comúnmente para el apaciguamiento de una divinidad enfadada por medio de ofrendas. Tan vil y corrompida era esa concepción pagana que muchos eruditos modernos han rechazado del todo la noción de una **sacrificio** cristiano. Es incompatible, dicen, con la revelación de Dios en Jesucristo. Sostienen que el impedimento para la comunión con el Señor no está en él, sino en nosotros y en nuestro pecado, y que el '**sacrificio**' elimina el obstáculo al ocuparse de nuestro pecado.

Señalan, en apoyo de su tesis, que el verbo *'ilaskesthai* se emplea muy raramente en el Antiguo Testamento con Dios como su objeto (solo Zacarías 7.2; 8.22; Malaquías 1.9), y nunca en el Nuevo Testamento. El objeto del **sacrificio** no es Dios, sino el pecado y la contaminación de los hombres, que por el son 'cubiertos' (el probable significado radical de la palabra hebrea *kipper*, traducida por *'ilaskesthai* en la LXX), 'neutralizados' (Westcott), y aun 'esterilizados' (Dodd). Por esta razón proponen traducir la palabra por 'expiación' y dar por sentado que de lo que se trata no es de aplacar la ira del Señor, sino de anular la culpa del pecado. De este modo, 'Él mismo es el remedio para la contaminación de nuestros pecados' (NEB). Pero esto es disponer demasiado ligeramente de la idea del **sacrificio**. Es cierto que la frase neotestamentaria es que Cristo es **el sacrificio por el perdón de nuestros pecados** y que en ninguna parte se habla de propiciar a Dios. Pero esto no termina la cuestión, porque hay otras palabras y frases bíblicas que indican que en algunos sentidos el Señor necesita ser propiciado. Su 'ira' permanece sobretodo pecado y debe ser de alguna manera evitada o apaciguada si el pecador ha de ser perdonado.

La noción del **sacrificio** de Dios por la muerte de su Hijo no es del todo incompatible con la revelación que se nos ha dado de su carácter en su Hijo y en su Palabra, si se la entiende correctamente. Necesita ser salvaguardada y distinguida de las concepciones paganas, en dos sentidos. Primero, la ira del Señor no es arbitraria o caprichosa. No tiene parecido alguno con las pasiones impredecibles y la vengatividad personal de las deidades paganas. Es, en cambio, su definido, controlado, santo antagonismo contra todo mal. Segundo, el medio por el cual se conjura su ira no es un cohecho, ya sea nuestro o de un tercero. Por el contrario, la iniciativa de la propiciación es enteramente de Dios. En la LXX frecuentemente él mismo es el sujeto del verbo 'propiciar' (un uso desconocido en los escritos paganos). De la misma manera en esta carta toda la iniciativa se atribuye al Señor. 'La acción de la cual, en algún sentido, Dios mismo es el objeto, tiene a Dios mismo como su origen' (Law). Este origen es su amor: el espontáneo, inmotivado amor de Padre e Hijo juntamente. No debemos imaginar ni que el Padre envió a su Hijo para hacer algo que este tenía renuencia para hacer, ni que el Hijo fuera un tercero que intervino entre el pecador y un Dios renuente. Ambos conceptos quedan excluidos por la enseñanza de esta carta. No es renuencia sino amor lo que se atribuye tanto al Padre como al Hijo. 'En esto consiste el amor: no en que nosotros hayamos amado a Dios, sino en que él nos amó a nosotros y envió a su Hijo en propiciación por nuestros pecados' (1 Juan 4.10, RV95). 'En esto conocemos lo que es el amor: en que Jesucristo entregó su vida por nosotros' (1 Juan 3.16).[23]

Habiendo distinguido entre los conceptos pagano y cristiano de **sacrificio** o propiciación en estos dos aspectos principales, debemos preguntar ahora: ¿Qué era o es la propiciación? La respuesta de Juan es que es el mismo 'Jesucristo, el justo' (2.1), el Hijo enviado del Padre (4.10). En ambos versículos se lo describe no como el 'propiciador', sino como la 'propiciación' o el **ofrecido como sacrificio**. Esto es significativo, por cuanto subraya 'el pensamiento de que él mismo es la ofrenda propiciatoria … Un propiciador puede hacer uso de un medio de propiciación exterior a sí mismo. Pero Cristo es nuestra propiciación….' (Westcott), lo cual está implícito en el prominente **él** (*autos*). ¿Pero en qué sentido es **Él es el sacrificio por el perdón de nuestros pecados**? En este versículo no se da ninguna respuesta directa, pero si Juan habla de 'sacrificio' aquí y en 4.10, y de perdón en 1.9, es porque en 1.7 ha establecido que lo que limpia a los pecadores de su culpa es la sangre de Jesús, el Hijo de Dios, que pone su vida en una muerte violenta. 'En estos pasajes tenemos una concatenación de ideas (propiciación, sangre, limpieza, perdón) que se derivan directamente del sistema sacrificial del Antiguo Testamento, expresadas, de hecho, en términos técnicos levíticos' (Law, ver Levítico 16.30; Hechos 9.22 y el comentario sobre 1.7).

Además Cristo *es* aún la propiciación, no porque continúe en algún sentido ofreciendo su sacrificio, sino porque ese sacrificio ofrecido una vez tiene una virtud eterna que es eficaz *hoy* en aquellos que creen. Y la propiciación por nuestros pecados es **no solo por los nuestros sino por los de todo el mundo**. No se puede forzar esta declaración para hacerle decir que todos los pecados son automáticamente perdonados mediante la propiciación de Cristo, sino que se ofrece un perdón universal para los pecados de todo el mundo, el cual es disfrutado por todos los que lo aceptan; ver 4.9, 14 y Juan 1.29; 3.16; 5.24. 'Para nadie

---

23. Véase la Nota adicional 'El concepto bíblico de propiciación' en página 84 para una discusión más completa de las cuestiones lingüísticas y teológicas involucradas en la palabra *propiciación*.

en el mundo entero hay otro medio de ser reconciliado que el de la propiciación de Cristo' (Ebrard).

Así, pues, la provisión del Padre para el cristiano pecador está en su Hijo, quien posee una triple calificación: su carácter justo, su muerte propiciatoria y su representación celestial. Cada una depende de las otras. No podría ser hoy nuestro abogado en el cielo, si no hubiera muerto para ser el sacrificio por el perdón por nuestros pecados; y su propiciación no hubiera sido eficaz si en su vida y su carácter no hubiera sido 'Jesucristo el justo'.

Nota adicional:
El concepto bíblico de propiciación | 1 Juan 2.2

**2.2 Él es el sacrificio por el perdón de nuestros pecados,
y no solo por los nuestros sino por los de todo el mundo.**

Las únicas dos veces que aparece en el Nuevo Testamento el sustantivo *'ilasmos*, 'propiciación' (sacrificio), están en esta epístola (2.2 y 4.10). También aparece dos veces el verbo *'ilaskesthai* (Lucas 18.13; Hebreos 2.17), mientras que *'ilastērion* se halla en Hebreos 9.5 (RV95) para el 'propiciatorio' o 'asiento de la misericordia' y en Romanos 3.25, ya sea con el mismo significado o, más probablemente, con el significado de 'un medio de propiciación'.

La traducción de *'ilasmos* como 'propiciación' viene de la Vulgata, pero muchos escritores modernos la consideran 'desafortunada' (Dodd). Así la RV60 inglesa prefiere 'expiación' y la NEB la paráfrasis bastante desmañada 'el remedio para la contaminación de'. La principal objeción contemporánea al vocabulario de 'propiciación' es teológica. Se dice que evoca nociones de una deidad irritable y caprichosa que necesita ser apaciguada con sobornos. Tales ideas son justamente desechadas como paganas e inconsecuentes con la revelación de Dios en Jesucristo. Aparentemente resistiéndose a aceptar que puede haber un concepto bíblico y cristiano de la propiciación completamente distinto de los crudos conceptos paganos, algunos eruditos sostienen su rechazo de la propiciación con argumentos lingüísticos.

Es muy cierto, dicen, que en el griego pagano, desde Homero en adelante, el verbo *'ilaskesthai* significó hacer que alguien le sea propicio a uno, propiciar o pacificar a una persona ofendida, y especialmente aplacar a los dioses airados por medio de ofrendas o sacrificios.

Esto es incontrovertible. Pero, continúa el argumento, el griego secular tenía un uso secundario, más raro, del mismo verbo, con el sentido de "realizar un acto por el cual se quitaba la contaminación (ritual o moral); 'expiar'" (Dodd). En estos casos el objeto no es personal (Dios), sino impersonal (la contaminación del pecado). De hecho, era una creencia universal del mundo antiguo que ciertos actos rituales actuaban como un 'poderoso desinfectante' (*ibid.*). Además, se sostiene, este segundo significado, expiatorio, del verbo, se halla en el Antiguo Testamento griego. Es cierto que en tres ocasiones Dios mismo es el objeto de *exilaskesthai* (Zacarías 7.2; 8.22; Malaquías 1.9, donde la BJ traduce el hebreo 'ablandad el rostro de Dios'; ver Génesis 32.20 sobre Jacob y Esaú), pero en ninguna otra parte. El uso más común del verbo es con un objeto impersonal, traduciendo el hebreo *kipper,* 'cubrir' y también 'hacer expiación' o 'expiar'. De hecho, en la LXX lejos de ser Dios el objeto del verbo, frecuentemente es su sujeto, un uso desconocido en el griego pagano. De la misma manera, en la LXX en los salmos 65.3, 78.38 y 79.9 el Señor es el sujeto del verbo *'ilaskesthai,* mientras su objeto son los pecados o la impiedad de los hombres (en acusativo en el primer caso y en dativo en los otros dos). En estos versículos la traducción común es 'perdonar', de modo que C. H. Dodd puede escribir: "virtualmente es imposible distinguir el significado de 'perdonar'; la contaminación del pecado puede ser eliminada, en último análisis, solo por el perdón divino". Por consiguiente, en 1 Juan 2.2, decir que Jesús es 'la propiciación por nuestros pecados' RV es simplemente otra manera de decir que por medio de Cristo Dios nos 'limpia' y nos 'perdona' como ya se ha expresado en 1.7,9 (ver Levítico 4.20; 12.7). Así hemos cerrado el círculo. Se nos dice que el concepto transmitido por *'ilasmos* y sus términos afines, no es una acción por la cual se propicia a Dios, sino por la cual el hombre es purificado y su pecado 'neutralizado' (Westcott, Dodd). La idea 'no es la de apaciguar a alguien que está airado … contra el ofensor;

sino la de alterar el carácter de aquello que desde afuera ocasiona una necesaria alienación e interpone un obstáculo inevitable a la comunión' (Westcott). El 'ilasmos cambia al hombre, no a Dios: anula sus pecados y elimina así la barrera a la comunión con el Señor.

Leon Morris ha sometido a un análisis lingüístico crítico y estricto a los argumentos en los que se apoya esta reconstrucción. [24] Muestra que los únicos dos posibles pasajes seculares griegos en los cuales se dice que *exilaskesthai* significa 'expiar' pueden ser traducidos en un sentido propiciatorio; que las once ocurrencias de *'ilaskesthai* en la LXX, que están todas en pasiva o media, con Dios como sujeto, deben o pueden tener el sentido de 'propiciar' o 'ser propicio a'; que el verbo compuesto *exilaskesthai* (más común en la LXX, pero que no se halla en el Nuevo Testamento) ochenta y tres veces es traducción del hebreo *kipper,* y que este normalmente significa, por su contexto, o bien 'evitar el castigo, especialmente la cólera divina, mediante el pago de un *kofer,* un rescate', o en su uso cúltico 'realizar la reconciliación entre Dios y el hombre' por medio del sacrificio; y que, contrariamente a lo que a menudo se ha afirmado, este verbo compuesto *exilaskesthai* 'en los escritos canónicos del Antiguo Testamento nunca va seguido por un acusativo de pecado', pero la mayoría de las veces (cincuenta y ocho) por *peri* con un genitivo de persona, lo cual significa 'hacer propiciación concerniente a una persona'. La conclusión de este estudio lingüístico de Morris, brevemente resumido aquí, es que 'parecería imposible que alguien en el siglo I hubiera usado uno de los términos del grupo *'ilaskomai* sin comunicar a sus lectores alguna idea de propiciación'.

Volviéndonos de la lingüística a la teología, y en particular a los dos versículos juaninos en los cuales ocurre el sustantivo *'ilasmos* (2.2 y 4.10), se pueden señalar tres puntos. El primero tiene que ver con *la necesidad de la propiciación*. Eso es lo que indican las palabras 'la propiciación por nuestros pecados' (RV) comunes a ambos versículos. Si lo que Juan tenía en mente era realmente una expiación, el objeto de la cual eran nuestros pecados, la construcción hubiera sido seguramente un simple genitivo: 'la expiación de nuestros pecados'. En cambio emplea la preposición *peri*. La necesidad de un *'ilasmos*

---

24. *The Apostolic Preaching of the Cross* (Tyndale Press, 1955), pp. 125–185.

se ve no en 'nuestros pecados' en sí mismos, sino 'en relación con nuestros pecados', es decir en la hostilidad absoluta de Dios hacia ellos. El pagano estaba equivocado al ver la necesidad de propiciación en el carácter colérico de su dios, arbitrario y sin una motivación ética.

Algunos comentaristas modernos, en su justificada reacción contra esa farsa, se equivocan igualmente al verla solamente en el pecado y su contaminación. Cristo 'hizo posible la remoción del pecado que separa a los hombres de Dios', escribe Brooke. Pero ¿qué es esa 'remoción' del pecado que no toma en cuenta el juicio divino sobre el mismo? La necesidad de propiciación no está constituida por la ira de Dios, aisladamente, ni por el pecado del hombre, aisladamente, sino por ambos juntos. El pecado es 'quebrantamiento de la ley' (1 Juan 3.4), un desafiante menosprecio de la ley de Dios que merece el juicio divino. Ese juicio divino sobre la rebelión humana es lo que constituye la barrera a la comunión con él; y no puede haber expiación del pecado del hombre sin la propiciación de la ira del Señor. El santo antagonismo de Dios contra el pecado debe ser eliminado de alguna manera si ha de ser perdonado el pecado y restaurado el pecador. Estos conceptos no son extraños a Juan, el apóstol del amor. Aunque en estas cartas no menciona la ira de Dios, lo hace en el Evangelio, donde escribe que la 'ira de Dios está sobre' el no creyente desobediente (Juan 3.36, RV). Y en la primera carta el concepto está implícito. La condición del no creyente es 'muerte', la cual es resultado del pecado (3.14; 5.16); y la 'vida', que es comunión con Dios, está disponible solamente en Cristo, quien vino a ganarla para nosotros (4.9; 5.11,12). Además, el hecho de que Jesucristo el justo sea nuestro Abogado en el cielo, implica la necesidad de su intercesión: y de su propiciación depende la eficacia de su intercesión.

En segundo lugar, ambos versículos indican que *la naturaleza de la propiciación* es Jesucristo mismo. Dios 'envió a su Hijo en propiciación por nuestros pecados' (4.10, RV). 'El (*autos*) es la propiciación…' (2.2, RV). En ninguno de los versículos se hace referencia directamente a su muerte, pero Juan ya ha escrito que lo que limpia del pecado es la sangre del Hijo de Dios (1.7), esto es, la virtud de su muerte sacrificial. Él murió la muerte que era justa recompensa de nuestros pecados. Y la eficacia de su muerte permanece, de modo que hoy él mismo es la propiciación. "Se dice que Cristo es la 'propiciación' y no simplemente el 'propiciador' (como se le llama el 'Salvador', 4.14), a fin de acentuar la idea de que él mismo es la ofrenda propiciatoria, así como el sacerdote (ver Romanos 3.25)" (Westcott).

Tercero, en 4.10 se enseña claramente *la fuente de la propiciación*, a saber, el amor de Dios. Así era en los días del Antiguo Testamento, ya que las ofrendas propiciatorias habían sido instituidas divinamente y prescritas como medio por el cual el pecador podía ser perdonado. 'Porque la vida de la carne en la sangre está, y yo os la he dado para hacer expiación … por vuestras almas…' (Levítico 17.11, RV). Los sacrificios no eran un arreglo humano, sino un don divino. Lo mismo sucede con el Sacrificio de Cristo. Dios dio su Hijo para morir por los pecadores. Este don no es solo resultado del amor de Dios (Juan 3.16), no solo prueba y arras del mismo (Romanos 5.8; 8.32), sino su misma esencia: 'En esto consiste el amor … en que él nos amó a nosotros, y envió a su Hijo en propiciación por nuestros pecados' (1 Juan 4.10, RV). No puede ser cuestión, pues, de que los hombres apacigüen con sus ofrendas a una divinidad encolerizada. La propiciación cristiana es muy diferente, no solo por el carácter de la ira divina, sino por los medios mediante los cuales es propiciada. Es un apaciguamiento de la ira de Dios, por el amor de Dios, mediante el don de Dios. No es el hombre quien toma la iniciativa, ni aun Cristo, sino Dios mismo por su amor totalmente inmerecido. Su ira no es conjurada por ninguna ofrenda externa, sino por su propia entrega para morir la muerte de los pecadores. Este es el medio que él mismo ha ideado para desviar su propia ira (ver Salmos 78.38; 85.2, 3; 103.8–10; Miqueas 7.18,19).

III. Primera aplicación de las pruebas
1 Juan 2.3–27

Hasta ahora Juan ha dado una introducción general a su tema de la consecuencia cristiana. Ha estado definiendo la naturaleza de la proclamación apostólica acerca de la palabra de vida en Cristo. Se concentra en primer lugar en la manifestación histórica del Eterno y en segundo lugar en el hecho de que Dios es luz. Estas dos verdades son fundamentales y deben dominar y condicionar nuestras vidas si nos llamamos cristianos. De hecho, toda profesión de fe cristiana debe ser juzgada en relación con estas verdades. Ningún pensamiento o acto puede ser disculpado si es incompatible ya sea con la naturaleza del Señor como luz, luz pura que se da a sí misma o con su revelación histórica, palpable, en Cristo.

Esta introducción general a la relación esencial de la vida del hombre con la verdad de Dios se particulariza ahora en tres pruebas: la moral (prueba de la obediencia), la social (prueba del amor) y la doctrinal (prueba de la creencia en Cristo). El resto de la carta contiene tres exposiciones y aplicaciones, elaboradas sucesivamente, de estas pruebas.

a. La obediencia, o la prueba moral | 1 Juan 2.3–6

En la sección anterior el autor ha registrado tres afirmaciones falsas de los herejes, introduciendo cada una con la frase '**Si afirmamos...**'; ahora expresa dos seguridades correctas y positivas que puede tener el verdadero cristiano, introduciéndolas con la fórmula *en toutō ginōskomen 'oti* ¿Cómo sabemos ...? Si obedecemos... (v. 3), y **De este modo sabemos que** (v. 5)). Cada una de estas declaraciones en primera persona del plural, **sabemos**, va seguida por una aplicación en tercera persona singular, **el que afirma** (vv. 4 y 6). La primera ilustra una pretensión espuria y la segunda la obligación que puede demostrar que una afirmación es verdadera.

2.3 ¿Cómo sabemos si hemos llegado a conocer a Dios? Si obedecemos sus mandamientos.

Sabemos es una palabra característica de la carta. A veces, como aquí, la palabra es *ginōskomen*, un tiempo presente que significa 'llegamos a saber' o 'percibimos' (veinticinco veces en la carta, en tiempos presente, aoristo y perfecto); a veces es *oidamen*, el tiempo perfecto del verbo *eidenai*, y significa 'sabemos como un hecho', no por la percepción, sino como algo evidente por sí mismo (quince veces en esta carta). La repetición de estas expresiones en la carta muestra que el propósito del autor es proporcionar pruebas por medio de las cuales se pueda distinguir al cristiano verdadero del espurio y vice-versa (ver 5.13). 'He aquí la prueba por la cual podemos estar seguros de que lo conocemos' (NEB). Los gnósticos en particular pretendían tener conocimiento de Dios, haber sido iluminados con la verdadera *gnōsis*. Juan no niega la posibilidad de conocer al Señor, puesto que tanto el Antiguo Testamento como el Evangelio lo prometen (por ejemplo, Jeremías 31.34; Juan 17.3). Pero insiste en que ninguna experiencia religiosa es válida si no tiene consecuencias morales (ver Tito 1.16). No es presuntuoso el que pretende ser cristiano y conocer a Dios, sino aquel cuya pretensión es contradicha por su conducta. Es *mentiroso* (v. 4).

¿Cómo podemos estar seguros de que lo conocemos? En su respuesta Juan da la primera prueba, que ya ha insinuado en el primer capítulo y ahora aclara vigorosamente. Es la prueba de la obediencia moral. Podemos saber que lo conocemos (tiempo perfecto, *egnōkamen*) solo si **obedecemos sus mandamientos**. Solo si le obedecemos podemos pretender *conocerlo*: no meramente tener información exacta acerca de él, sino tener una relación con él. Si se objeta que en tal caso nadie conoce a Dios porque nadie es perfectamente obediente, podemos replicar con Calvino: 'no quiere decir que los que satisfacen plenamente la Ley guardan sus mandamientos (y de ello no podía hallarse un solo caso en el mundo), sino aquellos que se esfuerzan, según la capacidad de la debilidad humana, por formar sus vidas en obediencia a Dios'. En el texto griego se utiliza la palabra *guardar* (*tērein*) que 'expresa la idea de obediencia vigilante, observante' (Law).

> **2.4El que afirma: «Lo conozco», pero no obedece sus mandamientos, es un mentiroso y no tiene la verdad.**

El principio positivo del versículo anterior está ilustrado por un ejemplo negativo. Las palabras de un hombre deben ser probadas por sus obras. Si desobedece los mandamientos del Señor, su pretensión de haber llegado a conocerlo es una mentira (ver 1.6). Su conducta contradice su profesión y demuestra que esta es falsa.

> **2.5En cambio, el amor de Dios se manifiesta plenamente en la vida del que obedece su palabra. De este modo sabemos que estamos unidos a él.**

Por otro lado, **el que obedece su palabra** (no solo observando sus mandamientos en particular, sino su palabra en general, considerada como una única y completa revelación de su voluntad), muestra con su obediencia que es en realidad un verdadero cristiano, sea que pretende serlo o no. En él se manifiesta **el amor de Dios**, y tan completamente como para describírselo como **plenamente**. El genitivo en la expresión **el amor de Dios** podría ser subjetivo (el amor de Dios por él), cualitativo (amor como el amor de Dios) u objetivo (su amor a Dios). La RSV casi con seguridad lo toma en este último sentido y traduce la frase 'amor a Dios', aunque varios comentaristas han cuestionado que la obediencia realmente proporcione evidencia de un amor a Dios pleno. El verdadero amor al Señor se expresa no en lenguaje sentimental o experiencia mística, sino en la obediencia moral (ver 5.3 y la enseñanza de nuestro Señor en Juan 14.15,21,23; 15.10). La prueba del amor es la fidelidad. Tal amor está 'pleno'. Sobre un amor perfecto que se expresa en confianza hacia Dios más que en obediencia a él, véase 4.17,18. Para un gozo perfecto, véase 1.4, y para una fe perfeccionada por las obras, Santiago 2.22.

Juan establece ahora el mismo principio general en una forma levemente diferente, y agrega otra ilustración más positiva. Todo el contexto, y especialmente el versículo 6, sugiere que la frase **en él** se refiere otra vez a Cristo. Estar 'en Cristo' en la característica descripción paulina del cristiano. Pero Juan también la usa. Estar (o 'permanecer', versículo 6) *en él* es equivalente a la frase 'conocerlo' (v. 3, v. 4) y 'amarlo' (v. 5). Ser cristiano consiste en esencia en tener una relación personal con Dios en Cristo, conocerlo, amarlo y permanecer en él como la rama permanece en la vid (Juan 15.1 y versículos siguientes). Este es el significado de 'vida eterna' (Juan 17.3; 1 Juan 5.20).

> [2.6]**el que afirma que permanece en él,
> debe vivir como él vivió.**

En esta carta nunca es fácil decidir si expresiones como 'en esto sabemos' se refieren a lo que precede o a lo que sigue. Generalmente miran hacia adelante; una o dos veces claramente se refieren al pasado; mientras que a veces la expresión es lo que Neil Alexander llama una 'puerta batiente' porque parece moverse en ambas direcciones. En este caso la simetría entre los versículos 3, 4 y 5, 6 sugiere que es preferible la puntuación que los hace una referencia al futuro, a saber: 'Por segunda vez el autor agrega un ejemplo más específico al principio general que ha establecido. Esta vez la fórmula **el que afirma** no introduce una falsa afirmación, sino una obligación a la recta conducta que es la única que puede hacer creíble la afirmación. No basta obedecer *su palabra* (v. 5): debemos **vivir como él vivió.** No se nos dice explícitamente quién es él, pero en esta carta los pronombres *ekeinos* (aquí, 3.3,5,7,16; 4.17) y *autos* (2.8,12,27,28; 3.2,3; 4.21) se refieren a Cristo. El cristiano debe conformarse al ejemplo de Cristo así como a sus mandamientos (ver 2.29; 3.3,7; Juan 13.15; 1 Pedro 2.21). No podemos pretender permanecer en él a no ser que nos comportemos como él.

b. El amor, o la prueba social | 1 Juan 2.7–11

> [2.7]**Queridos hermanos, lo que les escribo no es un
> mandamiento nuevo, sino uno antiguo que han tenido
> desde el principio. Este mandamiento antiguo es el
> mensaje que ya oyeron.**

Juan aplica ahora su segunda prueba a los que profesan ser cristianos; esta no es moral sino social. Como está a punto de escribir sobre el amor fraternal, se dirige a ellos como sus **queridos hermanos,** 'amados' (LBLA) (*hermanos,* RV60, es una lectura con menos fundamentos). Sus 'hijitos' (v. 1) le son queridos. Al insistirles en que deben amarse unos a otros, les asegura su amor por ellos. Véase también 3.2,21; 4.1,7,11; y 3 Juan 2,5,11. Ha estado escribiendo sobre la obligación cristiana de guardar sus mandamientos (vv. 3,4); ahora elige uno de ellos que en un sentido es **antiguo** (v. 7) y en otro es *nuevo* (v. 8). No revela explícitamente cuál es la naturaleza de ese mandamiento; pero, ya que el tema de los versículos 9–11 es el amor, y ya que el 'nuevo mandamiento' que había dado Jesús era 'que os améis los unos a los otros, como yo os he amado' (Juan 13.34; ver 15.12,17), es evidente que el mandamiento tiene que ver con el amor fraternal. Ver 2 Juan 4–6. Juan les ha dicho que deben andar como Cristo anduvo (v. 6); y ese fue un andar en amor.

¿Es este mandamiento nuevo o antiguo? Ambas cosas. En un sentido, para los lectores de la carta Juan, *no era un mandamiento nuevo… sino antiguo*. Lo habían aprendido antes. De hecho, lo habían conocido desde el comienzo de su vida cristiana (ver 2.24; 3.11, y 2 Juan 6 sobre este significado de *desde el principio*). Era parte de la instrucción ética que recibieran desde el día de su conversión. Tan fundamental era en la enseñanza que habían recibido, que Juan podía equipararlo con **el mensaje que ya oyeron**, literalmente 'que oísteis' (*ēkousate*, aoristo; *desde el principio* no se repite en los mejores manuscritos). El amor fraternal era parte del mensaje original que habían recibido. Juan no lo estaba inventando. No era una innovación tal como las que pretendían enseñar los herejes. Era tan antiguo como el mismo evangelio.

> **2.8** **Por otra parte, lo que les escribo es un mandamiento nuevo, cuya verdad se manifiesta tanto en la vida de Cristo como en la de ustedes, porque la oscuridad se va desvaneciendo y ya brilla la luz verdadera.**

Por otra parte, lo que para ellos era antiguo por haberlo oído antes, era en sí mismo **nuevo,** (lo) **que** (neutro *o*, refiriéndose no al mandamiento, sino a la novedad del mismo) **cuya verdad se manifiesta tanto en la vida de Cristo como en la de ustedes.** Esto es, su novedad era un hecho cuando primero Jesús lo llamó 'un mandamiento nuevo' (Juan 13.34) y él mismo lo ejemplificó, y sigue siendo un hecho para ustedes, que tienen que obedecerlo. La idea del amor en general no era nueva, pero Jesucristo la invistió de un significado más rico y profundo. Lo nuevo era el énfasis que él le dio, uniendo Deuteronomio 6.5 y Levítico 19.28 y declarando que toda la enseñanza de la ley y los profetas dependía de ellos. Era una idea nueva por la calidad que él le dio. Un discípulo debía amar a los demás no simplemente como se amaba a sí mismo, sino en la misma medida en que Cristo lo había amado, con abnegación y desprendimiento, aun hasta la muerte. Era nueva en la extensión que él le dio, mostrando en la parábola del Buen Samaritano que el 'prójimo' a quien debemos amar es cualquiera que necesite de nuestra compasión y ayuda, cualquiera sea su raza y su posición. Debía seguir siendo nueva también a medida que ellos la fueran captando, 'porque aunque el cristianismo doctrinal es siempre antiguo, el cristianismo experimental es siempre nuevo' (Candlish). En estos sentidos era un 'mandamiento nuevo' y siempre lo sería. Era una nueva enseñanza para la nueva era que había amanecido, nueva **porque las tinieblas van pasando** (*paragetai*, tiempo presente), y **la luz verdadera ya alumbra.**

Todos los judíos estaban familiarizados con la división de la historia en 'el mundo presente' y 'el mundo por venir' (ver por ejemplo, Mateo 12.32), y el Nuevo Testamento enseña que 'el mundo por venir' vino con Jesús. Él la inauguró, de tal manera que los dos mundos se superponen entre sí. Los cristianos han sido liberados 'de este mundo malvado' (Gálatas 1.4) y han comenzado a gustar ya los poderes del mundo venidero (Hechos 6.5; ver 1 Corintios 10.11). **Las tinieblas** son el tiempo presente del 'mundo' que en el versículo 17 se dice también que está pasando (*paragetai*). La **luz verdadera** es Jesucristo, con quien la luz 'vino al mundo' (Juan 3.19; ver Isaías 9.2; Mateo 6.16 y Lucas 1.79). Él es *verdadero* (*alēthinos*) no en el sentido en que una declaración es verdadera en oposición a falsa (*alēthēs*, la palabra utilizada al comienzo de este versículo), sino en el sentido en que lo real difiere de lo irreal, la sustancia de la sombra y el prototipo del tipo. Este es un adjetivo favorito de Juan. Cristo es la luz verdadera, o real, de la cual la luz física es solo un reflejo; así como es el verdadero pan y la verdadera vid (Juan 1.9; 6.32; 15.1). La idea verdadera de la luz, la vid, el pan, etc., es la realidad celestial; las cosas materiales, terrenas, que llamamos 'luz', 'vid', 'pan' son copias de las verdaderas (ver Hechos 8.5; 9.23,24; 10.1). Así, pues, el nuevo mandamiento sigue siendo nuevo porque pertenece al nuevo tiempo que ha sido inaugurado al brillar la luz verdadera.

2.9.El que afirma que está en la luz, pero odia a su hermano, todavía está en la oscuridad.

Juan muestra ahora que Jesucristo, la luz verdadera, es la luz del amor, y que por lo tanto estar, o permanecer, o andar **en la luz** (9.10; cf. 1.6) es andar en amor. Luz y amor, tinieblas y odio, forman una pareja. En los versículos 3 al 6 el principio general precedía al ejemplo específico. Aquí viene primero el ejemplo. Los gnósticos pretendían tanto haber sido 'iluminados' como poseer el 'conocimiento' de Dios. Ahora se muestra la falsía de que estuvieran **en la luz,** no por la desobediencia sino por el odio. El verdadero cristiano, que conoce al Señor y anda en la luz, obedece a Dios y ama a su hermano. La genuinidad de su fe se ve en su relación correcta con el Señor y con el hombre.

> **2.10El que ama a su hermano permanece en la luz, y no hay nada en su vida que lo haga tropezar.**
> **11Pero el que odia a su hermano está en la oscuridad y en ella vive, y no sabe a dónde va porque la oscuridad no lo deja ver.**

Ahora sigue el principio general, presentado primero positiva y después negativamente. Es un contraste agudo y absoluto. Se ponen en oposición el amor y el odio, sin alternativa alguna, así como se nos dice que estamos **en la luz** o **en la oscuridad**, sin un crepúsculo intermedio. La primera parte del contraste es simple. Lo que sigue, sin embargo, muestra que nuestro amor y nuestro odio no solo revelan si estamos en la luz o en las tinieblas, sino que realmente contribuyen a aumentar la luz o las tinieblas en que ya nos encontramos. Así, pues, del hombre de amor que permanece en la luz se puede decir que 'en él no hay tropiezo', RV95 (en él, *en autō*, neutro, podría referirse tanto al hombre como a la luz en la que habita). La luz brilla en nuestra senda, de modo que podamos ver con claridad y andar como corresponde. Si amamos a las personas, vemos cómo evitar el pecar contra ellas. El hombre que tiene odio en su corazón, sin embargo, porque **está en la oscuridad y en ella vive, y no sabe a dónde va porque la oscuridad no lo deja ver** (ver Proverbios 4.19). El odio falsea nuestra perspectiva. No juzgamos mal primero a las personas y luego, como resultado, las odiamos; nuestro concepto de ellas ya está predispuesto por nuestro odio. El amor, en cambio, ve correctamente, piensa claramente y nos hace equilibrados en nuestras posiciones, juicios y conducta. Ver Juan 8.12; 11.9,10; 12.35.

c. Digresión acerca de la Iglesia | 1 Juan 2.12–14

2.12Les escribo a ustedes, queridos hijos, porque sus pecados han sido perdonados por el nombre de Cristo.

Juan ha concluido abruptamente la exposición de su segunda prueba. No es que quiera dar a sus lectores la impresión de que él cree que están en tinieblas o que dude de la realidad de su fe cristiana. A quienes considera espurios es a los falsos maestros, no a los miembros fieles de la iglesia. Hace una digresión, pues, para expresar su concepto de la posición cristiana de ellos. Su propósito al escribir es tanto confirmar la correcta seguridad del cristiano genuino como despojar al espurio de su falsa seguridad. Ellos están en la nueva era y disfrutando del perdón, el conocimiento de Dios y el poder para vencer que habían sido profetizados (por ejemplo, Jeremías 31.33,34) del nuevo pacto. Así pues, Juan hace seis declaraciones acerca de ellos, las primeras tres introducidas por las palabras **Les escribo a ustedes** (*grafō 'unim*, tiempo presente) y las otras tres por *Les he escrito a ustedes* (*egrapsa 'unim*, aoristo). (El cuarto *les he escrito a ustedes*, al final de versículo 13, se debe a una lectura menos exacta).

Algunos comentaristas han pensado que los verbos en aoristo se refieren o a una carta anterior (y los verbos en presente a esta) o a la primera parte ya escrita de la carta (y los verbos en presente a toda la carta). Law hace la ingeniosa sugerencia de que 'el autor fue interrumpido' al final del versículo 13 y que, cuando reinició el trabajo, repitió lo que acababa de escribir, cambiando los tiempos de los verbos, del presente al aoristo… Pero esto es pura conjetura. El aoristo del segundo terceto es probablemente un aoristo epistolar que se refiere a esta misma carta, en cuyo caso realmente no hay diferencia de significado entre ambos tiempos. Primero 'escribe' y luego confirma que 'ha escrito'. Su mensaje es seguro y firme; no cambia su pensamiento; este es su 'testimonio pleno y final' (Candlish).

El autor divide a sus lectores en tres grupos, a quienes llama **queridos hijos**, *padres y jóvenes* y se dirige dos veces a cada grupo. No se está refiriendo a sus edades físicas, como algunos han pensado, sino a diferentes estadios en su desarrollo espiritual, porque la familia de Dios, como toda familia humana, tiene miembros en diferentes grados de madurez. En vista del uso que hace Juan de la expresión 'queridos hijos' en otras partes de la epístola para referirse a todos sus lectores, muchos (inclusive los Padres griegos, Calvino y Lutero) han pensado que la frase tiene aquí la misma referencia inclusiva a todos los miembros de la Iglesia, los cuales son divididos subsiguientemente en dos grupos solamente, *padres* y *jóvenes*, los maduros y los inmaduros, que corresponderían a las expresiones paulinas 'niños en Cristo' (1 Corintios 3.1) y 'de edad madura en Cristo' (Colosenses 1.28; H–A, mgn.). Por cierto, también el orden (hijos, padres, jóvenes) parece sugerir lo mismo. Pero el contenido distintivo del mensaje dirigido a los tres grupos favorece la posición de algunos comentaristas antiguos tales como Agustín, de que representan tres estadios diferentes de la peregrinación espiritual. Los hijitos son los recién nacido en Cristo; los jóvenes son los cristianos más desarrollados, fuertes y victoriosos en la lucha espiritual; mientras que los padres poseen la profundidad y la estabilidad de la experiencia cristiana madura. Puesto que la descripción de cada uno de los grupos es similar en ambas ocasiones en que se habla, será más sencillo tomar juntos los correspondientes pares. La repetición de los tres grupos y de los tres mensajes a ellos dirigidos, que si bien no son iguales son similares, indudablemente tiene el propósito de darles énfasis.

2.12 Les escribo a ustedes, queridos hijos, porque sus pecados han sido perdonados por el nombre de Cristo.
13c Les he escrito a ustedes, queridos hijos, porque han conocido al Padre.

Los **queridos hijos** son llamados primero *teknia* (12) y después *paidia* (13c). Si se conserva algún sabor característico de ambos términos, se puede decir que *teknia* acentúa la comunidad de naturaleza entre el hijo y su padre (de *tekein*, engendrar o concebir), mientras que *paidia* se refiere a la minoridad del niño como alguien que está bajo disciplina (*paideuein*, educar o castigar). *Paidia* difiere de *teknia* en que 'acentúa la idea de subordinación y no la de parentesco' (Wescott). Al nacer de Dios, los lectores de Juan se habían convertido en hijos de Dios. **Sus pecados han sido perdonados por el nombre de Cristo** (v. 12), esto es, han sido y siguen estando perdonados (tiempo perfecto, *afeōntai*) por el nombre de Cristo, nuestra propiciación y abogado (vv. 1,2), cuyo **nombre** representa a la vez su Persona divina y su obra salvadora (ver Hechos 4.12). Además, han **conocido al Padre** (13c), literalmente 'han llegado a conocer' (otro tiempo perfecto) a Dios como su Padre. Estas son las más tempranas experiencias conscientes del cristiano recién nacido. Se regocija en el perdón de sus pecados por medio de Cristo y en su consciente comunión con Dios. El Espíritu Santo que mora en él lo hace consciente de su relación de hijo y le hace exclamar '¡Abba! ¡Padre!' (Romanos 8.15,16; Gálatas 4.6).

> **2.13a Les escribo a ustedes, padres, porque han conocido al que es desde el principio.**
> **14a Les he escrito a ustedes, padres, porque han conocido al que es desde el principio.**

Los **padres** a quienes Juan se dirige ahora son los espiritualmente adultos de la congregación. Su primer éxtasis al recibir el perdón y la comunión con el Padre es una experiencia de hace mucho tiempo. Aun las batallas de los jóvenes, a las cuales se ha de referir después, también han pasado. Los padres han progresado en una profunda comunión con Dios. Las dos veces, al dirigirse a ellos, Juan emplea idénticas palabras: **han conocido al que es desde el principio.** El verbo es el mismo que empleó para los 'hijos'. Todos los cristianos, maduros e inmaduros, han llegado a conocer (*egnōkate*) a Dios. Pero ese conocimiento madura con los años. Los niñitos lo conocen como el Padre; los padres han llegado a conocerlo como el que **es desde el principio**, que es probablemente una referencia, no al Logos (aunque véase 1.1 y Juan 1.1), sino al Dios eterno, inmutable, que no cambia, sino que es siempre el mismo. El tiempo pasa apresuradamente, pero en todas las generaciones ellos hallan refugio en Aquel que es Dios de eternidad a eternidad (Salmos 90.1, 2; ver Malaquías 3.6). Ya están viviendo conscientemente en la eternidad.

> **13bLes escribo a ustedes, jóvenes, porque han vencido al maligno.**
> **14bLes he escrito a ustedes, jóvenes, porque son fuertes, y la palabra de Dios permanece en ustedes, y han vencido al maligno.**

Entre hijitos y los padres están los **jóvenes**, afanosamente envueltos en la batalla de la vida cristiana, pues, no es simplemente disfrutar del perdón y la comunión con Dios, sino combatir al enemigo. El perdón de los pecados pasados debe ir seguido por la liberación del poder actual del pecado, la justificación seguida por la santificación. Así en ambos mensajes a los **jóvenes** se afirma que ellos han **vencido** (NEB, 'dominado') **al maligno**. Su conflicto se ha convertido en victoria. Posiblemente Juan emplee deliberadamente una asonancia: *neaniskoi… nenikēkate* (13b). Es significativo que en cada uno de estos seis mensajes el tiempo del verbo sea perfecto, que indica las consecuencias presentes de un hecho pasado. Juan está dando énfasis a la segura posición en que se encuentra todo cristiano, sea cual fuere su estado de desarrollo espiritual. Se da una insinuación del secreto de la victoria de los jóvenes. **Son fuertes**, dice, y vuestra fuerza se debe al hecho de que **la palabra de Dios permanece en ustedes** (14b). Ellos han captado la revelación cristiana. Están tratando de ajustar sus vidas a las demandas éticas de la misma, porque '¿¿Cómo puede el joven llevar una vida íntegra? Viviendo conforme a tu palabra' (Salmos 119.9; ver el versículo 11). Alternativamente, puede tratarse de una alusión al hecho de que habían superado las falsas enseñanzas del anticristo, que eran diabólicas (ver 4.1–4; 5.4–5).

d. Digresión acerca del mundo | 1 Juan 2.15–17

Juan pasa ahora de la descripción de la Iglesia a la descripción del mundo y a dar instrucciones acerca de la actitud de la Iglesia hacia él. Al hacerlo, cambia de afirmaciones sobre la posición del cristiano a advertencias acerca de su conducta. El tiempo característico de este párrafo no es el perfecto indicativo, sino el presente imperativo: **No amen al mundo**. Los cristianos han entrado en posesión de una gran herencia con el perdón de los pecados, la comunión con Dios y la derrota del maligno, pero sus tentaciones no han terminado.

¿Qué es **el mundo**? Juan lo menciona aquí por primera vez, pero más adelante se refiere a él muchas veces. Su enseñanza sobre él en la carta, suplementada por las enseñanzas de nuestro Señor sobre el tema y registrada en el cuarto Evangelio, se resumen en una nota adicional (p. 110). Baste decir aquí que veces significa simplemente 'el universo' (Juan 1.10) o 'la vida sobre la tierra' (3.17; 4.17), pero generalmente se refiere a 'la vida de la sociedad humana tal como está organizada bajo el poder del mal' (Dodd), 'al orden del ser finito considerado como separado de Dios' (Westcott). En estos versículos en que se menciona seis veces al mundo, la secuencia del pensamiento es clara. El mandamiento de no amar al mundo se basa en dos argumentos: primero, la incompatibilidad del amor del mundo y el amor del Padre (vv. 15, 16) y segundo, lo pasajero del mundo en contraste con la eternidad de aquel que hace la voluntad de Dios (v. 17).

> **2.15**No amen al mundo ni nada de lo que hay en él.
> Si alguien ama al mundo, no tiene el amor del Padre.

No amen al mundo. Algunas personas se han mostrado confusas en cuanto a la posibilidad de reconciliar este mandamiento de no amar al mundo con la declaración del amor de Dios por el mundo en Juan 3.16. Hay dos explicaciones posibles. La primera es que el mundo en estos versículos tiene una connotación diferente. Considerado como gente, el mundo debe ser amado. Considerado como un sistema malo, organizado bajo el dominio de Satanás y no de Dios, no debe ser amado. La segunda explicación es el verbo 'amar' y no su objeto, 'el mundo', el que tiene un significado diferente. En un caso es 'el santo amor de la redención'; en el otro es el 'amor egoísta de la participación' (Alford). El primero tiende a 'salvar la persona del pecador'; el segundo a 'participar en su pecado' (Ebrard). Así la NEB traduce: 'No pongáis vuestros corazones en el mundo sin Dios'. Tal vez haya un sutil cambio de énfasis en ambas palabras. El mandamiento es absoluto. El cristiano ha de amar a Dios (v. 5) y a su hermano (v. 10), pero no ha de amar al mundo. Y el amor es un tema apto para tal mandamiento y tal prohibición debido a que no es una emoción incontrolable sino la firme devoción de la voluntad. La razón porque se nos ordena no amar al mundo es que el 'amor del Padre' (al Padre) y el amor al mundo son mutuamente excluyentes. Si uno está entregado a la perspectiva y las ocupaciones del mundo que rechaza a Cristo, es evidente que no tiene amor al Padre. 'La amistad con el mundo es enemistad con Dios' (Santiago 4.4). 'Ninguno puede servir a dos señores' (Mateo 6.24; Lucas 16.13), y si no podemos servir a Dios y a Mammón, tampoco podemos amar al Padre y al mundo.

> **2.16**Porque nada de lo que hay en el mundo —los malos
> deseos del cuerpo, la codicia de los ojos y la arrogancia
> de la vida— proviene del Padre, sino del mundo.

Si **en el mundo** (en el sentido técnico es que Juan usa esta frase) hubiera cosas **del Padre**, esto es, que debieran su origen y existencia a él, podríamos amarlas. Pero, puesto que **nada de lo que hay en el mundo ... proviene del Padre sino del mundo** no podemos amar nada de ello. Juan selecciona para mencionarlos especialmente **los malos deseos del cuerpo, la codicia de los ojos y la arrogancia de la vida**. Estas le parecen 'las señales esenciales de la manera pagana de vivir' (Dodd). Lo primero describe al deseo de nuestra naturaleza caída y pecaminosa. Se puede decir que está 'en el mundo', porque el mundo, donde reina el diablo, es la esfera de libre operación. Es notable que dentro del espacio de tres versículos, Juan mencione al mundo, la carne [los deseos del cuerpo] y el diablo (vv. 14–16). Lo segundo parece indicar las tentaciones que nos asaltan, no desde nuestro interior, sino desde afuera, a través de **los ojos**. Esto es, 'la tendencia a ser cautivados por el aspecto exterior de las cosas, sin inquirir sobre sus valores reales' (Dodd). Ejemplos obvios son el caso de Eva al ver que el árbol prohibido era 'agradable a los ojos', la codicia de Acán al ver 'un manto babilónico muy bueno', y la lujuriosa contemplación por parte de David por Betsabé en el baño (Génesis 3.6; Josué 7.21; 2 Samuel 11.2). Incluiría 'el amor a la belleza divorciado del amor a la bondad' (Law). **La arrogancia de la vida** (*ē alazoneia tou biou*) es la más difícil de las tres expresiones. Mientras 'la vida en su principio esencial' es *zōē*, *bios* es 'la vida en su presente manifestación concreta' (Westcott). Se repite en 3.17 en la expresión *ton bion tou kosmou*, traducida *bienes de este mundo*. El *alazōn* era un soberbio (Romanos 1.30; 2 Timoteo 3.2; Santiago 4.16), 'un farsante orgulloso y pretencioso' (Dodd), que busca 'impresionar a todo el que se encuentra con su inexistente importancia' (Barclay). **La arrogancia de la vida** pues, es una vanagloria o soberbia relacionada con nuestras circunstancias externas, ya sea la riqueza, la posición o el vestido, 'ostentación pretenciosa' (Plummer), 'el deseo de brillar o eclipsar a otros' en los lujos de la vida (Ebrard).

Algunos comentaristas han visto esta 'trinidad del mal' (Plummer, Findlay) ejemplificada en las tres tentaciones de nuestro Señor en el desierto, y aun en la triple atracción del fruto prohibido sobre Eva (Génesis 3.6). Pero ninguno de estos paralelos es suficientemente cercano como para suponer que se trate de una alusión deliberada. Ni hay una correspondencia obvia entre estos aspectos del mundo y los 'tres vicios maestros que ocupan un lugar prominente en la ética antigua y medieval' (Westcott), a saber, *voluptas, avaritia* y *superbia*. Findlay resume la tríada de Juan como 'dos concupiscencias y una jactancia, dos formas de depravación que surgen de nuestras necesidades y una de nuestras posesiones: el deseo no santo de cosas que uno no tiene, y el orgullo no santo en cosas que uno tiene'. El resumen de C. H. Dodd es 'bajos deseos, falsos valores, egoísmo'.

> **2.17El mundo se acaba con sus malos deseos, pero el que hace la voluntad de Dios permanece para siempre.**

La segunda razón para no poner nuestro amor en el mundo es que ha llegado la nueva era, y la era presente está condenada. El mundo, como las tinieblas que hay en él, ya está desintegrándose (*paragetai* se usa tanto aquí como en el versículo 8). Ver 1 Corintios 7.31. Y los hombres con deseos mundanos pasarán junto con él. Solo permanecerá una clase de personas: **el que hace la voluntad de Dios permanece para siempre.** Jesús había dicho que 'todo aquel que hace la voluntad de Dios' era su 'hermano y hermana y madre' (Marcos 3.35). Juan saca la conclusión lógica de que los que están así relacionados con Cristo permanecen como él permanece (ver Juan 8.35; 12.34). La misma decisión entre Dios y el mundo, o más particularmente entre la concupiscencia del mundo y la voluntad de Dios, confronta todavía a los cristianos. Obedeceremos más fácilmente al mandamiento de 'no amar al mundo' si recordamos que mientras **el mundo… y sus malos deseos** son transitorios, la voluntad de Dios y el que la hace son eternos (ver 2 Corintios 4.18).

Nota adicional:
El significado de 'el mundo' | 1 Juan 2.15 – 17

El mundo y Satanás. 'El mundo' está bajo el dominio de Satanás. El es 'el príncipe de este mundo' (Juan 12.31; 14.30; 16.11), y 'el mundo entero está bajo el control del maligno' (5.19). De hecho al diablo se lo titula 'el que está en el mundo' (4.4). El mundo es su esfera de influencia. De igual manera, el 'anticristo' que viene, 'en efecto, ya está en el mundo' (4.3), y 'han salido por el mundo muchos falsos profetas' (4.1). 'El mundo', pues, es un término inclusivo de todos aquellos que están en el reino de las tinieblas y no han nacido de Dios. Aunque 'el mundo entero está bajo el control del maligno', 'sabemos que somos hijos de Dios' (5.19). Porque somos hijos de Dios, 'El mundo no nos conoce, precisamente porque no lo conoció a él (Cristo)' (3.1,2), ni al Padre (Juan 17.25). El mundo y la Iglesia se presentan así en agudo contraste el uno con la otra, como dos grupos de personas enteramente distintos y separados, el uno bajo el dominio de Satanás, la otra nacida de Dios y que conoce a Dios. Como el príncipe de este mundo 'es echado fuera' y 'juzgado' (Juan 12.31; 16.11), es lógico que el mundo también esté condenado. En realidad, se está acabando (2.17).

El mundo y Dios. Este 'mundo' pecaminoso, gobernado por Satanás, es no obstante objeto del amor y la actividad salvífica de Dios. No es, desde luego, que él disculpe su materialismo y su pecado, pero su compasión abarca a las pobres criaturas que el diablo ha esclavizado. 'Porque tanto amó Dios al mundo, que dio a su Hijo unigénito...' (Juan 3.16). 'Dios ... envió a su Hijo unigénito al mundo para que vivamos por medio de él' (4.9). 'El Padre envió a su Hijo para ser el Salvador del mundo' (4.14), y Jesucristo murió para ser 'el sacrificio por el perdón de nuestros pecados, y no solo por los nuestros, sino por los de todo el mundo' (2.2).

El mundo y el cristiano. Los cristianos se consideran los escogidos 'del mundo' (Juan 17.6) de modo que ya no pertenecen a él. Están aún 'en este mundo' (4.17; ver Juan 17.11,15), pero son diferentes de él, de modo que nosotros y el mundo estamos en mutua oposición. Por esta razón escribe Juan: 'Hermanos, no se extrañen si el mundo los odia' (3.13; ver Juan 15.18,19; 17.14). El aborrecimiento es característico del mundo, como el amor lo es de los cristianos (3.14). El mundo no solo nos aborrece, sino que no nos escucha. Escucha a los falsos profetas. 'Ellos son del mundo; por eso hablan desde el punto de vista del mundo, y el mundo los escucha'. Pero 'nosotros somos de Dios' y no 'del mundo' (Juan 17.14,16), y por lo tanto 'el que conoce a Dios, nos escucha' mientras que 'el que no es de Dios, no nos escucha' (4.5–7; ver Juan 15.19). Aunque el mundo aborrezca al cristianismo, el cristiano no debe aborrecer al mundo. No obstante, no debe amar al mundo, 'ni nada de lo que hay en él' (2.15). No debe ni ajustarse al mundo, ni ser contaminado por él. ¿Cuál ha de ser, entonces, la actitud del cristiano hacia el mundo?

No ha de huir de él; debe permanecer en él. Debe no ser del mundo sin ser por eso de otro mundo, vivir "en" sin ser "del" mundo. En realidad es 'enviado al mundo' como lo fue Jesús (Juan 17.18) y, sobre todo, 'todo el que es nacido de Dios vence al mundo'. No solo resiste los atractivos del mundo (2.15,16) sino que lo vence positivamente; ' Ésta es la victoria que vence al mundo: nuestra fe. ¿Quién es el que vence al mundo sino el que cree que Jesús es el Hijo de Dios?' (5.4–5). El diablo, por medio del espíritu del anticristo, mantiene al mundo en la incredulidad; por la fe en Jesús como el Hijo de Dios es como podemos escapar del diablo y así vencer al mundo.

e. La creencia o la prueba doctrinal | 1 Juan 2.18–27

Después de sus dos breves digresiones, Juan vuelve a su tesis principal, a saber, la discriminación entre lo verdadero y lo falso por medio de pruebas. A las pruebas moral y social que ya ha expuesto (vv. 3–11), agrega ahora su prueba doctrinal. Primero traza una distinción neta entre los herejes y los cristianos genuinos (vv. 18–21); luego define la naturaleza y efecto de la herejía (vv. 22,23); y finalmente describe la dos salvaguardias contra la herejía que ya tienen sus lectores (vv. 24–27).

1. Los herejes y los cristianos genuinos | 1 Juan 2.18

> **2.18 Queridos hijos, esta es la hora final, y así como ustedes oyeron que el anticristo vendría, muchos son los anticristos que han surgido ya. Por eso nos damos cuenta de que esta es la hora final.**

Dos veces les dice a sus **queridos hijos** que ya **es la hora final**. Puesto que la nueva era había amanecido con la venida de Cristo (véase comentarios sobre los versículos 8 y 17), los cristianos entendían que estaban viviendo en los últimos días. La era por venir ya había venido; el mundo y las tinieblas ya estaban pasando (vv. 8,17). Juan estaba convencido no solo de que era el último tiempo, sino de que dentro de ese período del fin había sonado 'la última hora' (*escatē ōra*)[25].

---

25. Sobre una consideración más detallada del empleo que hace Juan de este término,

La evidencia de esto era que **muchos son los anticristos que han surgido ya**. La palabra 'anticristo' en la Biblia solo se encuentra en las cartas juaninas (1 Juan 2.18,22; 4.3; 2 Juan 7), pero el concepto se encuentra en muchas otras partes. La aparición del anticristo era considerada como una señal de la inminencia del fin. La profecía de Daniel sobre 'el horrible sacrilegio' (Daniel 11.31; 12.11), que en parte se cumplió cuando Antíoco Epifanes profanó el templo alrededor del 168 a. C., no se creía finalmente realizada aun cuando el templo fue profanado y destruido por el ejército romano a las órdenes de Tito en el 70 d. C., acontecimiento al cual Jesús se había referido con la frase de Daniel (Marcos 13.14; ver Lucas 21.20,21). Pablo había enseñado que el fin sería precedido por una nueva irrupción del mal sacrílego, pero que aún ahora 'el misterio de la maldad ya está ejerciendo su poder' (véase 2 Tesalonicenses 2.1–12). De la misma manera Juan escribe que aunque **ustedes oyeron que el anticristo vendría** (pues esta era parte de la enseñanza apostólica; ver 2 Tesalonicenses 2.5), ya ahora han surgido muchos anticristos. Se han 'levantado' (H–A), 'han aparecido' (BJ).[26] El 'espíritu del anticristo' ya está operando en el mundo (4.3, RV). No es necesario decir que Juan 'racionaliza (¿desmitologiza?) el mito y audazmente identifica a los herejes con el anticristo predicho' (Alexander) o que 'el anticristo de Juan no es tanto una persona como un principio' (Barclay); lo que Juan quiere decir es que los **muchos anticristos** son precursores del que aún ha de venir.

Es tentador interpretar el prefijo 'anti' de la palabra 'anticristo' en el sentido no de 'contra' sino de 'en lugar de', según la analogía de *antibasileus*, 'virrey', y considerar al anticristo esencialmente como un Cristo substituto, un pretendiente mentiroso, más bien que un adversario de Cristo —'una suerte de parodia diabólica del Mesías de Dios' (Dodd), activo 'no en el mundo sino en las perversiones del cristianismo' (Law)—. Ciertamente Jesús puso en guardia a los discípulos contra los 'falsos Cristos' (*pseudocristoi*, Mateo 24.24; Marcos 13.22), y es característico del anticristo que se lo describa como el que viene. Se presenta a sí mismo como 'el que viene', imitando así al Cristo de cuya primera venida en la carne y segunda venida en

véase la Nota adicional 'La última hora' en la página 108.
26. El verbo (*gegonasin*) se puede contrastar con *era* (*ēn*), que se aplica al Hijo eterno en 1.1. 'Cristo el Verbo *era* desde toda la eternidad; los anticristos han surgido, han nacido en el tiempo' (Plummer sobre 1.1).

gloria Juan tiene mucho que decir (por ejemplo, 4.2; 2 Juan 7 y 2.28). No obstante, los primeros comentaristas entendían que la palabra significaba un 'adversario' de Cristo, y si Juan hubiera querido referirse a un 'falso' Cristo, probablemente hubiera empleado el término *pseudocristoi* como emplea *pseudoprofētēs* en 4.1. Ciertamente aquí se reconoce la enseñanza del anticristo como fundamentalmente contra Cristo y como una negación de él (v. 22). Tal vez ambas ideas estén presentes en la palabra, 'falsificación y oposición' (Plummer), como en el caso del 'hombre de maldad' de Pablo (véase especialmente 2 Tesalonicenses 2.3,4).

> **2.19 Aunque salieron de entre nosotros, en realidad no eran de los nuestros; si lo hubieran sido, se habrían quedado con nosotros. Su salida sirvió para comprobar que ninguno de ellos era de los nuestros.**

Los muchos anticristos que ya han venido (en contraste con el que vendrá) son identificados ahora como maestros humanos. Indudablemente son los mismos que los 'muchos falsos profetas' de 1 Juan 4.1 (ver la combinación de nuestro Señor de 'falsos Cristos y falsos profetas' en Marcos 13.22). Han abandonado la iglesia a la cual Juan está escribiendo, tal vez porque no lograron ganar para su posición a los dirigentes de la misma. Se han excomulgado a sí mismos. Juan distingue claramente entre **ellos** (los que se fueron) y **nosotros** (los que quedamos). Con su defección han dado una clara evidencia de su verdadero carácter. **No eran de los nuestros.** Tan cierto está Juan de este hecho que agrega la hipótesis: **si lo hubieran sido, se habrían quedado con nosotros.**

Juan no solo se refiere al hecho de su separación de la hermandad, sino que discierne en ella un propósito. Los herejes salieron por su propia voluntad, pero detrás de la separación estaba el propósito divino de que se 'manifestara', RV95, (*fanerōthōsin*) quiénes eran los espurios, para que no fueran arrastrados los elegidos (Mateo 24.24). Su partida había sido 'su desenmascaramiento' (Law). Lo que es falso no puede permanecer escondido para siempre (ver 1 Corintios 3.13; 4.5). 'No hay nada encubierto que no llegue a revelarse, ni nada escondido que no llegue a conocerse' (Lucas 12.2).

Este versículo arroja luz sobre dos importantes doctrinas: la perseverancia de los santos y la naturaleza de la Iglesia. 'Pero el que se mantenga firme hasta el fin será salvo' (Mateo 24.13), no porque la salvación sea una recompensa de la perseverancia, sino porque la perseverancia es la señal de los salvados. Si los falsos maestros hubieran sido de los nuestros **se habrían quedado con nosotros**. Esto se expresa como un principio. Los que son de nosotros permanecen con nosotros. La perseverancia futura y final es la prueba última de participación pasada en Cristo (ver Hechos 3.14). 'Los que se apartan', por otro lado, 'nunca han estado cabalmente imbuidos del conocimiento de Cristo, sino solamente han gustado de él leve y pasajeramente' (Calvino).

Este versículo asimismo hace posible cierta distinción entre la Iglesia visible y la invisible. Aceptando que Dios quiere que su Iglesia se manifieste visiblemente en las comunidades locales adorantes y testificantes, esto no significa que todos los miembros bautizados y comulgantes de la Iglesia sean necesariamente miembros de Cristo. Solo el Señor conoce 'a los suyos' (2 Timoteo 2.19). Tal vez la mayoría de los miembros de la Iglesia visible sean también miembros de la invisible, el cuerpo místico de Cristo, pero algunos no lo son. Están **con nosotros** pero no son **de los nuestros**. Comparten nuestra compañía terrenal, pero no nuestro nacimiento celestial. Solo el día de la separación final serán revelados completamente el trigo y la cizaña. Mientras tanto, las defecciones de algunos ponen de manifiesto a quién sirven verdaderamente. Ver 1 Juan 3.10 sobre una manifestación en la conducta moral.

> **2.20**'Todos ustedes, en cambio, han recibido unción del Santo, de manera que conocen la verdad.

Todos ustedes … conocen la verdad. Se contrasta la lealtad de los lectores a la verdad con la enseñanza herética de aquellos que se han apartado de la Iglesia y se atribuye al hecho de que ellos poseen una **unción** (*crisma*) **del Santo**, título que designaría a Dios (por ejemplo, Habacuc 3.3) o a Cristo (por ejemplo, Juan 6.69). Parece haber aquí un deliberado juego de palabras. La protección contra el 'anticristo' está en el 'crisma' que han recibido. La palabra significa literalmente 'unción', 'no el acto de ungir, sino aquello con que se lo realiza' (Westcott). Comúnmente se trataba de aceite. Cuando vino el Mesías ('el Ungido del Señor'), sin embargo, en cumplimiento de Isaías 61.1 fue ungido en su bautismo no con aceite, sino con el Espíritu Santo (Lucas 4.18; Hechos 4.27; 10.38). Es probable, pues, que la **unción** que nosotros hemos recibido de Dios sea el mismo Espíritu Santo. Si los falsos maestros eran anticristos, hay un sentido en el cual todo cristiano es un verdadero 'Cristo', por haber recibido al mismo 'crisma' espiritual que Cristo recibió (ver 2 Corintios 1.21,22). Es mediante la iluminación del Espíritu de verdad que conocemos, como se desarrolla en el versículo 27. Y no somos una minoría esotérica de iluminados, como pretendían ser los herejes. Es probable que estos emplearan la palabra *crisma* como un término técnico para la iniciación en una *gnōsis* especial. Si era así, la declaración de Juan de que *todos* sus lectores tienen la misma *gnōsis* porque han recibido el mismo *crisma*, el Espíritu de verdad (ver Colosenses 1.28), sería una contradicción directa de esas pretensiones de exclusividad. 'Vosotros, no menos que ellos, estáis entre los iniciados' (NEB).[27]

> **2.21No les escribo porque ignoren la verdad, sino porque la conocen y porque ninguna mentira procede de la verdad.**

Juan acentúa su seguridad en cuanto a la ortodoxia de ellos. Su propósito al escribirles, dice, no es informarles de alguna nueva verdad, sino confirmarlos en la verdad que ya conocen (ver Romanos 15.14,15). Ellos no solo **conocen… la verdad**, sino que conocen el carácter de la verdad, que es totalmente cierta y consecuente consigo misma, y que **ninguna mentira procede de la verdad**. Por el contrario, la mentira emana del demonio (Juan 7.44). Ver el versículo 27.

Nota adicional:
La hora final | 1 Juan 2.18

Los escritores del Nuevo Testamento no tienen un vocabulario exacto para describir la cronología del fin o los últimos tiempos, y no siempre es fácil discernir a qué período o acontecimiento escatológico se están refiriendo. Lo que es evidente es que consideraban la primera venida de Cristo como la inauguración de la nueva era, con la cual se sellaba la condenación de la antigua. 'La era venidera' había llegado y 'la era presente', en consecuencia, estaba tocando a su fin. No se anticipaba, desde luego, que este período fuera a durar para siempre. Era una etapa de transición denominada 'los últimos

---

27. Véase también la Nota adicional "El significado de 'crisma'" en la página 111.

días' (Hechos 2.17; ver Joel 2.28; Hechos 1.1,2) y los 'últimos tiempos' (Miqueas 4.1; 1 Pedro 1.20; ver 1 Corintios 10.11: 'el fin de los tiempos'). Los escritores del Nuevo Testamento que describen sus comienzos están mirando ya a su consumación final. Los 'postreros días' tendrán sus 'últimos días', un período de tremenda decadencia moral y religiosa (2 Timoteo 3.1 ss.; 2 Pedro 3.3). De la misma manera, los 'postreros tiempos' tendrán un 'último tiempo' en el cual surgirán escarnecedores impíos (Judas 18; ver 1 Timoteo 4.1). Y no es esto todo. El 'último tiempo' o los 'postreros tiempos' tendrán un 'último tiempo' culminante en el cual se revelará nuestra herencia eterna (1 Pedro 1.5; ver Santiago 5.3). De la misma manera, 'los últimos días' de los 'postreros días' tendrán, ellos también, sus 'últimos días' en los cuales Cristo resucitará a los muertos y juzgará al mundo (Juan 6.39,40,44,54; 11.24; 12.48).

En este desarrollo progresivo de las últimas cosas, ¿a qué se refiere la mención única de Juan a la 'hora final'?

1. Algunos comentaristas son muy dogmáticos en cuanto a la interpretación correcta. 'La hora final es el último período del intervalo entre la primera y la segunda vendidas de Cristo' (Brooke). Los que sostienen esta posición (por ejemplo, Dodd y Barclay) agregan lógicamente que en esto Juan demostró estar equivocado.

2. Una segunda interpretación llama la atención al hecho de que *escatē ōra* no lleva artículo y que la frase podría o debería traducirse más bien 'es *una* última hora'. Westcott da mucho énfasis a esto y escribe que la omisión del artículo definido "parece señalar el carácter general del período y no su relación específica con 'el fin'. Era un período de cambios críticos". Otros escritores han adoptado esta posición. G. P. Lewis, después de señalar que 'en la historia de la cristiandad ha habido muchas últimas horas y nuevos comienzos', pasa a sugerir que la época de Juan, con 'herejías difundidas … que reunían sus fuerzas contra la fe cristiana y amenazaban su supervivencia', fue 'una de las crisis definitivas en la historia de la cristiandad'. Aunque Plummer se burla de esta interpretación, declarando rotundamente que 'no puede haber más que una hora final', no puede ser desechada con ligereza. Aun C. H. Dodd, quien expresa claramente que Juan está equivocado, admite una aplicación secundaria de la más grande 'hora final', la crucifixión y resurrección de Jesús, en cuyo significado, escribe, la Iglesia estaba entrando ahora.

3. Hay una tercera interpretación posible, a saber, que Juan se refería al final de la vieja era y la consumación de la nueva, la última hora de los últimos días, pero que no por eso estaba dogmatizando sobre la inminencia del fin. Estaba expresando una verdad teológica y no haciendo una referencia cronológica. En vista de las palabras claras de nuestro Señor acerca de la incertidumbre del día y la hora (Marcos 13.32) y de 'los tiempos o las ocasiones' (Hechos 1.7, RV95), es a priori muy improbable que los apóstoles hubieran presumido especular precisamente acerca de *cuándo* llegaría el fin.[28] Juan podría manifestar sobre bases teológicas que había sonado la hora final, pero eso no era lo mismo que afirmar cronológicamente cuándo terminaría la última hora. Generalmente se creía, y Jesús lo había enseñado, que el fin sería precedido por un período de tribulación y apostasía, inclusive el levantamiento de 'falsos Cristos y falsos profetas' (Marcos 13.22). Debido a que había 'muchos anticristos', Juan podía afirmar que sabía que era 'la hora final. Este no es un 'curioso argumento' (Dodd); es un sano razonamiento. Los poderes de las tinieblas estaban cerrando filas. Las fuerzas del mal se estaban agrupando. Si la primera venida de Cristo había evidenciado la llegada de 'los últimos días', la aparición de *muchos anticristos* demostraba que era 'la hora final'. Se esperaba un último desesperado despliegue de los enemigos de Cristo antes de la consumación. Este estaba teniendo lugar. Ahora estaba dispuesto al escenario para el fin. 'Ya no restaba más sino que Cristo apareciera para la redención del mundo' (Calvino). 'Es la última hora'. Lo que Juan escribió era verdad. Y lo es todavía. El hecho de que hayan transcurrido más de dos mil años desde que escribió no invalida su argumento ni contradice su afirmación. 'Nada es tan perjudicial en el estudio de la profecía del Nuevo Testamento ... como imaginar que el Dios eterno, que está fuera y por encima del tiempo, esté atado a los relojes y calendarios de los hombres' (Blaiklock).

---

28. Compárese las referencias de Juan a la aparición de Cristo en 2.28 y 3.2, donde la conjunción griega *ean*, traducida 'cuando', significa estrictamente 'si'. 'Si' no implica duda en cuanto al *hecho;* implica meramente indiferencia en cuanto al *momento'* (Plummer).

Todavía estamos en la 'hora final', la hora de la oposición final a Cristo. Aunque puede haber aún época especial de tribulación antes del desenlace, toda la era cristiana consiste en 'la gran tribulación' a través de la cual deben pasar todos los redimidos (Apocalipsis 7.14). Aún esperamos el fin.

Nota adicional:
El significado de 'crisma' | 1 Juan 2.20

C. H. Dodd tiene un largo pasaje acerca de la interpretación de *crisma* (pp. 58–64). Toma de Hipólito la cita de un documento de la secta gnóstica de los 'naasenos', en el cual se hace referencia a una iniciación por medio de la unción en algún misterio esotérico. Sobre esa base sostiene que el uso de *crisma* en estos versículos tiene un trasfondo de la religión helenística más bien que de la hebrea y significa 'iniciación', no 'consagración'. Cita también una cláusula de la *Epístola a los efesios*, de Ignacio, que habla de ungir con la 'doctrina'. Se refiere luego al bautismo como rito de iniciación 'al cual se someten *todos* los cristianos', y concluye que "el 'crisma' que confiere el conocimiento de Dios, y es también una profilaxis contra el veneno de las falsas enseñanzas, es la Palabra de Dios en Cristo, tal como se comunica en la regla de fe a los catecúmenos, y se confiesa en el bautismo. Esta es la iniciación cristiana, por el agua y la Palabra". William Barclay parece concordar sustancialmente con esto.

Pero esta interpretación, por atractiva que sea en algunos sentidos, parece confundir la relación entre el *crisma* y la *gnōsis*, la unción o iniciación y el conocimiento en el cual es iniciado el cristiano. ¿Es el conocimiento el medio por el cual, o el beneficio en el cual, es iniciado el cristiano? En el pasaje de Ignacio es lo primero, siendo la 'doctrina' el aceite de la unción. En la reconstrucción de C. H. Dodd, sin embargo, es ambas cosas, siendo el evangelio el *crisma* por el cual los cristianos son iniciados en el conocimiento de Dios. ¿Pero harían los lectores de Juan esta distinción bastante sutil entre el evangelio y el conocimiento de Dios? Parece más probable que Juan hubiera insistido en equiparar el evangelio y la *gnōsis,* negando que hubiera un mayor conocimiento en el cual el evangelio iniciara a los hombres. De otro modo, ¿no se estaría poniendo en manos de los herejes? En la segunda carta aclara que sus lectores han de 'perseverar en la doctrina de Cristo' y no 'ir más allá' (2 Juan 9, H–A). Es más probable por lo tanto, que si el concepto de iniciación está presente, el beneficio en el cual son iniciados los cristianos sea el evangelio eterno, que es en sí la verdadera *gnōsis,* mientras que el *crisma,* el medio de iniciación en él, sería el Espíritu Santo de verdad.

2. Naturaleza y efecto de la herejía | 1 Juan 2.22, 23

> [2.22]¿Quién es el mentiroso sino el que niega que Jesús es el Cristo? Es el anticristo, el que niega al Padre y al Hijo.
> [23]Todo el que niega al Hijo no tiene al Padre; el que reconoce al Hijo tiene también al Padre.

Se revela ahora la falsa enseñanza de aquellos que han abandonado la Iglesia. Es la negación de que **Jesús es el Cristo.** Un estudio de estas cartas muestra que con esta frase Juan no solo se refiere a la negación de que Jesús fuera el Mesías de la esperanza del Antiguo Testamento (ver Hechos 5.42; 9.22; 17.3; 18.28). En la segunda parte de este versículo y en el 23 se refiere a Jesús como **el Hijo.** Sobre una vinculación similar de las dos expresiones véase 5.1 y 5.5 y Juan 20.31; Mateo 16.16. En 1 Juan 4.2–3 y 2 Juan 7 el error teológico que está combatiendo se define más precisamente como la negación de que 'Jesucristo ha venido en cuerpo humano', o como tal vez debieran traducirse estas expresiones, que 'Jesús es el Cristo venido en carne'. Los anticristos probablemente enseñarían (como ciertamente enseñaban algunos gnósticos) que Jesús había nacido y muerto como hombre, y que 'el Cristo', con lo cual se referían a una emanación divina, había estado en él solamente durante su ministerio público, descendiendo sobre él en el bautismo y abandonándolo antes de la cruz. Negaban así que Jesús era o es (*estin,* versículo 22) el Cristo o el Hijo. Hacían de él un mero hombre investido por un breve lapso de poderes divinos, pero negaban que el hombre Jesús y el Hijo eterno eran y son la misma persona, poseedora de dos naturalezas perfectas, humana y divina. En una palabra, negaban la encarnación.

Los agudos contrastes de Juan son saludablemente percibidos. Las posiciones opuestas no son para él 'percepciones complementarias', sino 'verdad y error' (ver versículos 21, 27). Si pretendemos disfrutar de comunión con Dios mientras andamos en tinieblas, 'mentimos' (1.6). El que dice que conoce a Dios pero desobedece sus mandamientos 'es mentiroso' (2.4, *pseustēs*). ¿Pero qué decir del que niega que Jesús es el Cristo? Debemos declararlo 'el' mentiroso (22, *'o pseustēs*), el mentiroso por excelencia. De hecho, se puede decir que esta es la mentira por antonomasia, porque el que la perpetra no es otro que *el anticristo*, no el anticristo personal que aún ha de venir (véase versículo 18), sino una encarnación viva del anticristo (4.3; ver 2 Juan 7). La teología de los herejes no es simplemente defectuosa: es diabólica. La prueba doctrinal fundamental de la profesión del cristiano se relaciona con su concepto de la Persona de Jesús. Si es unitario o miembro de una secta que niega la divinidad de Jesús, no es cristiano. Con esta prueba pueden ser fácilmente juzgados y rápidamente repudiados muchos cultos extraños que hoy tienen una atracción popular. La extrema seriedad de la mentira reside en que en la primera negación está implícita una segunda: **niega al Padre y al Hijo.**

Revelada la naturaleza de la herejía, Juan elabora ahora su terrible efecto, que ya ha mencionado al final del versículo anterior. Expresa la verdad en términos absolutos e inequívocos, primero negativamente, y después positivamente. **Todo el que niega al Hijo,** declara, **no** (*oude*) **tiene al Padre,** mientras que **el que reconoce al Hijo tiene también al Padre.**[29]

Juan tiene en mente algo más que una creencia o una incredulidad privadas. Como cuando Jesús usa las palabras, implican una confesión y una negación públicas de él, 'delante de los hombres' (ver Mateo 10.32, 33; Juan 12.42 y Romanos 10.9,10). De tal confesión o negación depende no solo nuestra concepción del Padre, sino nuestra posesión de él. El verbo **tiene** (*equei*) es el mismo en ambas partes del versículo. Ver 5.12; 2 Juan 9. No podemos poseer, es decir,

---

29. Es extraño que algunas versiones impriman la segunda parte del versículo en bastardilla, como si fuera dudosa. En realidad está incluida en los mejores manuscritos y es ciertamente genuina.

tener comunión con el Padre, si no confesamos al Hijo. Solo el Hijo puede revelar al Padre a los hombres (Mateo 11.27; Juan 1.18; 12.44,45; 14.9); solo el Hijo puede representar y reconciliar a los hombres con el Padre (2.1,2; Juan 14.6, ver 1 Timoteo 2.5).

3. Salvaguardias contra la herejía | 1 Juan 2.24–27

Habiendo distinguido entre los falsos maestros y los verdaderos creyentes y expuesto la naturaleza y las consecuencias de la herejía, Juan llama ahora la atención a las dos salvaguardias que protegerán a sus lectores de ser descarriados. Para que el error no les haga mella, deben permanecer en ellos dos cosas: primero, *lo que han oído desde el principio* (v. 24) y segundo, *la unción que de él recibieron* (v. 27).

> **2.24Permanezca en ustedes lo que han oído desde el principio, y así ustedes permanecerán también en el Hijo y en el Padre.**

Lo que han oído desde el principio es el evangelio, la enseñanza apostólica, el mensaje original que había sido predicado. Este no había cambiado ni cambiaría. Deben permitir que **permanezca** en ellos. Esto no se producirá automáticamente; ellos deben permitirlo. Los cristianos debieran ser siempre 'conservadores' en su teología. El tener 'comezón de oídos' y correr detrás de nuevos maestros, escuchando a cualquiera y sin llegar nunca al conocimiento de la verdad, es una característica de los 'tiempos difíciles' que vendrán en los 'últimos días' (2 Timoteo 3.1, 7; 4.3). La continua obsesión por 'las últimas novedades' es una señal del ateniense, no del cristiano (Hechos 17.21). La teología cristiana está anclada no solo en ciertos acontecimientos históricos que culminaron en la carrera salvadora de Jesús, sino en el autoritativo testimonio apostólico de esos acontecimientos. El cristiano nunca puede levar el ancla y lanzarse al mar abierto del pensamiento especulativo. Ni puede olvidar la enseñanza primitiva de los apóstoles por las tradiciones subsiguientes de los hombres. El testimonio apostólico está dirigido esencialmente al Hijo. Por eso es que si permanecen fieles a él, los mantendrá fieles a Cristo. Además permanecerán **en el Hijo y en el Padre,** en el sentido de experimentar una íntima comunión espiritual con ambos. *Permanecer en* Dios (*menein*) y 'tener' a Dios (v. 23) tienen virtualmente el mismo significado.

2.25 **Esta es la promesa que él nos dio: la vida eterna.**

Como resultado de esa lealtad y comunión con el Hijo y el Padre, disfrutaremos de **vida eterna** prometida (ver 5.11,12). La terrible consecuencia de la negación herética del Hijo era la pérdida de la vida así como del Padre.

2.26 **Estas cosas les escribo acerca de los que procuran engañarlos.**

Pero la enseñanza apostólica en sí no era suficiente para guardarlos en la verdad. Juan no subestima la fuerza o la sutileza de los engañadores. La BJ traduce correctamente el participio presente *planōntōn* por 'los que tratan de engañaros'. No han tenido éxito, pero están en proceso de intentarlo. Es posible que los cristianos sean engañados por falsos maestros, como se implica aquí, por otros (3.7) y por ellos mismos (1.8). El diablo mismo es el primer engañador, porque por naturaleza es 'mentiroso y padre de mentira' (Juan 8.44).

2.27 **En cuanto a ustedes, la unción que de él recibieron permanece en ustedes, y no necesitan que nadie les enseñe. Esa unción es auténtica —no es falsa— y les enseña todas las cosas. Permanezcan en él, tal y como él les enseñó.**

Contra tales engañadores tienen una segunda salvaguardia, a saber, **la unción** *(crisma)* **que de él recibieron permanece en ustedes, y no necesitan que nadie les enseñe.** Véase el comentario sobre el versículo 20 y la nota adicional en página 111, donde se sostiene que esta es una referencia al Espíritu Santo. Jesús mismo había prometido que una vez dado, el Espíritu Santo estaría con nosotros 'siempre' (Juan 14.16). Poseyendo conocimiento por la inspiración directa del Espíritu Santo, no necesitan que nadie les enseñe (ver Jeremías 31.34; 1 Tesalonicenses 4.9). No sería difícil exagerar esta declaración en forma incauta y desequilibrada. Es verdad que, en último análisis, el Espíritu Santo es nuestro Maestro absolutamente adecuado, y que nosotros mantenemos nuestro derecho de juicio privado porque él nos ilumina la Palabra de Dios. Pero debemos ver este versículo en el contexto de una carta en la cual Juan, de hecho, está enseñando a aquellos que, dice, no tienen necesidad de maestros humanos… Y otros pasajes del Nuevo Testamento se refieren no solo al ministerio docente de la Iglesia en general (por ejemplo, Hechos 4.18; 5.28, 42; 2 Timoteo 2.24) sino también a 'maestros' especialmente dotados (1 Corintios 12.29; Efesios 4.11).

La competencia del Espíritu Santo para enseñarles se indica en la frase siguiente: que **esa unción … es auténtica —no es falsa— y les enseña todas las cosas** (ver versículo 21). Si nuestro Dios es 'el Dios verdadero' (por ejemplo, 2 Crónicas 15.3; Jeremías 10.10; Juan 17.3; 1 Tesalonicenses 1.9; ver 1 Juan 5.20) y Jesucristo es 'la verdad' (Juan 14.6), el Espíritu Santo también es 'verdadero'. Nuestro Señor lo llamaba 'el Espíritu de verdad' (Juan 15.26; 16.13), y prometió que él guiaría a los apóstoles 'a toda la verdad' (Juan 16.13). Con este conocimiento de su naturaleza y con la seguridad, además, de que ella, la unción, les ha enseñado en el pasado, Juan mira confiadamente al futuro y termina el párrafo con el mandamiento: **Permanezcan en él**, un imperativo que, por cierto, se repite en el versículo siguiente.

He aquí, pues, las dos salvaguardias contra el error: la Palabra apostólica y el Espíritu de la unción (ver Isaías 59.21). Ambos se reciben en la conversión. 'Han oído' (*ēkousate*, v. 24) la Palabra, dice, y 'recibieron' (*elabete*, v. 27) el Espíritu, aunque de hecho implica: La Palabra ha llegado a vosotros de nosotros (1.2,3,5), mientras que al Espíritu lo recibieron directamente *de* 'el Santo' (27,20). La Palabra es una salvaguardia objetiva; mientras que la unción del Espíritu es una experiencia subjetiva; pero tanto la enseñanza apostólica como el Maestro celestial son necesarios para la continuación en la verdad. Y ambos han de ser captados personal e interiormente. Este es el equilibrio bíblico muy rara vez preservado por los hombres. Algunos honran a la Palabra y menosprecian al Espíritu, el único que puede interpretarla; otros honran al Espíritu pero menosprecian la Palabra de la cual él enseña. La única salvaguardia contra las mentiras es tener permanentemente dentro de nosotros tanto la Palabra que oímos *desde el principio* como la **unción** que recibimos de él. Es mediante estas antiguas posesiones, no por nuevas enseñanzas o maestros, que permaneceremos en la verdad.

IV. Segunda aplicación de las pruebas
1 Juan 2.28—4.6

Juan vuelve ahora a su ciclo de pruebas, expandiéndolas y reforzándolas: la prueba moral de la obediencia o la justicia (2.28—3.10), la prueba social del amor (3.11–18) y, después de una digresión sobre las relaciones entre nuestra seguridad y nuestro corazón que nos condena (3.19–24), la prueba doctrinal de la verdad acerca de Cristo (4.1–6).

Ahora, en la segunda exposición de las tres pruebas, es cuando por primera vez se describe al creyente como nacido de Dios (2.29). Anteriormente ha sido retratado como alguien que conoce a Dios (2.3,4,13,14), está en Cristo (2.5, 6) y en la luz (2.9,10), y permanece en el Padre y en el Hijo (2.24,27,28). Pero ahora sale a relucir ese nacimiento de Dios que es lo único que hace que a los hombres les sea posible conocer al Señor y permanecer en él. Tal 'nacimiento' espiritual se debe a una 'concepción' divina, que es la comunicación de la vida de Dios. Y tiene consecuencias manifiestas en la vida del cristiano, porque el que ha sido engendrado por Dios no peca (3.9), sino que practica la justicia (2.29), ama a su prójimo (3.10,14; ver 4.7) y cree que Jesús es el Cristo (5.1; ver 4.1–6).

a. Una elaboración de la prueba moral: la justicia | 1 Juan 2.28—3.10

Nuevamente la prueba moral viene primero. La prueba de que se es cristiano no es la mera ortodoxia sino también la conducta. Esta vez, al desarrollar la prueba moral, Juan la asocia estrechamente con las 'manifestaciones' o 'apariciones' del Señor. La idea de manifestación, sea como sustantivo, adjetivo o verbo, aparece seis veces en este pasaje, cuatro de ellas referidas a Cristo, dos a su futura aparición, que es tratada primero (2.28—3.2), y dos a su aparición pasada (3.5 y 8, ver 1.2). Tal es, pues, el tema de este párrafo. La conducta injusta es impensable en el cristiano que ha captado el propósito de las dos apariciones de Cristo. El hecho de su primera aparición y la esperanza de su segunda venida son ambos fuertes incentivos para la santidad.

1. La futura aparición de Cristo | 2.28—3.3

Ya hemos visto que el mandamiento *permanezcamos en él* es probablemente una repetición de lo que escribió al final del versículo anterior. Pero mientras que allí el énfasis estaba puesto en permanecer en Cristo, quien debe ser reconocido como el Hijo encarnado, aquí se trata más bien de la idea de una relación mística con Cristo que tiene consecuencias morales, para que (*'ina*, el propósito de la permanencia) *cuando se manifieste, podamos* (se incluye él también) *presentarnos ante él confiadamente*. No puede haber error en cuanto a esta referencia al retorno de nuestro Señor. Algunos comentaristas del Nuevo Testamento han sugerido que la vívida expectación de la Parusía en las cartas de Pablo ha sido reemplazada en los escritos posteriores de Juan por la venida del Espíritu y el goce de la vida eterna. Tal teoría desconoce la enseñanza de la segunda venida que aparece en esta carta, o la pasa por alto como una concesión a la exigencia popular, lo que es una suposición totalmente sin fundamento. No. La doctrina del retorno del Señor era una parte primordial de la Iglesia primitiva y de la escritura apostólica. Pablo emplea cuatro palabras (en forma verbal o sustantiva) para describirla: su venida (*parousia*), su aparición (*fanerōsis*), su epifanía (*epifaneia*) y su revelación (*apokalypsis*). En este versículo, Juan emplea las dos primeras. Hay amplia evidencia en los papiros de que en esa época en Oriente 'la palabra (*parousia*) era la expresión usual para la visita de un rey o emperador' (Brooke). *Parousia* significa literalmente 'presencia', y las dos palabras juntas implican que el retorno de nuestro Señor implicará la presencia personal de alguien que ahora está ausente, la aparición visible de alguien que ahora es invisible.

Los hombres reaccionarán ante esa venida en una de las dos siguientes maneras. Algunos tendrán confianza; otros se alejarán de él *avergonzados* (*aiscunthōmen ap'autou*). *Confianza* (*parrēsia*) es una palabra interesante, favorita de Juan; casi la mitad de sus apariciones en el Nuevo Testamento provienen de su pluma. Algunas veces se la traduce por 'intrepidez', mientras que su uso adverbial se traduce 'osadamente', 'claramente' o 'libremente'. Significa literalmente 'franqueza, libertad de lenguaje' (Liddell y Scott) y se la usa para describir la osadía del cristiano al aproximarse, tanto a los hombres (como testigo) como a Dios (como suplicante). Pero en esta carta, como en la carta a los Hebreos (4.16; 10.19), la palabra indica la confianza con que el cristiano puede acercarse al Señor en oración, ahora (3.21; 5.14), en la *parousia* (2.28) y en el Día del Juicio (4.17). Pero solo si *permanecemos en él* ahora, tendremos confianza delante de él y no nos alejaremos de él en el día final. Para una descripción del alejamiento de los no creyentes de la presencia del divino Juez, véase Mateo 22.12 y Apocalipsis 6.15–17.

> [2.29] **Si reconocen que Jesucristo es justo, reconozcan también que todo el que practica la justicia ha nacido de él.**

Nacido de él en este contexto parece referirse a Cristo, pero los términos juaninos usuales son nacer 'de Dios' o 'del Espíritu', y es "contrario al tenor del Nuevo Testamento hablar de los cristianos como 'engendrados por Cristo'" (Law). Debemos suponer, pues, que entre los versículos 28 y 29 hay un abrupto cambio de personas, que **él** en el versículo 28 refiere a Cristo y en el 29 a Dios. Esto constituiría ciertamente una transición mejor al capítulo siguiente. Law lo considera de esta manera y dedica un largo capítulo a la relación entre las declaraciones juaninas 'Dios es justo' y 'Dios es amor'. Si saben en realidad (*eidēte*) que Dios es justo, dice Juan, percibirán como lógica consecuencia (*ginōskete*) que **todo el que practica la justicia ha nacido de él.** El niño exhibe el carácter del Padre porque participa de su naturaleza. La justicia de una persona, pues, es la evidencia de su nuevo nacimiento, no la causa o condición de este. Los gnósticos podían llamar 'regeneración' a su iniciación en la *gnōsis*; Juan muestra que la señal de regeneración es la justicia, no el conocimiento.

> [3.1] **¡Fíjense qué gran amor nos ha dado el Padre, que se nos llame hijos de Dios! ¡Y lo somos! El mundo no nos conoce, precisamente porque no lo conoció a él.**

La mención del nacimiento 'de él' (v. 29), lleva a Juan a un estallido de asombro ante el amor de Dios al hacernos sus **hijos** (*tekna*, derivado de *tekein*, 'engendrar'), lo cual es una alusión a la naturaleza divina que hemos recibido al ser engendrados por Dios más bien que a nuestra relación filial. **Qué**, 'qué clase de' (*potapēn*) significa originalmente 'de qué país'. Es como si el amor del Padre fuera tan poco terrenal, tan extraño a este mundo, que el escritor se pregunta de qué país puede haber venido. La palabra 'siempre implica asombro' (Plummer). El Señor no solo nos ha 'mostrado' este amor, sino que en realidad lo ha 'derramado sobre nosotros'; nosotros mismos lo hemos experimentado. Además, 'hijos de Dios' no es un mero título: es una realidad. Algunas versiones omiten la frase *kai esmen*, que falta en algunos manuscritos, y que otras traducen correctamente: **¡Y lo somos!**, 'y en efecto lo somos' (vm), 'pues ¡lo somos!' (bj); no por naturaleza, sino por la gracia de Dios. Y lo somos, digan o piensen los hombres lo que quieran. Los 'hijos de Dios' y el 'mundo' son tan diferentes entre sí, que en realidad **el mundo no nos conoce** (ver 1 Corintios 2.15, 16). La razón de esto es que **no lo conoció a él**, que aquí como en el versículo 6, debe ser una referencia a Cristo. Así como su gloria estaba velada en la carne, nuestra 'vida está escondida con Cristo en Dios' (Colosenses 3.3). Aunque real, nuestra condición de hijos no es aún evidente (Romanos 8.19).

> **3.2** **Queridos hermanos, ahora somos hijos de Dios, pero todavía no se ha manifestado lo que habremos de ser. Sabemos, sin embargo, que cuando Cristo venga seremos semejantes a él, porque lo veremos tal como él es.**

El autor llama **queridos** a sus lectores porque el apóstol ama también a los que son amados por el Padre. Pasa entonces de la reiteración **ahora somos hijos de Dios** (lo reconozca o no el mundo), a la consideración de **lo que habremos de ser**, porque 'en virtud de que somos hijos … buscamos una herencia' (Alford). Al principio admite francamente que no conoce el carácter preciso de esa herencia. El mundo todavía no ve lo que somos; nosotros no vemos aún lo que seremos. Es importante notar esta confesión apostólica de ignorancia. Su anterior declaración de que 'la unción … les enseña todas las cosas' (2.27) no debe ser tomada demasiado literalmente. El cristiano no es omnisciente. Los apóstoles del Nuevo Testamento, como los profetas del Antiguo, sabían lo que Dios había querido revelarles, y nada más (ver Deuteronomio 3.24; 1 Corintios 13.8–12). Así, pues, Juan confiesa aquí que no le han sido revelados el exacto estado y condición de los redimidos en el cielo. Siendo así, es ocioso y pecaminoso especular o husmear en cosas que al Señor no le complació revelar. De hecho, implica que se conocerán solo cuando Cristo aparezca.[30] Las dos revelaciones, de Cristo y de nuestro estado final, se harán simultáneamente. Entonces seremos glorificados 'juntamente con él' (Romanos 8.17; ver Colosenses 3.4, RV).

Esto no significa, sin embargo, que no sepamos nada acerca de nuestro estado futuro. Sabemos que **cuando Cristo venga seremos semejantes a él, porque lo veremos tal como él es.** El orden de los acontecimientos está claro. Primero, aparecerá él; entonces, lo veremos tal como es; y finalmente, nosotros seremos semejantes a él. (Para referencias a 'ver' a Dios o a Cristo en el cielo compárese Mateo 5.8; Juan 17.24; 1 Corintios 13.12; 2 Corintios 5.7; Hechos 12.14; 1 Pedro 1.8; Apocalipsis 1.7; 22.4). Ya ha sido nuevamente estampada en nosotros la imagen de Dios, alterada por la caída. El hombre nuevo, que asumimos en nuestra conversión, ha sido creado 'a imagen de Dios, en verdadera justicia y santidad' (Efesios 4.24; ver Colosenses 3.10). Y desde ese día, en cumplimiento del propósito predestinante del Señor de que fuésemos 'a ser transformados según la imagen de su Hijo' (Romanos 8.29), el Espíritu Santo ha estado transfigurándonos 'a su semejanza con más y más gloria ' (2 Corintios 3.18; ver 1 Juan 2.6). En el pasaje de Corintios se dice que la transformación es debida al hecho de que estamos 'mirando con el rostro descubierto … la gloria del Señor' (RV95); es comprensible, pues, que cuando lo veamos como él es, y caiga el velo no solo de nuestro rostro, sino del suyo, seremos final y completamente como él es, inclusive nuestros cuerpos (Filipenses 3.21 ver 1 Corintios 15.49). 'La visión se torna asimilación' (Law). Esto es lo que sabe Juan acerca de nuestro estado final, celestial. Pablo, en sus cartas, se concentra en la verdad de que en el cielo estaremos 'con Cristo' (2 Corintios 5.8; Filipenses 1.23; Colosenses 3.4; 1 Tesalonicenses 4.17; ver Lucas 23.43; Juan 14.3; 17.24). A nosotros nos basta saber que en el día final y durante toda la eternidad estaremos con Cristo y seremos semejantes a él; en cuanto a la revelación plena de lo que seremos, debemos conformarnos con esperar.

---

30. La NEB ('cuando se manifieste') sigue a muchos comentaristas en tomar como sujeto del Verbo *fanerothē* como del anterior *efanerothē*, no a Cristo, sino 'lo que seremos'. Podría ser cualquiera de ellos. En el griego hay sujeto explícito.

> **3.3 Todo el que tiene esta esperanza en Cristo**
> **se purifica a sí mismo, así como él es puro.**

La razón de Juan para escribir acerca del retorno de Cristo y el estado final no es teológica sino ética. Como Pablo, él sigue a nuestro Señor en la enseñanza de las implicaciones prácticas de esta gloriosa expectativa. **En Cristo,** no 'en sí mismo'. Así RV95 traduce 'todo aquel que tiene esta esperanza en él'. La 'esperanza' cristiana (la palabra es única aquí en los escritos de Juan, pero es común en los de Pablo y Pedro) tiene un objeto o fundamento (la preposición es *epi*, 'sobre', como en Romanos 15.12; 1 Timoteo 4.10): el retorno de Cristo y la gloria sigue al mismo. Incluye los tres acontecimientos ya mencionados: su aparición, nuestra contemplación y nuestra transformación a su semejanza. Esta no es una esperanza incierta, como las esperanzas de los hombres, porque está fundada en la promesa de Cristo (ver Hechos 10.23), y sabemos (versículo 2) la verdad de lo que esperamos. Su misma certidumbre acrecienta su desafío. El cristiano que fija su esperanza (su confiada expectación) en el retorno de Cristo, se **purifica,** no ceremonial sino moralmente. La pureza (*agneia*) es primordialmente 'libertad de la mancha moral' y por lo tanto 'aquel elemento en el carácter santo que se forja por la disciplina de la tentación' (Law). Juan ya ha acentuado que, puesto que Cristo es Justo, debemos practicar la justicia si no queremos avergonzarnos en su venida (2.28,29). En forma similar, puesto que él es puro, y cuando lo veamos seremos semejantes a él, debemos asegurarnos de que el proceso de purificación comience ahora y empezar a purificarnos nosotros mismos. Por cierto, solo la sangre de Cristo puede limpiarnos de la mancha y la culpa del pecado (1.7), pero nosotros tenemos un papel que desempeñar en nuestra propia purificación de su poder (ver 2 Corintios 7.1; 1 Timoteo 5.22; Santiago 4.8; 1 Pedro 1.22).

2. La aparición pasada de Cristo | 3.4–10

Juan pasa ahora a la segunda parte de su desarrollo de la prueba moral, y esta vez vincula la justicia con la pasada aparición de Cristo. Su argumento en favor de la necesidad de una vida santa está tomado ahora, no de la expectación de la segunda venida, cuando lo veremos y seremos semejantes a él, sino del propósito de su primera venida que fue eliminar los pecados y destruir las obras del diablo. El argumento se repite, cada vez con un énfasis diferente.

	Versículos 4–7	Versículos 8–10
Frase introductoria:	Todo el que comete pecado (4)	El que practica el pecado (8)
Tema:	La naturaleza del pecado es la infracción de la ley (4)	El origen del pecado es el diablo (8)
El propósito : de la aparición de Cristo:	Se manifestó para quitar nuestros pecados (5)	El Hijo de Dios fue enviado para destruir las obras del diablo (8)
La conclusión lógica:	Todo el que permanece en él no practica el pecado (6)	Ninguno que haya nacido de Dios practica el pecado (9)

Se demuestra, pues, que continuar en el pecado es algo completamente opuesto a todo el propósito de la primera aparición de Cristo, la cual se menciona dos veces (5,8), así como la segunda aparición ha sido mencionada dos veces en la sección anterior (2.28; 3.2).

I. La naturaleza del pecado: quebrantamiento de la ley | 3. 4–7

> **3.4** Todo el que comete pecado quebranta la ley; de hecho, el pecado es transgresión de la ley.

Todo el que comete pecado. Juan establece una verdad universal, de la cual no hay escapatoria y que no tiene excepciones. Este pasaje (y de hecho toda la carta) está llena de tales generalizaciones, dirigidas contra las arrogantes posiciones de los herejes que pretendían constituir una élite de iniciados separada de los cristianos comunes. Juan no admite tal distinción. Una doble norma de moral es algo totalmente extraño a la fe cristiana. Así, pues, esta sección usa seis veces la expresión *pas 'o*, traducida indistintamente '**todo el que**', 'el que' (2.29; 3.4; 6a y b, 10b), y tres veces el relativo simple *'o* va seguido por un verbo en participio presente, frase que se traduce 'el que' o 'todo el que' (7, 8, 10c). El evangelio, con sus implicaciones morales, concierne a todos, no solamente a algunos.

Sigue una definición del pecado. **Todo el que comete pecado quebranta la ley; de hecho, el pecado es transgresión de la ley** (*ē anomia*, 'ilegalidad', 'desobediencia'). En el Nuevo Testamento hay otras definiciones del pecado (por ejemplo, Romanos 14.23; Santiago 4.17; 1 Juan 5.17); pero esta, lejos de ser 'un tanto superficial' (Dodd), es la más clara y reveladora. La declaración de que 'el pecado es transgresión de la ley' identifica a ambas cosas hasta hacerlas intercambiables. Cada vez que se lee uno de los términos, es posible sustituirlo por el otro. No es simplemente que el pecado se manifieste en la desconsideración de la ley de Dios, sino que es por su misma naturaleza contrario a la ley. El quebrantamiento de la ley es la esencia, no el resultado, del pecado. Así expuesto en su repulsiva realidad, emerge la seriedad del pecado. Los herejes, al parecer, enseñaban que para el cristiano iluminado las cuestiones de moralidad eran indiferentes, tal como hoy en día la verdad sobre el pecado se oculta tras eufemismos y nuestros pecados se convierten en meros 'pecadillos', 'debilidades temperamentales' o 'problemas de la personalidad'. En contraste con esta subestimación, Juan declara que no se trata de una simple falla negativa (*amartia*, pecado, significa literalmente 'errar al blanco' y *adikia*, apartarse de lo que es bueno o justo) sino, esencialmente, una rebelión activa contra la voluntad del Señor y una violación de su santa ley. Es importante reconocer esto, porque el primer paso hacia la vida de santidad es reconocer la verdadera naturaleza e impiedad del pecado.

> **3.5 Pero ustedes saben que Jesucristo se manifestó para quitar nuestros pecados. Y él no tiene pecado.**

Juan apela muchas veces al conocimiento que sus lectores ya poseen y los insta a conformar sus vidas a él. En este caso el conocimiento al que se refiere no tiene que ver con la naturaleza del pecado sino con la verdad sobre la Persona y la obra de Cristo. En este caso su declaración implica que el correcto conocimiento de estas les hará aborrecer el pecado. **Jesucristo** (*ekeinos*, enfático, es decir, Cristo) **se manifestó para quitar nuestros pecados.** Aquí se conjugan maravillosamente en uno la obra de Cristo en la eliminación de los pecados del hombre y la falta de pecado en su propia Persona. Él vino al mundo para quitar los pecados (*arē*; la misma palabra aparece cuando el Bautista reconoce al Cordero de Dios, Juan 1.29; ver también Hechos 9.26). Otras partes del Nuevo Testamento explican que lo realizó tomándolos sobre sí, llevándolos en su propio cuerpo (1 Pedro 2.24; Hechos 9.28; ver Isaías 53.11,12). Y al quitar los pecados del hombre, él mismo estaba sin pecado. La falta de pecado de Jesús se menciona por lo general en la Escritura casi como un aparte, en relación con su obra de salvación (por ejemplo 2 Corintios 5.21; Hechos 7.26; 1 Pedro 1.19; 2.22). Juan da mucho énfasis a esta circunstancia, expresándolo positivamente: 'él es justo', 'él es puro' (2.29; 3.3,7) y negativamente, 'no hay pecado en él'. En todos los casos emplea el verbo 'es' (*estin*), porque esa condición de Cristo no pertenece ni a su preexistencia, ni a los días de su carne, ni a su actual condición celestial, sino a su naturaleza esencial y eterna.

> **3.6 Todo el que permanece en él no practica el pecado.**
> **Todo el que practica el pecado no lo ha visto ni lo ha conocido.**

Sigue la deducción lógica. Si la naturaleza eterna de Jesús es sin pecado y si el propósito de su aparición histórica fue quitar el pecado, entonces **todo el que permanece en él no practica el pecado**, mientras que, por otro lado, **todo el que practica el pecado no lo ha visto ni lo ha conocido**. Estos dos golpes de martillo acerca de pecar y no pecar, son característicos del método de Juan para convencer. Puesto que en él no hay pecado, es obvio que si permanecemos en él nosotros tampoco pecaremos. Si pecamos es señal no solo de que no permanecemos en él (tiempo presente), sino de que no lo hemos **visto** (ver 3 Juan 11) ni **conocido**, de que nunca hemos llegado realmente a conocerlo (tiempos perfectos). No 'lo veremos tal como él es' hasta que aparezca en gloria (v. 2); pero todo cristiano lo ha visto con los ojos de la fe. Y la vista de Cristo, tanto en la experiencia presente como en la perspectiva futura, es un fuerte incentivo para la santidad. Estos versículos enseñan la total incongruencia del pecado en la vida del cristiano. Ver y conocer a Cristo, el Salvador sin pecado de los pecadores, es hacer a un lado el pecado; pecar es negar a Cristo y revelar que no estamos en él. El pecado y Cristo están irreconciliablemente enemistados entre sí. Cristo, en su Persona sin pecado y su obra salvadora, es fundamentalmente opuesto al pecado.

3.7 Queridos hijos, que nadie los engañe.
El que practica la justicia es justo, así como él es justo.

La primera parte de la exposición de este tema termina con una solemne advertencia a sus **queridos hijos**. 'La ternura de la alocución es provocada por el peligro de la situación' (Westcott). **Nadie los engañe.** Los falsos maestros, instrumentos de Satanás, los archiengañadores, estaban procurando descarriarlos, no solo teológicamente (2.26), sino también moralmente. Debían estar en guardia. **El que practica la justicia es justo, así como él es justo.** Los herejes al parecer se entregaban al razonamiento sutilmente perverso de que alguna manera era posible 'ser' justos sin preocuparse necesariamente por 'practicar' la justicia. Juan niega rotundamente tal posibilidad. La única persona que es justa en sí misma es aquella que hace justicia como Jesús (*él,* otra vez el pronombre enfático *ekeinos*), quien es justo, como ya se ha expresado varias veces (2.1,29; ver 3.3,5). 'El hacer es la prueba del ser' (Law).

II. El origen del pecado: el diablo | 3. 8–10

Juan sigue el mismo esquema en la segunda exposición de su argumentación sobre la base de la primera aparición de Cristo. Otra vez empieza con una referencia a la seriedad del pecado; continúa con el propósito de la misión de Cristo en el mundo; y concluye con una deducción sobre la santidad. Pero esta vez el énfasis es más bien sobre el origen que sobre la naturaleza del pecado, e insiste en que para el cristiano su práctica no solo es incompatible, sino imposible (v.9).

3.8 El que practica el pecado es del diablo, porque el diablo
ha estado pecando desde el principio. El Hijo de Dios fue
enviado precisamente para destruir las obras del diablo.

El que practica el pecado es del diablo. Esta segunda generalización vincula el pecado no con la ley de Dios, de la cual es un quebrantamiento (v. 5), sino con el diablo, en quien se origina. **Porque el diablo ha estado pecando desde el principio** (ver Juan 8.44), lo cual significa, probablemente, desde el momento de su soberbia rebelión contra Dios, desde el principio de su carrera diabólica. Puesto que el pecado es su actividad característica (*peca, 'amartanei* está en tiempo presente continuo), todo el que peca exhibe un carácter que debe haberse derivado, al menos en último término, de él. En toda la literatura juanina se dan por sentadas la existencia y la malevolencia del diablo.[31]

Si la obra característica del diablo es pecar, la obra característica del Hijo de Dios es salvar. Para esto **fue enviado precisamente** (*efanerōthē* otra vez, como en el versículo 5) **el Hijo de Dios, para destruir las obras del diablo.** Estas son muchas y malas. Incluyen todas aquellas cosas que él ha insinuado en la perfecta creación del Señor, para deteriorarla. Moralmente, su obra es inducir al pecado; físicamente, infligir enfermedad; intelectualmente, seducir a error. De estas tres maneras ataca aun el alma, el cuerpo y la mente de los hombres; y Cristo vino a destruir sus obras. La destrucción consistía en 'soltar' (*lusē*), como si esas obras diabólicas fueran cadenas que nos atan. Desde luego, sabemos por experiencia que no han sido 'destruidas' en sentido absoluto (ver Romanos 6.6; 2 Timoteo 1.10; Hechos 2.14, donde el verbo *katargeō* evidentemente no significa liquidar o aniquilar, sino, en sentido negativo, privar de fuerza, hacer inoperante, vencer y derrotar). El diablo está ocupado todavía en sus obras inicuas, pero ha sido derrotado, y en Cristo podemos escapar a su tiranía.

Si el propósito de la primera aparición de Cristo fue quitar los pecados y deshacer las obras del diablo, los cristianos no deben contemporizar ni con el pecado ni con el diablo, si no quieren encontrarse luchando contra Cristo. Si el primer paso hacia la santidad es reconocer la pecaminosidad del pecado, tanto en su esencia de violación de la ley como en su origen diabólico, el segundo paso es ver su absoluta incompatibilidad con Cristo en su Persona sin pecado y su obra salvadora. Cuanto más claramente captemos estos hechos, más incongruente nos parecerá el pecado y más decididos estaremos a librarnos de él.

> **3.9Ninguno que haya nacido de Dios practica el pecado, porque la semilla de Dios permanece en él; no puede practicar el pecado, porque ha nacido de Dios.**

Otra vez Juan saca una conclusión lógica. Hace dos penetrantes declaraciones. La primera es que el cristiano **no practica el pecado,** y la segunda que **no puede practicar pecado.** Estas expresiones a veces

---

31. Véase la Nota adicional 'La enseñanza de Juan acerca del diablo' en página 139 ss.

han sido tomadas como enseñanzas de que un verdadero cristiano, que es **nacido de Dios**, es constitucionalmente incapaz de pecar. Pero tal interpretación no puede sostenerse a no ser que supongamos que Juan se contradice a sí mismo en esta carta. En 1 Juan 1.8,10 ha declarado que los que niegan que son pecadores por naturaleza y en la práctica, se engañan a sí mismos y hacen a Dios mentiroso; y en 1 Juan 2.1, aunque escribe con el propósito de 'que no pequen', agrega que 'si alguno peca' (una posibilidad que debe ser tenida en cuenta), se han provisto medios para su perdón por la gracia. Está claro, por consiguiente, que Juan no niega la posibilidad de que el cristiano no peque. Pero tampoco afirma que sea imposible. La primera manera de reconciliar sus enseñanzas en los versículos 1 y 3 es reconocer que en ambos casos se está oponiendo a un error diferente. El gnosticismo llevaba a sus adherentes a diferentes conclusiones. Algunos suponían que la posesión de la *gnōsis* los hacía perfectos; otros sostenían que no importaba pecar, pues no podía perjudicar a aquellos que habían sido iluminados. Ambas posiciones son moralmente perversas. La primera es ciega al pecado y niega su existencia; la segunda es indiferente a él y niega su gravedad. Ante la primera, Juan declara la universalidad del pecado, aun en el cristiano; negarlo es ser mentirosos. Ante la segunda, él declara la incompatibilidad del pecado en el cristiano; cometer pecado es ser *del diablo*. A fin de refutar esas posiciones particulares de sus adversarios, Juan establece la posición cristiana en términos tan categóricos.

¿Qué quiere decir, pues, cuando en el versículo 9 escribe que un cristiano no peca ni puede hacerlo? Un examen de sus expresiones nos lo dirá. Estas son tres. Primero, dice que el cristiano permanece en Cristo 'no peca' (6a y 5.18, *amartanei*); este es un tiempo presente que indica un carácter determinado como el del 'diablo' que 'peca desde el principio' (v. 8). Ver *amartanōn*, un participio presente, en 6b, mientras que los verbos en 2.1 son en ambos casos aoristos. La segunda afirmación es que el que ha nacido de Dios 'no practica el pecado' (*amartian ou poiei*, 9a). Otra vez, no se trata del acto aislado de pecar, sino del hábito establecido, indicado por el verbo *poiein*, hacer o practicar, el cual se emplea para 'cometer' o 'practicar' pecado en 4a, 8 y 9, para 'quebrantar' la ley en 4b, y para 'practicar la justicia' en 2.29; 3.7 y 10a. La tercera expresión es que el cristiano **no puede pecar** (*ou dunatai amartanein*, 9), 'no es capaz de pecar', donde 'pecar' es un infinito presente, no aoristo. Si el infinitivo hubiera sido aoristo significaría 'no es capaz de cometer un pecado'; pero el infinitivo presente significa 'no es capaz de pecar habitualmente'. En toda esta sección Juan está sosteniendo más bien la incongruencia que la imposibilidad de que el cristiano peque. Si aun los pecados aislados son tan incongruentes, lo que es totalmente imposible es la persistencia en el pecado, 'un carácter, un hábito prevalente, y no primordialmente un acto' (Westcott).

¿En qué reside esta 'imposibilidad'? Juan responde en dos frases: **porque la semilla de Dios permanece en él; no puede practicar el pecado, porque ha nacido de Dios.** La **semilla** o 'simiente' (RV95) podría ser un nombre colectivo de los hijos de Dios (ver Juan 8.33; Gálatas 3.29) y **en él** podría significar 'en Dios'. Toda la frase podría traducirse entonces: 'Los hijos de Dios permanecen en él y no pueden pecar porque han nacido de Dios'. (El sentido sería paralelo al del versículo 6). Es más probable, sin embargo, que **la semilla de Dios** esté más exactamente traducido en la BJ y la H–A, 'su germen', 'el germen divino', y que **en él** se refiera al hijo de Dios. De esta manera las dos partes del versículo 9 se tornan exactamente paralelas, consistiendo cada una en una declaración de que el cristiano no peca o no puede pecar, a la cual se agrega la razón de tal afirmación. La inferencia será entonces la siguiente: el nuevo nacimiento implica la adquisición de una nueva naturaleza a través de la implantación en nosotros de la simiente misma o el poder vivificador del Señor. El nacer de él significa una profunda y radical transformación interior. Además, la nueva naturaleza recibida con el nuevo nacimiento, permanece. Ejerce una fuerte presión interior hacia la santidad. Es la influencia permanente de **su semilla** dentro de todo aquel que es **nacido de Dios,** lo que capacita a Juan para decir, sin temor a contradicción, que **no puede** continuar viviendo en el **pecado** (ver 2 Corintios 5.17; 2 Pedro 1.4). De hecho, si continuara en el pecado, ello indicaría que nunca había nacido de nuevo. Esta convicción era la que capacitaba a Juan para afirmar que los herejes, que no solo persistían en el pecado, sino que se habían apartado del todo de la comunidad cristiana, no eran verdaderos cristianos (2.19).[32]

---

32. Véase páginas 131ss. para las notas adicionales sobre el significado de 'su simiente' y toda la interpretación de los versículos 4–9.

³·¹⁰ Así distinguimos entre los hijos de Dios y los hijos del diablo: el que no practica la justicia no es hijo de Dios; ni tampoco lo es el que no ama a su hermano.

Este versículo es a la vez una síntesis y conclusión de lo que antecede y una transición para lo que sigue. Juan ha hablado dos veces de la primera aparición de Cristo (3.5,8) y dos veces de la segunda, que todavía ha de acontecer (2.28 y 3.2); pero en este pasaje habla también dos veces de la aparición o manifestación de los hombres. Todavía no se ha manifestado, dice, lo que habremos de ser (v. 2), pero ya se manifiesta lo que somos, si **hijos de Dios** o **del diablo**. La diferencia es obvia para el que es capaz de discernir, y el propósito de Juan es proporcionar las pruebas que permiten reconocer a ambos grupos. Y son solo dos grupos. No hay un tercero. Ni hay solamente uno. Esta 'clarísima expresión en blanco y negro' no solo es verdadera en sí, sino que, según C. H. Dodd, es también necesaria debido a que 'es tan fácil probar con sofismas que el mal es un aspecto del bien como que el error es un aspecto de la verdad. Pero la verdad y la falsedad, el bien y el mal, lo justo y lo injusto, Dios y el diablo son contrarios irreconciliables'. Nuestra paternidad es divina o diabólica. En la Biblia no se enseña la paternidad universal de Dios, salvo en el vago sentido físico de que es el Creador de todos (Hechos 17.28). Pero en el sentido íntimo, espiritual, el Señor no es Padre de todos, y no todos los hombres son sus hijos. De hecho, aquí Juan solo se hace eco de que Jesús dijo una vez a ciertos judíos incrédulos: 'Ustedes son de su padre, el diablo' (Juan 8.44; ver Mateo 13.38; Hechos 13.10).

La manera de llegar a ser hijos de Dios es, por el lado humano, creyendo o recibiendo a Cristo, y por el lado divino, por el nuevo nacimiento (Juan 1.12,13). Mientras tanto los hijos de Dios (v. 9) y los del diablo (v. 8) pueden ser reconocidos por su conducta moral. 'Por sus frutos los conocerán' (Mateo 7.20). Ahora escribe negativamente, teniendo en mente a los herejes pecadores y desamorados: **el que no practica la justicia no es hijo de Dios; ni tampoco lo es el que no ama a su hermano.** La falta de justicia y de amor prueba la falta de un nacimiento divino. No que justicia y amor sean enteramente distintos. Juan agrega la segunda frase casi como una interpretación de la primera. 'El amor es justicia en relación con los otros' (Plummer). La mención del amor introduce el tema del párrafo siguiente.

Ahora estamos en condiciones de mirar hacia atrás a los doce versículos anteriores (1 Juan 2.28—3.10), en los cuales se ha desarrollado la prueba moral, y sentir la compulsión de su argumento. Si Cristo apareció para 'quitar nuestros pecados' y para 'destruir las obras del diablo', y si, cuando aparezca por segunda vez, 'lo veremos' y, en consecuencia, 'seremos como él es', ¿cómo podemos continuar viviendo en el pecado? Hacerlo es negar el propósito de sus dos apariciones. Si somos leales a su primera venida, y estamos preparados para la segunda, debemos purificarnos, como él es puro. Haciendo así daremos evidencia de haber nacido de Dios.

Nota adicional:
El significado de la semilla | 1 Juan 3.9

C. D. Hodd (p.76) da una serie de citas de tratados herméticos, escritos por Filón y los gnósticos, en los cuales se hace referencia a la implantación de una 'semilla' divina en el hombre. En algunos de estos, el principio divino está en todos los hombres; en otros es implantado solamente en las almas buenas. En todos los casos se creía que la salvación consistía en la liberación o redención de esa semilla que ya estaba aprisionada dentro de ellos. Es posible que los herejes de los días de Juan enseñaran una doctrina similar acerca de un elemento divino inmanente en el hombre; que los llamaran *sperma Theou*, 'simiente, o semilla, de Dios'; y que Juan utilizara deliberadamente esta expresión de su vocabulario (como puede haber utilizado *crisma* en 2.20,27). Si así fue, no es necesario suponer que él aprobara esa teología. Tres preguntas pueden aclarar esto. Primero, ¿quiénes son aquellos en quienes 'la semilla permanece'? Si los herejes enseñaban que el principio divino residía ya por naturaleza, ya sea en todos los hombres, o en las 'almas buenas' (Valentinus), la posición de Juan era más bien que es implantado en algunos por la gracia y que los que lo reciben son por lo tanto 'nacidos de Dios'. Segundo, ¿cuál es el efecto de la implantación del principio divino? Juan insiste en este pasaje en que la recepción de la semilla divina produce un nuevo nacimiento que se opone al pecado y se manifiesta en una conducta recta. Tercero, ¿cuál es el carácter de esa *semilla*? En otros pasajes del Nuevo Testamento se describe la Palabra de Dios como 'semilla' o como 'simiente' (1 Pedro 1.23,25; Santiago 1.18,23; ver Lucas 8.11). ¿Hay en el empleo que hace Juan de estas palabras una referencia también al evangelio? Tal era la opinión de Agustín, adoptada por Beda, Lutero, Alford (quien subraya Juan 5.38 como 'clave' de esta interpretación) y otros, y más recientemente, por C. H. Dodd. William Barclay también la favorece. C. H. Dodd concluye que "hay … una asociación bastante bien establecida de las ideas 'semilla' y 'palabra" y que, "cuando nuestro autor habla de la 'simiente' divina está pensando en la Palabra de Dios, o el evangelio". Ciertamente el concepto de que la simiente 'permanece' en los cristianos es reminiscente de 2.24, donde lo que permanece en ellos es 'lo que han oído desde el principio'. Puesto que C. H. Dodd considera que 2.24 se refiere al *crisma*, piensa que el *sperma* es idéntico, siendo ambos el evangelio, el primero de los cuales inicia en el conocimiento, mientras que el segundo 'produce en los hombres la naturaleza regenerada que no peca'. Findlay hace la misma identificación entre *crisma* y *sperma*, pero considera a ambos como alusiones al Espíritu Santo, que es el autor de la verdad y la santidad. No es imposible que *sperma*, lo mismo que *crisma*, se refiera al Espíritu Santo, puesto que el nuevo nacimiento, en el cuarto Evangelio, es evidentemente un nacimiento 'del Espíritu' (Juan 3.6,8). Es probable que nunca sepamos con certeza qué quiso decir precisamente Juan, o qué entendieron sus lectores, por *sperma autou*. Pero ya sea que la semilla implantada y que permanece sea la palabra del evangelio, o el Espíritu Santo, o la naturaleza divina así impartida (ver 2 Pedro 1.4), lo que quiere decir Juan es lo mismo, a saber, que el nacimiento sobrenatural del cristiano, de Dios es lo que lo guarda de pecar.

Nota adicional:
La interpretación de 1 Juan 3.4–9

La dificultad que los comentaristas han encontrado para interpretar este párrafo se evidencia en la variedad de explicaciones que se han ofrecido. Es importante no dejarnos influir por consideraciones subjetivas. El criterio de interpretación es lo que Juan quiso enseñar, no si esto coincide con nuestra experiencia de la santidad. Concordamos, pues, con Alford en que 'hay que aferrarse a las palabras claras del apóstol' y no 'domarlas' para adecuarlas a nuestra conveniencia.

Si, como hemos sostenido en el comentario a estos versículos, Juan no está enseñando que el cristiano sea incapaz de pecar, o que la condición de todo el que es nacido de Dios es de perfección exenta de pecado (ver 1.8,10; 2.1; 3.3), ¿qué quiere decir cuando afirma que el cristiano no peca, y aun que 'no puede' pecar? A esta pregunta parece haberse dado siete respuestas.

1. Algunos han tratado de estrechar la definición de 'pecado' en este pasaje y restringir los pecados que el cristiano 'no puede' cometer a los crímenes notorios u ofensas contra el amor (así Agustín, Beda y Lutero, interpretando 'justicia' como 'amor' por el versículo 10), o a pecados 'mortales' en oposición a 'veniales' (comentaristas catolicorromanos). Esto es ciertamente alegar una situación especial. En la mente de Juan no existían tales limitaciones. Por el contrario, empieza definiendo el pecado como 'transgresión de la ley'. Las referencias al pecado en este pasaje son generales, no específicas.

2. Otros han intentado alegar que el cristiano 'no puede' pecar porque lo que es pecado en la vida del incrédulo, Dios no lo considera como tal en un creyente. Es inconcebible que una idea tan absurda pasara jamás por la mente de Juan. 'El pecado es transgresión de la ley', sea quien fuere que lo cometa. Además, esta doble norma o concepto de la moralidad era precisamente el tipo de sutil argumento que estaban usando los herejes para justificar su continuación en el pecado. Juan establece claramente que 'Todo el que comete pecado quebranta la ley' (3.4), sea cristiano o no.

3. Otros han trazado una distinción no entre el creyente y el no creyente, sino entre la vieja y la nueva naturaleza de este. La vieja naturaleza puede continuar pecando; es la nueva la que no puede, dicen. 'Es literalmente cierto de la naturaleza divina impartida al creyente. Esta no puede pecar y no peca' (Plummer). Pero, aparte del hecho de que tal argumento les hubiera hecho el juego a los herejes que Juan estaba combatiendo, es muy dudoso que podamos hallar fundamento bíblico para aislar así las 'naturalezas' de un hombre de su 'persona'. Nuestras dos naturalezas pueden ser separadas en sus deseos e impulsos, pero no en sus actividades. En Gálatas 5.17 se contrastan 'el deseo de la naturaleza pecaminosa' y 'el del Espíritu', y se manifiesta que están en oposición; pero cuando Pablo pasa a catalogar las 'obras de la naturaleza pecaminosa' y los 'frutos del Espíritu' lo que contempla son las actividades no de dos 'naturalezas', sino la de una 'persona' dominada ya por la naturaleza pecaminosa, ya por el Espíritu. La importancia práctica de esto es evidente. Podemos distinguir entre nuestros diferentes deseos en nuestro interior, atribuyendo unos a la naturaleza pecaminosa y otros al Espíritu. Pero no podemos atribuir una acción a una de nuestras dos naturalezas *en forma tal que nos diferenciemos nosotros de ella*. No podemos decir de un pecado: 'lo hizo mi vieja naturaleza, no yo'. Lo que cualquiera de mis naturalezas me impulsa hacer, lo hago yo, y no puedo librarme de la responsabilidad consiguiente. Es verdad que en Romanos 7.17 Pablo dice: 'ya no soy yo quien lo lleva a cabo, sino el pecado que habita en mí'. No obstante, su propósito en ese contexto no es negar que él mismo actúa pecaminosamente, sino explicar que su conducta está en conflicto con su voluntad. Así, pues, en todo este párrafo, quien peca o no, es una persona, no una de sus naturalezas. El sujeto de los verbos 'pecar' y 'no pecar', en el original, es en cada caso 'él', una persona, no el neutro 'ello', como hubiera sido en el caso de tratarse de una naturaleza. Esto está particularmente claro en el versículo 9, donde Juan no escribe 'la semilla de Dios permanece en él, *ello* (neutro) no puede practicar el pecado'. No cabe duda de que esta es la traducción correcta, puesto que Juan continúa: 'no puede practicar el pecado, porque ha nacido de Dios'. No es la 'semilla' la que es nacida de Dios, sino la 'persona', mediante la implantación de la semilla; y, por lo tanto, es la 'persona' en quien permanece la simiente la que 'no puede pecar'.

4. Una interpretación más popular de este párrafo ha sido la sugerencia de que Juan está describiendo aquí, no la realidad, sino el ideal. Alford, siguiendo al comentarista alemán Düsterdieck (de quien depende en gran medida en su exposición de esta carta), adopta esta posición. Durante toda la carta, afirma, Juan está hablando 'de la realidad ideal de la vida de Dios y de la vida de pecado, como cosas que se excluyen mutuamente'. Westcott también afirma: 'las ideas de la filiación divina y el pecado son mutuamente excluyentes'. C. H. Dodd y William Barclay mencionan ambos esta posición como una posibilidad, y en apoyo de la misma, citan la descripción de la vida en la nueva era de Enoc 5.8: 'todos ellos vivirán y nunca más pecarán, ni por descuido ni por soberbia'. El argumento parece ser el siguiente: se anticipaba que una característica de la era venidera sería la ausencia de pecado, y puesto que Juan creía que la era venidera ya había venido (2.8), naturalmente afirmaba que los cristianos no pecaban. Para mí esta explicación es muy poco satisfactoria. Él estaba escribiendo en una época de crisis. La situación que tenía presente era una dura realidad; no hubiera estado bien que solo recurriera a 'ideas' e 'ideales'. Los gnósticos hacían afirmaciones concretas, y Juan las contradecía abiertamente y las tildaba de mentiras. Al hacerlo, también hacía afirmaciones contrarias. ¿Imaginaremos que estas eran 'ideales' que sus adversarios hubieran podido considerar inciertos, imprácticos e inalcanzables? Además, él no escribe como un idealista, que, idealmente hablando, el cristiano 'no debería' pecar. Su lenguaje era el de un realista. Afirmaba categóricamente que el cristiano 'no peca' y, de hecho, 'no puede' pecar.

5. Law, que rechaza la interpretación idealista, propone sin embargo una solución un tanto similar. Acentúa el hecho de que Juan no estaba escribiendo con la calma de un teólogo, sino 'frente a una definida situación controversial y en una vena vehementemente controversial'. Se estaba oponiendo a aquellos que convertían la libertad cristiana en licencia. En consecuencia, usaba afirmaciones absolutas, 'recubiertas de santa pasión', 'contradicciones absolutas de doctrinas de absoluta falsedad'. Al hacerlo, sus expresiones tomaban un colorido de 'aparente exageración y énfasis exagerado' y son solo 'teóricamente… verdaderas'. ¿Pero cuál es la diferencia entre declaraciones 'ideales' y 'teóricas'? Debemos insistir en que Juan trataba de refutar las falsas teorías de los herejes no con 'teorías' optativas, por verdaderas que fueran, sino con hechos.

6. Los que sostienen que Juan estaba expresando un 'ideal' agregan, en su mayoría, que era sin embargo un ideal relativamente realista. Así Alford cita a Düsterdieck, quien escribe: "Ninguno … de todos los expositores que de alguna manera han reconocido el carácter ideal de la posición de Juan, ha pasado por alto el hecho de que aun en la vida real de todos los que son nacidos de Dios hay algo que, con toda verdad, responde a las palabras ideales 'no puede pecar'… no puede pecar, y no pecan, justamente en la proporción en que la nueva vida divina, incondicionalmente opuesta al pecado … está presente y permanece en ellos". Los comentaristas que siguen esta explicación tienden a concentrarse en el versículo 6 ('Todo el que permanece en él no practica el pecado') y a interpretar este permanecer en Cristo, no como una descripción de todos los cristianos, sino como una condición que cumplen algunos de ellos. El grado de santidad del cristiano varía, pues, en proporción a su permanecer en Cristo. '*In quuantum in ipso manet, in tantum non peccat*' (Agustín, Beda). De ahí el mandamiento 'permanezcamos en él' (2.28). Si desobedece el mandamiento, el cristiano peca; si lo obedece, no peca.

7. Esto es muy cierto. Lo enseña claramente nuestro Señor en su alegoría de la vid y los pámpanos (Juan 15.1ss., RV). La capacidad de los pámpanos para fructificar depende de que permanezcan en la vid. Pero esta interpretación no agota el significado del párrafo. Puede ser una legítima exposición del versículo 6; pero no lo es del 9. Entre ambos versículos hay dos diferencias. En el 6 se expresa que el cristiano 'no peca'; en el 9 se dice que 'no puede practicar el pecado'. En segundo lugar, en el versículo 6 se atribuye la victoria del cristiano sobre el pecado a su permanencia presente en Cristo, pero en el versículo 9 a su pasado nacimiento de Dios, en virtud del cual la simiente de Dios 'permanece' en él. Y la 'permanencia' de la semilla de Dios en nosotros es tan constante e invariable como inconstante y variable puede ser nuestra permanencia en Cristo. En una palabra, la declaración 'no practica el pecado' (versículo 6) puede ser condicional, dependiendo de que uno 'permanezca en Cristo'; la declaración 'no puede practicar el pecado' (9) es absoluta, porque depende de que uno 'ha nacido de Dios'.

Ebrad interpreta el pecado que el cristiano regenerado 'no puede' cometer, como el pecado voluntario y deliberado. 'Al hombre verdaderamente regenerado', escribe, 'le es totalmente imposible hacer voluntaria y deliberadamente aquello que sabe está prohibido por Dios'. Admite que el cristiano puede ser tentado por el pecado, pero este es 'contrario a la inclinación de su voluntad', 'no puede amar y acariciar y agasajar al pecado' o pecar en forma tal que 'actúe voluntariamente y a sabiendas en contra de la voluntad del Señor'. Por estas citas se advertirá que Ebrad acentúa el conocimiento (o conciencia) y la voluntad del cristiano, y afirma que este no viola ni puede violar ninguno de ellos. Como en Romanos 7.20, 'el cristiano no peca, sufre el pecado'. (Besser, citado por Law.) Calvino escribe en forma similar: 'se dice que no pecan porque ... no consienten el pecado, sino que en realidad luchan y gimen, a fin de poder testificar verdaderamente con Pablo que hacen el mal que no quisieran'. Candlish pregunta con razón si lo mismo sucedía con David. De hecho, ¿no hay muchos ejemplos en la Biblia de personas de Dios que pecaron a sabiendas y voluntariamente? Las biografías de cristianos apoyarían esto. 'No oso persuadirme de que nunca peco voluntariamente' (Candlish). Lo que es más importante, ¿se puede mostrar que esto es lo que quería decir Juan? Creo que no. Todo pecado, dice, es 'transgresión de la ley', una ruptura de las leyes del Señor. No hace distinción alguna entre transgresión voluntaria e involuntaria, a sabiendas o por ignorancia.

8. La séptima interpretación es que el pecado que el cristiano 'no hace' y 'no puede hacer' es el pecado habitual y persistente. Puede pecar a veces, aun con el consentimiento de la mente y la voluntad, pero después lo abruman la pena y el arrepentimiento (Salmos 51). Y toda la dirección de su vida es hacia Dios y la santidad. Su mente está puesta en el Espíritu (Romanos 8.6) y las cosas de arriba (Colosenses 3.2), no en las cosas terrenales (Filipenses 3.19). Sus ojos están siempre vueltos hacia el Señor (Salmos 25.15), a quien tiene siempre delante (Salmos 16.8). Su mirada está fija en los mandamientos de Dios (Salmos 119.6 BJ), lo mismo que su corazón (Salmos 57.7). 'Aunque el creyente peque algunas veces, el principio rector de su vida no es el pecado sino la oposición al mismo' (Plummer). Toda su vida es 'un antagonismo sin tregua al pecado' (Law). La 'semilla' que está dentro del espíritu del creyente 'lo llena de un odio irreconciliable contra todo pecado, y lo impele a un conflicto permanente con toda injusticia' (Alford). No es que los cristianos estén 'totalmente libres de todo vicio', sino que 'luchan cordialmente para formar sus vidas en obediencia a Dios' (Calvino). 'El pecado no reina en ellos', porque el Espíritu 'no lo deja medrar' (Calvino).

Aquello que quiso decir Juan es evidente por el uso que hace de los tiempos del verbo, como hemos visto en el comentario del versículo 9. Esta no es por cierto 'una sutileza gramatical' (Dodd, Alexander), sino algo que sus lectores captarían fácilmente. 'El tiempo presente en el verbo griego implicaba hábito, continuidad, secuencia ininterrumpida', escribe E. M. Blaiklock, quien traduce la expresión de Juan: 'no continúa en el pecado' (v. 6), 'no practica el pecado' y 'no puede continuar pecando' (v. 9).

Volviendo a las palabras mismas de Juan (1 Juan 3.4–9), puede ser útil resumir la secuencia de su argumentación. El párrafo consta de dos secciones simétricas (versículos 4–7 y 8, 9). Cada una de ellas comienza con una declaración de la gravedad del pecado (su naturaleza de 'quebrantamiento de la ley', versículo 4; su origen diabólico, versículo 8); continúa con una referencia al propósito de la aparición de Cristo ('quitar nuestros pecados', versículo 5; 'destruir las obras del diablo', versículo 8); y concluye con una deducción moral, primero concerniente a la incompatibilidad del pecado ('no practica el pecado', versículo 6) y, segundo, concerniente a su imposibilidad ('no puede practicar el pecado', versículo 9).

El argumento concerniente a la incompatibilidad del pecado con el cristiano es teológico. Se basa en la doctrina de la obra salvadora de Cristo. El pecado es el quebrantamiento de la ley, pero Cristo (en quien no hay pecado) apareció para quitar los pecados. Su naturaleza es sin pecado y su misión fue contra el pecado. 'Pero ustedes saben', dice Juan (v. 5). Por consiguiente, todo el que permanece en Cristo no peca. Ambos son incompatibles. Continuar en el pecado es proporcionar una clara evidencia de que nunca hemos visto o conocido a Cristo. Si hemos visto y conocemos a Cristo, lo hemos visto y lo conocemos como el sin pecado que quita los pecados; ¿cómo podemos, pues, tolerar el pecado en nuestras vidas y pretender haberlo visto y conocerlo? En el versículo 8 el tema comienza de la misma manera. Cristo apareció para destruir las obras del diablo. Vino para deshacer la obra del diablo; pecar es deshacer la obra del Salvador. Nuevamente se muestra que el pecado y Cristo son incompatibles, y por lo tanto también lo son el pecado y el cristiano. 'Todo el pasaje es una aguda, concisa demostración de la inadmisibilidad del pecado' (Findlay).

Pero el cristiano no solo ha 'visto y conocido' a Cristo como el Salvador sin pecado de los pecadores: ha nacido de Dios. Su teología (la doctrina de Cristo) hace incompatible el pecado persistente; su experiencia (el nacimiento de Dios) lo hace imposible. La naturaleza divina en el creyente regenerado se afirma contra todo mal. Le resulta imposible hacer una práctica del pecado. 'Somos hijos de Dios, y el pecado es anormal y antinatural para nosotros' (Dodd). 'El creyente puede caer en el pecado, pero no andará en él' (Smith).

Nota adicional:
La enseñanza de Juan acerca del diablo | 1 Juan 3.8,10

Su origen. Según Juan 8.44, '[el diablo] no se mantiene en la verdad'. Esto parece indicar una caída de la verdad en la cual antes estaba, en cuyo caso la cláusula siguiente ('porque no hay verdad en él') indica no por qué cayó, sino cómo sabemos que cayó. La explicación de esa falta de verdad es que hace tiempo cayó de la verdad. Para un uso similar de *oti* véase Lucas 7.47. Dos veces se aplica al diablo la expresión 'desde el principio' (*ap'arquēs*: Juan 8.44; 1 Juan 3.8). Si tenemos razón al interpretar la cláusula 'no se mantiene en la verdad' como una referencia a su caída de la condición en que fue creado, su actividad maligna y asesina debe datarse desde 'el principio', no de su existencia, sino de su carrera una vez caído. 'El es el pecador original; y lo que llegó a ser lo es todavía' (Law).

Su actividad. Esta es constantemente malévola debido a que él es por naturaleza 'el maligno'. Este título fue usado por nuestro Señor (por ejemplo, Mateo 6.13, H–A) y seis veces Juan (Juan 17.15; 1 Juan 2.13, 14; 3.12; 5.18, 19). La obra del diablo pertenece particularmente a tres esferas, en las cuales se ve su completa falta de justicia, amor y verdad, y que corresponden a las tres pruebas que Juan aplica en su primera carta. Primero, 'peca' (1 Juan 3.8) y tienta a otros a pecar (ver Mateo 6.13). De hecho, es tan ciertamente el origen de todo pecado que se puede decir: 'el que practica el pecado es del diablo' (1 Juan 3.8).

En segundo lugar, es 'homicida' (Juan 8.44). Así, Caín, al matar a su hermano, dio evidencia de su origen diabólico (1 Juan 3.12). Lo mismo los judíos que procuraban matar a Jesús (Juan 8.40,41). Frustrado en su ataque a Jesús, el diablo persigue ahora a la Iglesia (Apocalipsis 12. 4–6, 13–17). Se lo llama 'el destructor' (Apocalipsis 9.11, NTV; ver Hechos 2.14). En tercer lugar, el diablo es 'un mentiroso. ¡Es el padre de la mentira!' (Juan 8.44). Esto se debe al hecho que ya hemos notado que cayó de la verdad y 'no hay verdad en él'. Consecuentemente, acusa a los hermanos (Apocalipsis 12.10), siendo su adversario (significado de la palabra hebrea *Satan*), y un calumniador (significado de la palabra griega *diabolos*), y trata de inducirlos a error con las mentiras de los falsos profetas (ver 1 Juan 2.21,22; 4.2).

Su poder es considerable, como lo muestra su vasta actividad maliciosa. No es solo que pueda insinuar malos pensamientos y designios en las mentes de los hombres (Juan 13.2, ver Lucas 22.3; Mateo 8.33) y aun entrar en ellos personalmente (Juan 13.27), sino que es 'el que está en el mundo' (1 Juan 4.4), el 'príncipe (lit. 'gobernador', *arcōn*) de este mundo' (Juan 12.31; 14.30; 16.11; ver 2 Corintios 4.4; Efesios 6.12). Gobierna desde un 'trono' (Apocalipsis 2.13), y su dominio es tan vasto que 'el mundo entero está bajo el control del maligno' (1 Juan 5.19). De hecho, se afirma no solo que los hombres están *en* el diablo, sino que son *de* él. El es su 'padre' y ellos sus 'hijos' (Juan 8.44; 1 Juan 3.10). Frases como estas expresan la realidad terrible de la influencia que el maligno tiene sobre las vidas de los hombres, al punto de que son motivados por y sucumben a sus deseos (Juan 8.44; ver 2 Timoteo 2.26). La voluntad de ellos es hacer la de él.

Su derrota comenzó con la llegada del Hijo de Dios, en quien el diablo 'no tiene ningún dominio' (Juan 14.30), es decir, sobre quien no tiene poder alguno. El expreso propósito de su aparición fue 'destruir las obras del diablo' (1 Juan 3.8). Esto lo realizó en forma suprema mediante su muerte y resurrección. La repetición enfática de 'ahora' en relación con el juicio de este mundo y el derrocamiento de su gobernante (Juan 12.31) se refiere en el contexto a la hora de la glorificación del Hijo del hombre (versículos 23, 27). Anticipando esa hora, Jesús pudo decir que el príncipe de este mundo 'ya ha sido juzgado' (Juan 16.11, traduciendo *kekritai*, tiempo perfecto) y que como resultado, él atraería a todos los hombres a sí (Juan 12.32). Puede ser que el atar a Satanás (Apocalipsis 20:1ss.; ver Marcos 3.27) se refiera a esta caída preliminar del diablo. Hasta ahora, sin embargo, su derrocamiento ha sido más bien un destronamiento que una destrucción decisiva. Su derrota definitiva no tendrá lugar hasta el día final (Apocalipsis 20.10). Mientras tanto, el Padre puede 'proteger' del maligno a aquellos que ha sacado del mundo. Así oró Jesús (Juan 17.15), y Juan afirma que los que han nacido de Dios son 'protegidos' (el verbo es otra vez *tērein*) por el Unigénito de Dios, por lo cual el maligno ni siquiera los 'toca' (1 Juan 5.18). Desde luego, por este poder de Cristo y por la Palabra de Dios es que se puede hablar de los jóvenes que 'han vencido al maligno' (1 Juan 2.13,14; ver 4.4).

b. Una elaboración de la prueba social: el amor | 1 Juan 3.11–18

La última frase de la sección anterior nos ha preparado para el cambio de tema, de la justicia al amor. En 2.7–11 Juan ha bosquejado brevemente su prueba social del verdadero cristiano, a saber, que amar es el mandamiento nuevo (que, sin embargo, es antiguo) y pertenece a la nueva era en la cual ya la verdadera luz está brillando. Ahora al completar su bosquejo preliminar, no emplea colores, sino blanco y negro. Y continúa el severo contraste que ya ha señalado en el versículo 10, entre los hijos de Dios y los hijos del diablo, y escribe sobre el odio y el amor, la vida y la muerte, el homicidio y el sacrificio propio. Después de recordar a sus lectores que el deber del amor mutuo era el mensaje original que habían oído (v. 11), la primera parte de este párrafo tiene que ver con el odio de Caín, el prototipo del mundo (vv. 12,13), mientras que la segunda describe el amor de Cristo, que debiera verse también en la Iglesia (vv. 14–18).

> **3.11 Este es el mensaje que han oído desde el principio: que nos amemos los unos a los otros.**

Los herejes se jactaban de su nueva enseñanza; aquí Juan apela, como en 1.5, a una autoridad primitiva que era también de conocimiento público en contraste con la iluminación privada y secreta que pretendían los falsos maestros. Sus lectores estarán seguros si se aferran al mensaje que han **oído**, pública y abiertamente, **desde el principio**. Esta era exactamente la preocupación de Juan al ocuparse del error teológico de los seguidores de Cerinto. 'Permanezca en ustedes', escribía, 'lo que han oído desde el principio' (2.24). Ahora que está exponiendo verdades éticas más que doctrinales, su apelación es la misma. Véase también 2.7. El evangelio no cambia. La verdad acerca de la Persona de Cristo y acerca de la conducta cristiana es inalterable. Tanto en la doctrina como en la ética debemos volver al **principio** y averiguar qué enseñaron originalmente los apóstoles y qué mandamientos *tuvieron* (2.7, *eiquete*, aoristo) sus primeros conversos y *oyeron* (2.24 y 3.11, *ēkousate*, otro aoristo). El **mensaje** era que **nos amemos unos a otros** (ver 3.23; 4.7,11,12; 2 Juan 5; Juan 13.34; 15.12,17).

1. El odio de Caín y del mundo | 3.12,13

> [3.12]No seamos como Caín que, por ser del maligno, asesinó a su hermano. ¿Y por qué lo hizo? Porque sus propias obras eran malas, y las de su hermano justas.

Con este amor mutuo que se nos ordena, Juan contrasta inmediatamente la conducta de Caín. Su odio tenía origen en el diablo, **el maligno**, y terminó en homicidio, en realidad en un brutal asesinato (*esfaxen*, significaría literalmente 'le cortó el cuello'). No solo el pecado en general es 'del diablo' (v. 8), sino el odio y el homicidio en particular, porque, como dijo Jesús, 'el diablo ... Desde el principio este ha sido un asesino' (Juan 8.44). ¿Y cuál fue la causa de que Caín diera muerte a Abel?, pregunta Juan. No fue porque Abel fuera malo, sino lo contrario: **sus propias obras eran malas, y las de su hermano justas**. Detrás de este odio apuntan los celos, no los celos que codician los dones superiores de otro, sino los que se resienten por la bondad superior de otro, la 'envidia' que hizo que los sacerdotes judíos pidieran la muerte de Jesús. Celos–odio–asesinato es una secuencia natural y terrible.[33]

---

33. El relato de Génesis sobre Caín y Abel (Génesis 4.1–8) no nos dice explícitamente por qué el sacrificio de Abel de los primogénitos de su rebaño fue aceptable a Dios, mientras la ofrenda de frutos del campo, de Caín, no lo fue. Sin embargo, está implícito que este no tenía motivos de queja (versículo 6); si hubiera hecho 'el bien',

3.13 Hermanos, no se extrañen si el mundo los odia.

Caín es el prototipo del **mundo**, el cual manifiesta hoy las innobles cualidades que él desplegó primero. El 'mundo' es la posteridad de Caín; de modo que no hemos de maravillarnos si nos aborrece.[34] Es de esperar que los impíos continúen considerando y tratando a los buenos como Caín consideró y trató a su buen hermano, Abel. Jesús nos advirtió que sería así (por ejemplo, Juan 15.18, 19,25; 16.1ss; 17.14), y con su odio el mundo simplemente está dando evidencias de su verdadera condición espiritual, que es 'muerte' (v. 14). Una advertencia similar a no ser sorprendidos por la oposición y la persecución del mundo que se da en 1 Pedro 4.12ss.

2. El amor de Cristo y de la Iglesia | 3.14–18

Es un alivio volver de la exposición que hace Juan del odio del mundo a su enseñanza acerca del amor que debiera manifestarse en la Iglesia. Primero se refiere a la evidencia del amor, lo que este prueba, a saber, la vida (vv. 14,15), y luego a la esencia del amor, lo que este es, a saber, autosacrificio, ya sea en Cristo o en los suyos (vv. 16–18).

3.14 Nosotros sabemos que hemos pasado de la muerte
a la vida porque amamos a nuestros hermanos.
El que no ama permanece en la muerte.

En griego (y en castellano) este versículo empieza dramáticamente con el pronombre **nosotros** (*ēmeis*). Nosotros no odiamos: **amamos**. Además, el hecho de que **amamos a nuestros hermanos** nos da una buena base para estar seguros de que poseemos la vida eterna. Juan se asocia con sus lectores en esta gloriosa afirmación. **Nosotros sabemos** (*oidamen*, 'conocemos como un hecho') **que hemos pasado** (NEB, 'cruzado') **de la muerte a la vida.** Llegar a ser cristiano es nada menos que una

---

su sacrificio también hubiera sido aceptado (versículo 7). Según Hebreos 11.4, fue 'por la fe' que 'Abel ofreció a Dios un sacrificio más aceptable que el de Caín', y puesto que la fe es siempre una respuesta a la Palabra de Dios de promesa y mandamiento, podemos dar por sentado que el Señor había revelado su voluntad a los dos hermanos. Por fe Abel obedeció; de hecho, su 'justicia' consistió en su obediencia creyente. Caín, por otro lado, fue deliberadamente desobediente, como se indica en Judas 11. Su asesinato de Abel ejemplifica la violenta antipatía que la justicia provoca siempre en los injustos (ver Juan 3.19,20).

34. Véase la Nota adicional "El significado de 'el mundo'" en página 102.

resurrección o un revivir 'de' (*ek*) la muerte espiritual 'a' (*eis*) la vida eterna (ver Juan 5.24). En el Nuevo Testamento se da gran énfasis al amor como la virtud preeminentemente cristiana, primer fruto del Espíritu (Gálatas 5.22), señal de la realidad de la fe (Gálatas 5.6) y la mayor de las tres gracias constantes, la que nunca termina y sin la cual no somos 'nada' (1 Corintios 13.2,8,13). El amor es la prueba más segura de que tenemos vida, así como ya se ha mostrado que es la prueba de que estamos en la luz (2.10). También lo contrario es cierto: **El que no ama, permanece en la muerte**, así como está 'en tinieblas' (2.9,11). En el vocabulario de Juan, amor, luz y vida son inseparables, así como lo son odio, oscuridad y muerte. Es notable, sin embargo, que la prueba precisa que da de la vida es **que amamos a nuestros hermanos**, así como las personas a quienes el mundo aborrece son los 'hermanos míos' (v. 13).

Es apropiado que Juan se aparte de su costumbre normal de llamar a sus lectores 'amados' o 'hijitos' y se dirija a ellos, únicamente aquí, como 'hermanos' (2.7 debiera leer 'amados'). No es precisamente el odio, sino el odio a los cristianos, lo que revela las verdaderas intenciones del mundo, porque en su persecución de la Iglesia se oculta su antagonismo a Cristo. '¿Por qué me persigues?'. En forma similar, la vida eterna se evidencia no solo en un amor general por la humanidad (aunque se evidencia de esta manera), sino en un amor particular por los hermanos. Los verdaderos cristianos, que han **pasado de la muerte a la vida**, tendrán hambre de comunión cristiana. No olvidarán el congregarse (Hechos 10.25), sino que se deleitarán reuniéndose, adorando y orando juntos, y conversando entre ellos de temas espirituales, mientras que sus relaciones personales unos con otros estarán marcadas por un amor abnegado y sincero.

> **3.15Todo el que odia a su hermano es un asesino, y ustedes saben que en ningún asesino permanece la vida eterna.**

Juan prueba ahora su afirmación de que la falta de amor es evidencia de muerte espiritual. No es que niegue la posibilidad de que un homicida se arrepienta y sea perdonado (Jesús oró que fueran perdonados sus asesinos). Más bien está estableciendo un principio general de que quitar la vida es perderla y que **en ningún asesino permanece la vida eterna,** como posesión presente y permanente. Si esto es así, y Juan lo acepta como axiomático, entonces es evidente que **el que**

odia a su hermano tampoco tiene vida eterna, porque aborrecer es ser **asesino**. Este es un eco fiel de la enseñanza de Jesús en el Sermón del Monte (véase Mateo 5.21s., y ver Mateo 5.27s.). Al equiparar al que odia con el que mata, Juan no está exagerando, 'porque a quien aborrecemos le deseamos que perezca' (Calvino). De modo, pues, que el odio es homicidio, y es verdad que **Todo el que odia a su hermano es un asesino.**

> **3.16** **En esto conocemos lo que es el amor: en que Jesucristo entregó su vida por nosotros. Así también nosotros debemos entregar la vida por nuestros hermanos.**

Habiendo mostrado que el amor es evidencia de vida, pasa a explicar que la esencia del amor es el sacrificio propio, que se ha manifestado perfectamente en Cristo y debiera caracterizar también las vidas de los cristianos. El odio es negativo, busca el perjuicio del otro, y lleva a proceder contra él, aun al punto de matarlo ('Caín atacó a su hermano [Abel] y lo mató', Génesis 4.8). El amor es positivo, busca el bien del otro, y lleva a proceder *en pro* de él, hasta el punto del sacrificio propio ('él puso su vida por nosotros', versículo 16). Juan está hablando del amor en general ('en esto conocemos lo que es el amor'), no del amor de Dios en particular. Está a punto de explicar precisamente cómo ha llegado el cristiano a conocer (*egnōkamen*, perfecto) el verdadero significado del amor. Es de esta manera: **Jesucristo** (otra vez el enfático *ekeinos*, refiriéndose a Cristo, desde luego) **entregó su vida por nosotros.** La expresión es peculiar de Juan (Juan 10.11,15,17,18; 13.37,38; 15.13). Parece implicar no tanto el entregar como el hacer a un lado algo como las ropas, 'el desnudarse de algo' (Westcott). Se la emplea, de hecho, en Juan 13.4 para indicar que Jesús se quitó el manto. Así como Caín ha sido presentado como el ejemplo supremo del odio, Cristo es presentado como el ejemplo supremo del amor. La vida de una persona es su posesión más preciosa. Despojarse de ella es por consiguiente el mayor pecado que podemos cometer contra ella, lo cual es presumiblemente el motivo para que la prohibición del homicidio sea el primer mandamiento de la segunda tabla de la Ley. Por la misma razón, el dar la propia vida en beneficio de otro es la mayor expresión posible de amor por él (ver Juan 15.13; Romanos 5.6–10). Este es, pues, el contraste final: el odio de Caín terminó en homicidio, el amor de Cristo en autosacrificio. En realidad, el verdadero amor, *agapē*, es autosacrificio. 'Amor es el impulso de dar' (Law).

Pero este autosacrificio no es simplemente una revelación de amor que debe ser admirada; es un ejemplo que debe ser imitado. **Nosotros debemos** (es decir, debemos estar dispuestos a) **entregar la vida por nuestros hermanos**, o nuestra pretensión de amarlos es una jactancia hueca. 'Debemos' hacer esto, como una definida obligación cristiana, porque pertenecemos a Cristo, así como 'debemos' seguir su ejemplo en todo y andar como él anduvo (2.6), y así como, si el amor de Dios por nosotros es tan grande, 'debemos' amarnos unos a otros (4.11). En cuanto a la cruz como ejemplo de humildad y paciencia, véase Filipenses 2.5–8 y 1 Pedro 2.19–23 respectivamente.

> **3.17** **Si alguien que posee bienes materiales ve que su hermano está pasando necesidad, y no tiene compasión de él, ¿cómo se puede decir que el amor de Dios habita en él?**

Pero el verdadero amor no se revela solamente en el supremo sacrificio: se expresa en todos los dones menores. No muchos de nosotros estamos llamados a poner nuestra vida en algún hecho de heroísmo, pero constantemente tenemos la oportunidad mucho más prosaica de compartir nuestras posesiones con los necesitados (ver Santiago 2.15,16). El amor es 'la disposición a entregar aquello que tiene valor para nuestra vida, para enriquecer la vida de otro' (Dodd). La transición del plural (*los hermanos*, versículo 16) al singular (**su hermano**, versículo 17) es deliberada y significativa. 'Es más fácil ser entusiasta de la Humanidad, con 'H' mayúscula, que amar a los hombres y mujeres individualmente, especialmente a los que carecen de interés, nos exasperan, son depravados o inatractivos en alguna otra forma. El amar a todos en general puede ser una excusa para no amar a nadie en particular' (Lewis). Así, pues, Juan escribe que **si alguien que posee bienes materiales ve que su hermano está pasando necesidad**, está en deuda con él. Dos factores lo colocan, como colocaron al Buen Samaritano, en una situación de responsabilidad ineludible. Primero, debe ver la necesidad del hermano, 'no echar simplemente una ojeada al pasar, sino ver, con suficiente detención como para apreciar y entender las circunstancias del caso' (Brooke). En segundo lugar, él mismo debe estar en mejor posición.

Si ve la necesidad de su hermano y tiene con qué remediarla, no puede permanecer indiferente.

Si no obstante 'cierra contra él su corazón' (en aquel entonces en lugar de 'corazón' se empleaba el término 'entrañas', VM), una cosa es segura: el amor del Señor no mora en él. Así como la vida no mora en el homicida (v. 15), el amor no mora en el avaro (v. 17). El genitivo puede ser objetivo, 'amor a Dios' (ver 2.5,15; 4.20); o puede ser definitivo y cualitativo, describiendo 'un amor como el de Dios', 'el amor divino'. Pero probablemente sea subjetivo y deba traducirse simplemente 'amor de Dios'. El amor del Señor se reveló históricamente en la muerte de Cristo (16; ver 4.9,10); pero 'habita', o debiera hacerlo, en nosotros. No debe ser entendido meramente como se mostró una vez en Cristo, sino como está continuamente activo en sus seguidores. Y la esencia de tal amor divino, sea en Cristo o en nosotros, es la costosa entrega de uno mismo, la dádiva de nuestro *bios* (17), que se traduce 'vida' en 2.16 (en la frase 'arrogancia de la vida') si no de nuestra *psyquē* física (versículo 16), es decir, de la vida misma.

> **3.18** **Queridos hijos, no amemos de palabra ni de labios para afuera, sino con hechos y de verdad.**

La última súplica de Juan en esta sección, dirigida tanto a sí mismo como a sus lectores, a quienes vuelve a llamar amorosamente **queridos hijos**, es un recordatorio de que las protestas de amor no son suficientes. Los hechos hablan más fuerte que las palabras. El amor no es esencialmente ni sentimiento ni palabras, sino hechos. En realidad, si nuestro amor ha de ser genuino (**de verdad**), inevitablemente será positivo y activo (**con hechos**). Puede ser útil resumir la enseñanza de este pasaje acerca del odio y amor. El odio caracteriza al mundo, cuyo prototipo es Caín. Tiene su origen en el diablo, termina en homicidio y es evidencia de muerte espiritual. El amor caracteriza a la Iglesia, cuyo prototipo es Cristo. Tiene su origen en Dios, termina en el sacrificio propio, y es evidencia de vida eterna.

c. Digresión acerca de la seguridad y el corazón que reprende | 1 Juan 3.19 – 24

El vínculo entre este nuevo párrafo y lo anterior parece ser la palabra 'verdad'. Juan ha acentuado la necesidad de amar 'de verdad' (v. 18) y pasa inmediatamente a indicar que así es como 'sabremos que somos de la verdad' (v. 19). La verdad solo puede caracterizar la conducta de aquellos cuyo mismo carácter tiene origen en la verdad, de modo que por nuestro amar a otros 'de verdad' sabremos que somos 'de la verdad'. Para la expresión 'ser de la verdad' véase Juan 18.37, RV.

Este párrafo empieza (v. 19) y termina (v. 24) con una sentencia introducida por las palabras 'en esto sabremos' o 'sabemos' (aunque en el versículo 19 el verbo está en futuro, *gnōsometha*, mientras en el versículo 24 está en presente, *ginōskomen*), y tiene que ver, como en toda la carta, con la doctrina de la seguridad.

1. El corazón que reprende, y cómo reafirma su seguridad | 3.19,20[35]

> [3.19]En esto sabremos que somos de la verdad,
> y nos sentiremos seguros delante de él.

Este notable párrafo acerca del corazón que reprende debe leerse dentro del contexto general de la enseñanza de la carta sobre la seguridad. Por más firmemente fundada que esté la seguridad del cristiano, a veces su corazón puede necesitar ser reafirmado. De hecho, el versículo 20: 'aunque nuestro corazón nos condene', pareciera sugerir que no se trata de una experiencia inusual o infrecuente el que la serena seguridad del cristiano sea perturbada. A veces, las acusaciones de nuestra 'conciencia' (*corazón,* como traduce correctamente la NVI) serán verdaderas acusaciones, y a veces serán falsas, inspiradas por 'el acusador de nuestros hermanos' (Apocalipsis 12.10). En cualquier caso, la voz interior no ha de derrotarnos. Más bien ha de hacernos sentir **seguros delante de él**, esto es, podremos hacerlo a la vista de Dios (las palabras '**delante de él**' son enfáticas).

Está implícito que solo seremos capaces de hacer esto si *conocemos que somos de la verdad.* Se trata del conocimiento de la mente por el cual pueden ser silenciadas las dudas del corazón. ¿Pero cómo podemos conocer esto? ¿Qué significa la expresión **en esto** con que comienza el versículo 19? Por lo general, en la carta esta frase se refiere a lo que sigue, pero aquí (como en 4.6) parece referirse al párrafo anterior sobre el amor. Es 'todo aquel que ama' que es 'nacido

35. Véase la Nota adicional 'La interpretación de 1 Juan 4.2' en página 159, sobre detalles lingüísticos y gramaticales.

de Dios y conoce a Dios' (4.7, RVR60). El amor es la prueba objetiva final de nuestra profesión de fe cristiana, porque el verdadero amor, en el sentido de autosacrificio, no es algo natural del hombre en su estado caído. Su existencia en cualquiera es evidencia del nuevo nacimiento y de la posesión del Espíritu (3.24; 4.12,13), y se muestra 'en los hechos'. 'Hay cosas reales que podemos señalar; no cosas que hemos afirmado, sentido o imaginado, o que nos hemos propuesto, sino cosas que hemos hecho' (Law). Si así amamos 'de verdad' (v. 18), podemos ciertamente tener plena seguridad en nuestros corazones. 'El fruto del amor es la confianza' (Westcott).

3.20 que aunque nuestro corazón nos condene, Dios es más grande que nuestro corazón y lo sabe todo.

No es fácil determinar la construcción gramatical de este versículo. Véase la Nota adicional 'El significado de 1 Juan 3.19,20' en la página 150. Probablemente, sea correcta la traducción de que aseguraremos nuestros corazones, **aunque nuestro corazón nos condene, Dios es más grande que nuestro corazón.** Hay, pues, tres personajes en este drama espiritual, tres interlocutores en este debate interior. Es una suerte de juicio, con nuestro corazón como acusador, nosotros como defensores y Dios como Juez (Law). **Aunque nuestro corazón nos condene,** nosotros, que somos distintos de nuestro corazón y por decirlo así, estamos fuera de él, debemos asegurar o reafirmar y pacificar los recelos de nuestro corazón. ¿Pero cómo? En parte, como ya hemos visto, porque 'sabremos que somos de la verdad' (v. 19), y en parte por el hecho de que **Dios es más grande que nuestro corazón y lo sabe todo.** Nuestra conciencia no es en modo alguno infalible; su condenación a menudo puede ser injusta. Podemos, por lo tanto, apelar de nuestra conciencia a Dios, que es mayor y sabe más. En realidad, él sabe todas las cosas, inclusive nuestros motivos secretos y nuestras resoluciones más íntimas y, está implícito, será más piadoso con nosotros que nuestra propia conciencia. Su omnisciencia debiera aliviarnos, no aterrorizarnos (ver Salmos 103.14; Juan 21.17). De modo, pues, que solo el conocimiento puede aquietar el corazón intranquilo; nuestro propio conocimiento de nuestro sincero amor por los demás y, sobre todo, el conocimiento que el Señor tiene de nuestros pensamientos y motivos. Más fuerte que cualquier droga tranquilizante es la confianza en nuestro omnisciente Dios.

Nota adicional:
El significado de 1 Juan 3.19,20

3.19 **En esto sabremos que somos de la verdad,**
y nos sentiremos seguros delante de él;
20 **que aunque nuestro corazón nos condene,**
Dios es más grande que nuestro corazón y lo sabe todo.

Este pasaje es un *locus vexatissimus* (Law). Su sentido general está claro, pero gramaticalmente es confuso, y las lecturas variantes evidencian la dificultad que, ya en los primeros tiempos, se hallaban en su interpretación. Los tres problemas principales tienen que ver con el significado, primero, del verbo *asegurar* (*peisomen*); segundo, de las dos cláusulas del versículo 20 que empiezan con *'oti* y, tercero, de que Dios es *más grande que nuestro corazón*.

1. *Peithen* significa por lo general 'convencer' o 'persuadir' (BJ, nota), y es seguido por una frase definiendo la verdad de la cual la persona ha de ser convencida o persuadida. Si este es el significado aquí, algunos han sugerido o agregan la oración 'que somos de la verdad' (así Plummer), que es forzada, o usar la segunda cláusula con *'oti*, 'convenceremos a nuestros corazones delante de él … de que más grande es Dios que nuestro corazón'. Pero esto no da un sentido satisfactorio, aunque la NEB parece adoptarlo. 'La conciencia de un sincero amor de los hermanos no proporciona la base de la convicción de la soberana grandeza de Dios' (Westcott).

El segundo significado de *peithein* es 'pacificar' (BJ, VM, 'tranquilizaremos'), aunque es raro, y solo aparece en el Nuevo Testamento en Mateo 28.14. Compárese 2 Macabeos 4.45. La RV95 ('aseguraremos') y la H–A ('haremos seguro') toman el verbo en este sentido. 'Aquietaremos y tranquilizaremos los temores y recelo de nuestros corazones' (Westcott).

2. ¿Cómo hemos de traducir las cláusulas *'oti*? El segundo *'oti* bien traducido es *pues*. La grandeza de Dios de este modo no es la verdad de la cual convencemos a nuestros corazones, sino la verdad por la cual los apaciguamos.

El primer *oti* podría significar también 'porque' en lugar de 'que'. En este caso las palabras 'aunque nuestro corazón nos condene' son una oración subordinada, casi entre paréntesis, y el segundo *oti* simplemente resume el primero. Pero esto es más bien forzado, y la oración entre paréntesis no es suficientemente larga como para justificar un *oti* que reasume lo anterior. En algunos manuscritos menores se lo omite. La alternativa es separar *o* y *ti*, palabras que agregándoles *ean* se convierten en una construcción que significa 'cuando quiera', 'donde quiera' (Westcott, Law) o 'en cuestiones en que' (NEB, mg.). Esta es la solución adoptada por la mayoría de los comentaristas modernos. Es satisfactoria porque preserva la antítesis entre el versículo 20 ('aunque nuestro corazón nos condene') y el 21 ('si el corazón no nos condena'), y tales antítesis son frecuentes en la carta (por ejemplo, 1.9,10; 2.10,11; 3.7,8; 4.2,3).

3. La tercera cuestión tiene que ver con la descripción de Dios como 'más grande que nuestro corazón'. ¿Se lo llama así porque es más misericordioso que nuestro corazón, o 'porque es más riguroso en sus juicios sobre nosotros?' (Ebrard). La interpretación de Alford puede tomarse como un ejemplo de esta última posición, la cual es adoptada por los primitivos comentaristas griegos y por los reformadores. Él traduce el segundo *oti* 'porque', pero considera la cláusula como elíptica y agrega delante de ella un verbo: 'si nuestro corazón nos reprende (es) porque Dios es más grande que nuestro corazón…'. La grandeza del Señor es considerada de este modo no como consuelo, sino como un desafío. Explica no por qué pacificamos nuestros corazones, sino por qué ellos nos reprenden y necesitamos, por lo tanto, pacificarlos. 'Nuestra conciencia es solo el débil eco de la voz de Dios, que conoce todas las cosas; si ella nos condena, ¿cuánto más Él?' (Alford). Ver 1 Corintios 4.3,4. La principal objeción a esta interpretación es que el propósito enfático de este párrafo es sanar la conciencia herida, no abrir más sus heridas, 'dar seguridad, y no infundir terror en sus corazones' (Brooke).

2. El corazón que no reprende, y sus bendiciones | 3.22–24

Juan se vuelve de la maldición de un corazón que nos reprende, y cómo apaciguarlo o reafirmarlo, a la bendición de un corazón que ha sido tranquilizado o que no condena. Esta bendición está no solo en sí misma, en la paz de una conciencia tranquila, sino en sus resultados, a saber, en una comunión con Dios libre y sin restricciones (*parrēsian*), por un lado, y por el otro, activamente buscada y experimentada (*pros ton Theon, hacia Dios*). Sobre *parresia* véase el comentario sobre 2.28. 'Aquí la idea es la de la osadía con que el Hijo aparece delante del Padre, y con que el acusado comparece ante el juez' (Westcott).

> **3.22y recibimos todo lo que le pedimos porque obedecemos sus mandamientos y hacemos lo que le agrada.**

La segunda bendición del corazón que no reprende es que tenemos confianza en que no solo tenemos acceso a Dios en oración (*pros ton Theon*) sino en recibir respuestas de él (*ap' autou*). La misma combinación de confianza y peticiones acordada se encuentra en 5.14, 15. Pero Juan no pretende implicar que Dios escucha y contesta nuestras oraciones meramente por la razón subjetiva de que tenemos una conciencia limpia y un corazón que no nos reprende. Hay una razón objetiva, moral, a saber: **porque obedecemos sus mandamientos y hacemos lo que le agrada**. La obediencia es la condición indispensable, no la causa meritoria, de las oraciones respondidas. **Recibimos todo lo que le pedimos**, es una descripción de la experiencia habitual del cristiano (los verbos están en tiempo presente), y Candlish tiene razón cuando señala al Hijo encarnado como el ejemplo supremo de agradar a Dios y ser oído por él (Juan 8.29; 11.41,42). La declaración es un eco de la promesa de nuestro Señor, donde aparecen las mismas palabras: 'Pidan, y se les dará ... Porque todo aquel que pide, recibe' (Mateo 7.7,8).

Esta sencilla y terminante promesa debe, desde luego, ser interpretada a la luz de las condiciones en que, en otras partes de la Escritura, Dios promete conceder las peticiones de los suyos. Para que en una oración sea contestada debe ser 'conforme a su voluntad' (5.14; ver Salmos 37.4; Juan 15.7). Probablemente esté acertado Law al decir que 'guardar sus mandamientos' es la condición para ser oídos, simplemente porque tal obediencia es la evidencia de que 'nuestra voluntad está en íntima armonía con la de Dios': Debemos orar también en el nombre de Cristo (Juan 16.23,24) y para la gloria de Dios (Santiago 4.2,3), mientras que el peticionante debe estar limpio de sus pecados (Salmos 66.18; Proverbios 15.29; Isaías 59.1,2; Santiago 5.16), perdonado y perdonando él a otros (Marcos 11.25), creer las promesas del Señor (Mateo 21.22; Marcos 11.24; ver Santiago 1.5–7) y obedecer sus mandamientos. Sobre el concepto de agradar a Dios ver Juan 8.29; 2 Corintios 5.9; Efesios 5.10; Colosenses 1.10; 3.20; 1 Tesalonicenses 4.1; Hechos 13.21.

> **3.23Y este es su mandamiento: que creamos en el nombre de su Hijo Jesucristo, y que nos amemos los unos a los otros, pues así lo ha dispuesto.**

¿Y cuáles son los mandamientos del Señor que debemos obedecer si queremos recibir lo que pedimos? Fundamentalmente, hay un solo **mandamiento** (la palabra es singular), que abarca la fe en Cristo y el amor de los unos por los otros. La fe que se ordena se expresa de diversas maneras en estas cartas. Es simplemente 'confesar' a Cristo (4.3), creer y reconocer que: 'Jesús es el Cristo' (2.22; 5.1; ver 2 Juan 9) o 'el hijo' (2.23) o, más elaboradamente, creer que 'Jesús es el Hijo de Dios' (4.15; 5.5), y que 'Jesucristo ha venido en cuerpo humano' (4.2; 2 Juan 7). Pero aquí se da en pleno la confesión, a saber, creer **en** (aunque en el original no existe la preposición como la hay en 5.13; se usa el simple dativo) **el nombre**, la Persona revelada, **de su hijo Jesucristo**. Esto es, Jesús de Nazaret, la Persona histórica, debe ser identificado con el Cristo, el Hijo de Dios. Se le da su título completo también en 1.3 y 5.20.

La segunda parte del mandamiento es que **y que nos amemos los unos a los otros, pues así lo ha dispuesto**, donde probablemente se hace referencia a Cristo y al mandamiento que dio, el de Juan 13.34 y 15.12,17. El amor recíproco ya ha sido mencionado como un mandamiento en 2.7,8 (ver 2 Juan 6), pero aquí por primera vez se unen la fe y el amor (ver Gálatas 5.6). Ambos son la voluntad de Dios, y ambos son ordenados por él. En el original griego, hay una diferencia significativa en los tiempos de los dos verbos, creer y amar, que en ninguna traducción al español se ve con claridad. Y es que cuando Juan habla de 'creer' hace referencia a algo ya determinado, considera la fe en Cristo como un acto decisivo (suponiendo que *pisteusōmen* es la lectura correcta); cuando habla de 'amar' se refiere a algo que se realiza de manera continua, trata el amor a los hermanos como una actitud continua[36]. Ambos son pruebas de la genuinidad del cristiano. En 3.10 Juan ha vinculado la práctica de la justicia con el amor fraternal. Aquí vincula el amor con la fe en Cristo, y en el versículo siguiente completa el trío agregando una obediencia general a los mandamientos de Dios, a la que se ha referido también en el versículo 22.

> **3.24El que obedece sus mandamientos permanece en Dios, y Dios en él. ¿Cómo sabemos que él permanece en nosotros? Por el Espíritu que nos dio.**

El concepto de la mutua permanencia, mencionada aquí por primera vez en esta carta, nosotros en Dios y él en nosotros, se deriva en último término de la alegoría de nuestro Señor, de la vid y las ramas (Juan 15.1ss.). Allí Cristo, quien habita en los suyos y ellos en él. Aquí, si podemos juzgar por el uso del pronombre *él* en los versículos 22 y 23, es 'Dios' quien habita en nosotros, como en 4.12, y nosotros en él. La diferencia hubiera carecido de importancia para Juan, sin embargo, porque en Juan 17.21 Jesús ruega que 'ellos también estén *en nosotros*' (ver Juan 14.23: '*vendremos* a él, y *haremos* morada con él', RV). Tanto aquí como en Juan 15 (versículo 10) la condición de la permanencia es la obediencia; aunque la obediencia es también resultado y evidencia de la permanencia. Ver 2.3–6 para una exposición de la misma verdad.

Con este versículo Juan une los diversos hilos que ha estado desarrollando separadamente en estos tres primeros capítulos de su carta. Nadie puede osar afirmar que permanece en Cristo y Cristo en él, a no ser que obedezca los tres mandamientos fundamentales que Juan ha estado exponiendo, que son: la fe en Cristo, el amor por los hermanos y la rectitud moral. 'Permanecer en Cristo' no es una experiencia mística que cualquiera puede simular tener; sus acompañamientos indispensables son la confesión de Jesús como el Hijo de Dios venido en la carne, y una vida consecuente de santidad y amor. **¿Cómo sabemos que él permanece en nosotros? Por el Espíritu que nos dio** (*edōken*) al principio de nuestra vida cristiana. A primera vista pareciera que esta referencia al Espíritu Santo en nosotros introdujera un criterio

---

36. N. del E. Una traducción literal de este fragmento podría ser: '… *creamos* al nombre del Hijo y *estemos amando* unos a otros…'.

subjetivo de seguridad (como Romanos 8.15,16) que no coincide con lo que ha expresado anteriormente. Pero no es así. El Espíritu, cuya presencia es la prueba de que Cristo permanece en nosotros, se manifiesta objetivamente en nuestra vida y conducta. Él es quien nos inspira la confesión de que Jesús es el Cristo venido en carne, como Juan procede a mostrar inmediatamente (4.1ss.; ver 2.20,27). También es él quien nos da poder para vivir rectamente y amar a los hermanos (ver 4.13; Gálatas 5.16,22). Así, pues, si queremos asegurar nuestros corazones cuando nos acusan y condenan, debemos buscar evidencias de la obra del Espíritu, y particularmente si nos está capacitando para creer en Cristo, obedecer los mandamientos de Dios y amar a los hermanos; porque la condición de la permanencia es esta obediencia comprensiva (24a), y la evidencia de la permanencia es el don del Espíritu (24b).

d. Una elaboración de la prueba doctrinal: el creer | 4.1–6

El trasfondo de estos versículos, como de 1 Corintios 12 y 14, es una situación en la cual prevalecían fenómenos sobrenaturales tales como la 'profecía' y las 'lenguas'. Las almas sencillas eran (y aún lo son) tan impresionadas por esas manifestaciones, que se ofuscaban. El tiempo presente de 'no crean a cualquiera que pretenda estar inspirado por el Espíritu' (v. 1) indica que los lectores de Juan estaban inclinados a aceptar indiscriminadamente toda enseñanza que pareciera ser dada por inspiración. Necesitaban que se les mostrara que 'identificar lo sobrenatural con lo divino es un error peligroso' (Findlay). Lo que a Juan le interesaba era que probaran no tanto el *carácter* de una expresión inspirada, si era genuina o espuria, como su *origen*, si era diabólica o divina. Esta necesidad de evaluación crítica de los maestros religiosos se ha sentido siempre. La prueba que nuestro Señor dio era moral: 'Por sus frutos los conocerán'. Juan también aplica pruebas morales: la justicia (3.10) y el amor (4.8); pero hay también pruebas teológicas (como en Deuteronomio 13.1–5 y Jeremías 23.9ss.). En 3.23 Juan ha unido bajo un mismo mandamiento divino el deber de amarnos unos a otros, que había sido su tema principal durante la última parte del capítulo, con el deber de creer en el nombre del Hijo de Dios, Jesucristo. Ahora retoma y desarrolla más esta creencia cristiana central como una prueba del verdadero cristiano y el verdadero profeta. La prueba se aplica de dos maneras, primero con referencia a los maestros y, segundo, con referencia a los oyentes. 'En esto pueden discernir' (v. 2), dice, e indica que el contenido de la enseñanza es una prueba decisiva. 'Así distinguimos' (6b), vuelve a decir al final del párrafo, mostrando que el carácter del auditorio es una prueba casi igualmente reveladora.

1. Contenido de la enseñanza | 4.1–3

> **4.1 Queridos hermanos, no crean a cualquiera que pretenda estar inspirado por el Espíritu, sino sométanlo a prueba para ver si es de Dios, porque han salido por el mundo muchos falsos profetas.**

Dios nos ha dado su Espíritu (3.24), pero hay otros espíritus activos en el mundo. Es importante observar que el mandamiento de creer en el nombre del Hijo de Dios, Jesucristo (3.23), va seguido por una prohibición: 'no crean a cualquiera que pretenda estar inspirado por el Espíritu', así como el mandamiento de amar (2.7,8) iba seguido por la prohibición 'No amen al mundo ni nada de lo que hay en él' (2.15). Ni la fe cristiana ni el amor cristiano son indiscriminados. En particular, la fe cristiana no ha de confundirse con credulidad. La verdadera fe examina su objeto antes de poner su confianza en él. Así, pues, Juan les dice a sus lectores que lo sometan **a prueba para ver si es de Dios.** Los está instando a aplicar una prueba a todos los maestros humanos que pretendan hablar por inspiración espiritual. Bien entendido, un profeta es el vocero de algún espíritu. Los verdaderos profetas son voceros del 'Espíritu de Dios' (v. 2), que en el versículo 6 es llamado 'el Espíritu de la verdad'; los falsos profetas son voceros del 'espíritu del engaño' (v. 6b) o del 'espíritu del anticristo' (v. 3) y por lo tanto son 'profetas falsamente inspirados' (NEB). Así, pues, detrás de cada profeta hay un espíritu, y detrás de cada espíritu están Dios o el diablo. Antes de poder confiar en cualquier espíritu, debemos probarlo para ver **si es de Dios.** Su origen es lo que importa. Podemos notar el mandamiento similar que da Pablo en 1 Tesalonicenses 5.19–22. Las cartas de Pablo y Juan daban por sentado que aun el más humilde de los cristianos poseía 'el derecho de juicio privado', como insistieron con razón los reformadores, y podía y debía aplicar la prueba objetiva que Juan está a punto de indicar en el versículo siguiente.

Ahora se da la razón por la cual deben ser probados los espíritus. Puede tratarse de una referencia general a falsos maestros que se lanzaban a una expedición misionera o, más particularmente, a los 'muchos anticristos' descritos en 2.18,19 que habían sido miembros de la iglesia pero ahora la habían abandonado. Westcott piensa que es una alusión a 'la gran escisión del seudocristianismo gentil que se conoce vagamente como gnosticismo'. Jesús advirtió a sus discípulos contra los falsos profetas (Mateo 7.15; Marcos 13.22,23). Lo mismo hicieron Pablo (Hechos 20.28–30) y Pedro (2 Pedro 2.1). Todavía hoy hay muchas voces que reclaman nuestra atención, y muchos cultos que ganan un amplio apoyo popular. Algunos de ellos pretenden tener alguna revelación o inspiración especiales para autenticar sus doctrinas particulares. Hay entre los cristianos una urgente necesidad de discernimiento. A menudo somos demasiado crédulos, y mostramos una ingenua disposición a aceptar mensajes y enseñanzas que pretenden proceder del mundo del espíritu. Existe, sin embargo, tal cosa como una equivocada caridad y tolerancia hacia la falsa doctrina. La incredulidad (**no crean a cualquiera que pretenda estar inspirado por el Espíritu**) puede ser una señal de madurez espiritual tanto como la creencia. Necesitamos mantener el equilibrio bíblico, evitando por un lado la superstición extrema que cree cualquier cosa, y por el otro la suspicacia extrema que no cree nada.

> [4.2]**En esto pueden discernir quién tiene el Espíritu de Dios:**
> **todo profeta que reconoce que Jesucristo ha venido**
> **en cuerpo humano es de Dios.**

Del mandamiento de probar y la necesidad de la prueba Juan pasa ahora a la manera de hacerlo. **En esto pueden discernir quién tiene el Espíritu de Dios.**[37] El origen del espíritu inspirador, dice, puede discernirse por la enseñanza del profeta a través del cual habla: **todo profeta que reconoce que Jesucristo ha venido en cuerpo humano,**

---

37. El verbo en griego (*ginōskere*) puede ser imperativo o indicativo. En favor del imperativo algunos comentaristas han sostenido que Juan está agregando a los dos mandamientos del versículo 1 de no creer en todos los espíritus sino probarlos, el nuevo precepto de reconocer al Espíritu de Dios. Sin embargo, ya que cada vez que en la carta aparece la frase *en esto conocemos* (aunque en primera persona, mientras que aquí está en segunda) va seguida por un verbo en indicativo, aquí también parece preferible el indicativo. Juan está haciendo una declaración, no emitiendo un mandamiento.

es de Dios. Esta confesión no solo significa el reconocimiento de la identidad de Jesús, sino una 'franca y osada' (Westcott) profesión de fe en él como el Señor encarnado. Aun los espíritus malos e inmundos reconocieron la deidad de Jesús durante su ministerio (por ejemplo, Marcos 1.24; 3.11; 5.7,8; ver Hechos 19.15). Pero aunque lo conocían, no lo reconocían o 'confesaban'. El Espíritu de Dios, por otro lado, siempre honra al Hijo de Dios. Jesús enseñó que el ministerio particular del Espíritu Santo es testificar de él y glorificarlo (Juan 15.26; 16.13–15; ver también 1 Corintios 12.3). Aquí testifica de la encarnación. Es comprensible que el mismo Espíritu mediante el cual tuvo lugar la concepción milagrosa (Mateo 1.20; Lucas 1.35), diera fiel testimonio de ella. Las palabras precisas que Juan emplea como la fórmula de prueba deben ser observadas cuidadosamente. Es probable que la frase debiera decir: 'que reconoce que Jesús es el Cristo venido en cuerpo humano'. [38] La confesión es que el hombre Jesús de Nazaret es nada menos que el Cristo o el Hijo encarnado, que es la doctrina que negaban Cerinto y sus discípulos. El tiempo perfecto **ha venido** (*elēluthota*) comparado con el tiempo presente de 2 Juan 7 (*ercomenon*), parece subrayar el hecho de que la carne asumida por el Hijo de Dios en la encarnación ha llegado a ser su posesión permanente. Lejos de descender sobre Jesús en el bautismo y abandonarlo antes de la crucifixión, el Cristo vino realmente en la carne y nunca la ha abandonado. Tal confesión de fe es suficiente para mostrar que el espíritu inspirador es de Dios. La doctrina cristiana fundamental que nunca puede ser objeto de componenda alguna es la de la Persona divino–humana, eterna de Jesucristo, el Hijo de Dios.

> **4.3** **todo profeta que no reconoce a Jesús no es de Dios, sino del anticristo. Ustedes han oído que este viene; en efecto, ya está en el mundo.**

También es verdad lo contrario: 'y todo espíritu que no confiesa que Jesucristo ha venido en carne, no es de Dios' (RV95). Los mejores manuscritos omiten las palabras *Cristo ha venido en carne*. No son necesarias. Confesar a Jesús, en la mente de Juan, solo puede significar una cosa, a saber, confesarlo como el Cristo venido en carne. Negar

---

38. Véase la Nota adicional 'La interpretación de 1 Juan 4.2' página 159 para conocer más sobre el significado de este versículo.

esto, cualquiera sea la pretensión de inspiración que pueda acompañar a la negación, es revelar no solo la ausencia de origen divino, sino también la operación del **anticristo**, del cual los lectores de Juan **han oído** (indudablemente de él mismo en sus anteriores enseñanzas) **que … viene** (*erquetai*, como en 2.18). Así como el verdadero Cristo había venido en carne, el falso Cristo, el *anticristo*, imitando al verdadero, también había venido, **en efecto, ya está en el mundo.** Juan ha dicho lo mismo en 2.18,22, aunque lo que aquí llama el **anticristo** allá se dice más explícitamente que está encarnado en muchos *anticristos*, es decir, falsos profetas, que han salido. Ver 2 Tesalonicenses 2.3–8, donde, aunque aún se ha de revelar 'el hombre de maldad', el 'misterio de la maldad' ya está obrando, aunque restringido.

Comparando los dos pasajes, 2.18–23 y 4.1–3, es instructivo observar la diferencia de énfasis. En el capítulo 2 Juan enseña que de nuestra confesión o negación del Hijo depende que poseamos o no al Padre, mientras que en el capítulo 4 dice que de nuestra confesión o negación del hijo depende que seamos o no inspirados por el Espíritu. La Persona de Cristo es central. No puede ser tolerado ningún sistema, no importa cuán fuertemente exprese sus pretensiones o cuán eruditos sean sus adherentes, si niega que Jesús es el Cristo venido en cuerpo humano, esto es, si niega o su eterna deidad o su humanidad histórica. Sus maestros son falsos profetas y su origen es el espíritu del anticristo. Aquellos que niegan al Hijo no tienen ni al Padre ni al Espíritu.

Nota adicional:
La interpretación de 1 Juan 4.2

> **[4.2]En esto pueden discernir quién tiene el Espíritu de Dios: todo profeta que reconoce que Jesucristo ha venido en cuerpo humano es de Dios.**

Brooke señala que cuando el verbo *'omologein,* 'reconocer', va seguido por un acusativo, este último puede ser simple o doble. El acusativo simple ocurre en 2.23 y 4.3, reconocer 'al Hijo' y reconocer a 'Jesús', y el doble en Juan 9.22, 'reconocerlo' (es decir, a Jesús) como 'Cristo' ¿De cuál se trata aquí (y en 2 Juan 7)? Brooke prefiere considerar 'Jesucristo ha venido en cuerpo humano' como un acusativo simple, compresivo, y piensa que esta es la 'construcción más simple', Otros comentaristas, correctamente, han buscado un acusativo doble: bien 'Jesucristo' como 'venido en cuerpo humano' o bien 'Jesús' como 'Cristo venido en cuerpo humano'. El primero es improbable. Juan emplea el nombre combinado 'Jesucristo' (1.3; 2.1; 3.23; 5.20), pero hablar de 'Jesucristo' como 'venido en carne' sería un extraño 'anacronismo teológico' (Findlay), puesto que no ocurrió hasta *después* de la encarnación que fue llamado 'Jesús'. Es mejor, por lo tanto, adoptar el alternativo acusativo doble, confesar a 'Jesús' como 'el Cristo venido en cuerpo humano', 'el Cristo encarnado' (Moffatt). Esto concuerda tanto con el uso del nombre 'Jesús' solo en los mejores manuscritos del versículo 3, y con lo que se conoce de las opiniones de los herejes. Estos enseñaban que el Cristo, un eón divino, había descendido sobre el hombre Jesús en su bautismo, retirándose de él antes de su muerte. Juan repudia esta doctrina. No era que el Cristo hubiera venido 'al' cuerpo humano de Jesús, sino que Jesús era el Cristo venido 'en' el cuerpo humano. Los dos deben ser identificados. 'La declaración, simple como es, es de exquisita precisión' (Law).

Esta interpretación concuerda también con la interesante variante del versículo 3, que en lugar de *mē 'omologei* (*no reconoce*) tiene el verbo *luei*. Este puede traducirse 'destruye', 'deshace' (como en 3.8) o 'desata'. Su atestación, que es limitada, está resumida en pleno por Brooke (pp. 111–114). Se encuentra en la Vulgata como 'solvit' y en otras versiones latinas, en las traducciones latinas de Ireneo y Orígenes, y en Tertuliano y Agustín. La RV60 lo preserva en el margen como 'anula'. Indudablemente se trata de una antigua glosa de escribas, y no es auténtica; pero es significativa porque muestra que 'no reconocer a Jesús' era considerado como 'desatarlo', es decir, 'separar' a Jesús del Cristo en lugar de identificarlos. Más tarde el verbo *luein* llegó a ser empleado casi técnicamente para la herejía gnóstica que 'separaba' a Jesús del Cristo; y esta lectura variante se empleó como argumento contra la herejía nestoriana.

2. El carácter del auditorio | 4.4–6

Ahora Juan se vuelve de la consideración de los maestros y su mensaje, al examen del auditorio que los escucha. En el texto griego cada uno de estos tres versículos (4, 5 y 6) empieza con un pronombre personal enfático: ustedes (4, *'umeis*), refiriéndose a los falsos maestros, y *nosotros* (6, *'ēmeis*) refiriéndose a él mismo como representante de los apóstoles autoritativos. Véase la introducción, página 27.

> **4.4Ustedes, queridos hijos, son de Dios y han vencido a esos falsos profetas, porque el que está en ustedes es más poderoso que el que está en el mundo.**

Ustedes, queridos hijos, son de Dios, dice (como lo es 'todo profeta que reconoce que Jesucristo ha venido en cuerpo humano', versículo 2), **y han vencido a esos falsos profetas.** Esta 'victoria' no es tanto moral (como en 2.13,14, donde aparece la misma palabra) como intelectual. Los falsos maestros no han logrado engañarlos. No han sucumbido a sus cortejos ni creído sus mentiras. De ahí que, indudablemente, ellos 'se vieron obligados a marcharse' (Ebrard), como lo declara 2.19. Y la causa de vuestra victoria no es difícil de hallar. **El que está en ustedes** probablemente sea el 'Espíritu de verdad' (v. 6), 'la unción' que 'permanece en vosotros' (2.20, 27), mientras que **el que está en el mundo** es el diablo, el espíritu de error (v. 6). Podemos dar gracias a Dios porque, aunque el espíritu malo es de veras 'grande' (está implícito), el Espíritu Santo es **más poderoso**, y por su iluminación podemos estar seguros nosotros también de vencer toda falsa enseñanza. Aquí, como en 2.18–27, la protección contra el error o la victoria sobre él se atribuyen tanto a una norma objetiva de doctrina como a la iluminación de Espíritu que alumbra nuestras mentes para captarla y aplicarla, porque 'a no ser que esté presente el Espíritu de sabiduría, poco o nada aprovecha tener la Palabra de Dios en nuestras manos' (Calvino).

> **4.5Ellos son del mundo; por eso hablan desde el punto de vista del mundo, y el mundo los escucha.**
> **6Nosotros somos de Dios, y todo el que conoce a Dios nos escucha; pero el que no es de Dios no nos escucha. Así distinguimos entre el Espíritu de la verdad y el espíritu del engaño.**

Estos dos versículos son complementarios. En ellos Juan contrasta en forma notable no solo a los falsos profetas con los verdaderos apóstoles (**ellos** y **nosotros**), sino a los diferentes oyentes de unos y otros, a saber, **el mundo** y **el que no es de Dios**. El mundo reconoce a los suyos y escucha un mensaje que se origina en su propio círculo. Esto explica su popularidad. Pero **nosotros somos de Dios**. Esto no es lo mismo que el 'ustedes son de Dios' del versículo 4. Allí el autor declara el origen divino de sus lectores; aquí está particularizando. El **nosotros** de este versículo está en antítesis directa al **ellos** del versículo anterior, y si **ellos** significa los falsos maestros, el **nosotros** debe ser los verdaderos, a saber, los apóstoles. ¿Pero cómo se puede saber que **nosotros somos de Dios** y estamos enseñando la verdad? La respuesta de Juan es, en efecto, que se puede decir que nuestro mensaje es de Dios porque el pueblo de Dios lo escucha y lo recibe. Estas declaraciones suenan como el colmo de la arrogancia. Y lo serían si fueran emitidas por un cristiano individualmente. Ningún creyente en particular puede presumir de que 'quien conoce a Dios concuerda conmigo; solo los que no son de Dios están en desacuerdo'. Pero esto es lo que dice Juan. El hecho es que él no está hablando en su propio nombre, ni aun en el de la Iglesia, sino como uno de los apóstoles, que eran conscientes de la autoridad especial que les había sido conferida por Jesucristo. Adelanta un paso más el argumento de los tres primeros versículos. Allí la prueba de la doctrina era si esta reconocía la Persona divino–humana de Jesucristo; aquí la prueba es si es aceptada por los cristianos y rechazada por los no cristianos. Hay cierta afinidad entre la Palabra de Dios y su pueblo. Jesús había enseñado que sus ovejas oyen su voz (Juan 10.4,5,8,16,26,27), que todo aquel que es de la verdad escucha el testimonio que él da de la verdad (Juan 18.37), y que 'el que es de Dios escucha lo que Dios dice' (Juan 8.47). De la misma manera, Juan asevera que existe una correspondencia entre el mensaje y los oyentes; puesto que **somos de Dios** (v. 6) y *ustedes son de Dios* (v. 4), nos escuchan. El Espíritu que está en ustedes (v. 4) los capacita para discernir la propia voz de Dios hablándoles por medio de nosotros (v. 2). Así, pues, pueden reconocer la Palabra de Dios en que el pueblo de Dios la escucha, así como pueden reconocer al pueblo de Dios porque escucha su Palabra. Aquellos que no escuchan la enseñanza apostólica, sino que prefieren absorber las enseñanzas del mundo, no solo se juzgan a sí mismos, sino que por ello juzgan también al mensaje al cual no prestan atención.

Todo esto concuerda con el repetido énfasis de Juan en que la seguridad del error se ha de hallar en la lealtad a lo que sus lectores 'tenían' o 'habían oído' 'desde el principio' (2.7,24; 3.11; 2 Juan 5; 2 Juan 9). La frase **el que … nos escucha** no puede aplicarse a las tradiciones de la Iglesia (o del Papado) sin hacer violencia a la insistencia de Juan en esta carta sobre la primitiva doctrina apostólica, totalmente aparte de la cuestión histórica de si el consenso de la opinión cristiana ha sido un criterio de verdad aceptable. Tiene razón C. H. Dodd al decir que los profetas, representando la espontaneidad y la libertad, siempre estuvieron (y están) 'subordinados a los apóstoles' y su autoridad (pp. 103–106).

Así distinguimos entre el Espíritu de la verdad y el espíritu del engaño, concluye Juan. Podemos probar los espíritus, y 'llegar a saber' quién es quién (*ginōskomen*, tiempo presente), examinando no solo el mensaje que proclaman a través de sus instrumentos humanos, sino el carácter del auditorio que los escucha. Sobre el título **el Espíritu de verdad** aplicado al Espíritu Santo, véase Juan 14.17; 15.26; 16.13.

V. Tercera aplicación de las pruebas
1 Juan 4.7—5.5

a. Una nueva elaboración de la prueba social: el amor | 1 Juan 4.7–12

En 3.23 Juan resume el mandamiento de Dios en 'creer en Cristo y amarnos unos a otros'. En 4.1–6 ha desarrollado algunas de las implicaciones de creer en Cristo; y ahora se vuelve abruptamente al tema del amor mutuo. Esta es la tercera vez que en la carta recurre a la aplicación de la suprema prueba del amor. (Véase también 2.7–11 y 3.11–18). Cada vez la prueba es más severa. En esta tercera aplicación lo que le interesa al autor es relacionar el amor que debe haber en nosotros, no con la luz verdadera que ya está brillando (2.8,10), ni con la vida eterna de la cual es evidencia (3.14,15), sino con la naturaleza misma del Dios de amor y con su amorosa actividad en Cristo y en nosotros. 'Aquí la carta se eleva a la cima de toda la revelación' (Law).

El estribillo de este párrafo es el reflexivo *amémonos los unos a los otros*. Se repite tres veces: como una exhortación (7, 'amémonos los unos a los otros'), como la declaración de un deber (11, 'debemos … amarnos los unos a los otros…' ver 2.6; 3.16), y como una hipótesis (12, 'si nos amamos los unos a los otros…'). Lo que Juan se esfuerza por demostrar es la base de esta obligación imperativa. ¿Por qué es claramente deber de los cristianos amarse mutuamente? No se contenta con sus anteriores declaraciones de que el amor es parte del mandamiento, nuevo y antiguo (2.7–11), o de que el amor es evidencia de que estamos 'en la luz' y poseemos 'vida eterna' (3.11–18). Ahora elabora lo que ya ha empezado a decir en 3.16, que Dios se nos ha revelado en Jesucristo como amor que se sacrifica a sí mismo. Es porque Dios es amor en sí mismo (vv. 8,16), nos ha amado en Cristo (vv. 10,11) y continúa amando en y a través de nosotros (vv. 12,13), que debemos amarnos unos a otros.

> **4.7 Queridos hermanos, amémonos los unos a los otros, porque el amor viene de Dios, y todo el que ama ha nacido de él y lo conoce.**
> **8 El que no ama no conoce a Dios, porque Dios es amor.**

La primera parte del argumento en favor del amor fraternal está tomada de la naturaleza eterna del Señor. El versículo 7 comienza con una sorprendente asonancia: **Queridos ..., amémonos**, que es más vigorosa en las palabras griegas *agapētoi, agapōmen...* Aquí y en el versículo 11 (ver 2.7) el autor practica lo que predica. Al instar a sus lectores a amarse mutuamente, les asegura primero su propio amor hacia ellos. La primera razón por la que los cristianos deben amarse unos a otros se repite ahora dos veces; primero, **porque el amor viene de Dios** (v. 7) y, segundo, porque **Dios es amor** (v. 8). Porque el Señor es la fuente y origen (*ek*) del amor y todo amor verdadero se deriva de él, es lógico que **todo el que ama**, esto es, que ama a Dios o al hombre con esa abnegada devoción que únicamente es el amor verdadero según la enseñanza de Juan, **ha nacido de él, y lo conoce** (v. 7). Pero el Señor no solo es la fuente de todo verdadero amor; él es amor en lo más íntimo de su ser. Hay en el Nuevo Testamento otras tres declaraciones sobre lo que es Dios en sustancia y naturaleza: es 'espíritu' (Juan 4.24), 'luz' (1 Juan 1.5) y 'fuego consumidor' (Hebreos 12.29, de Deuteronomio 4.24). Los gnósticos creían y enseñaban que Dios era espíritu y luz inmateriales, pero no llegaban a la verdad de que él es amor. Es la más completa y sublime de todas las afirmaciones bíblicas sobre el Señor, y se la repite dos veces (vv. 8,16). No obstante, es importante mantener juntas estas afirmaciones acerca de Dios. Es verdad que las palabras **Dios es amor** significan, no que amar sea 'solamente una de las muchas actividades de Dios' (Alexander), sino más bien que '*toda* su actividad es una actividad amante' y que, por lo tanto, 'si juzga, juzga en amor' (Dodd). Pero si juzga en amor, también ama en justicia. El que es amor es también luz y fuego. Lejos de dejar pasar el pecado, su amor ha hallado la manera de exponerlo (porque él es luz) y de consumirlo (porque él es fuego) sin destruir al pecador, sino antes salvándolo.

De la verdad de que **Dios es amor** Juan extrae otra deducción más, esta vez no positiva e inclusiva como la del versículo 7, sino negativa y excluyente: **El que no ama no conoce a Dios**. El argumento es claro y terminante. Que el cristiano desprovisto de amor pretenda conocer al Señor y haber nacido de él, es como pretender tener intimidad con un extranjero cuyo idioma no podemos hablar, o haber nacido de padres a quienes no nos parecemos en ningún sentido. Es no manifestar la naturaleza de Aquel a quien pretendemos llamar Padre (**nacido de él** [Dios]) y Amigo (**conoce a Dios**). El amor es una señal de nuevo nacimiento, tanto como lo es la justicia (2.29).

Juan basa su segundo argumento (versículos 9–11) en favor del amor mutuo no en la naturaleza eterna del Señor, sino en su don histórico. El Dios que es amor (v. 8), 'nos amó' (v. 10) y expresó su amor enviando a su Hijo al mundo. Si bien el origen del amor está en el ser de Dios, la manifestación del amor está en la venida de Cristo. Y, escribe Juan, 'ya que Dios nos ha amado así, también nosotros debemos amarnos los unos a los otros' (v. 11). Esta vez la razón para que nos amemos mutuamente no es meramente la verdad abstracta de que Dios es amor, sino el hecho concreto de que nos amó de tal manera que envió a 'su Hijo unigénito al mundo' por nosotros (v. 9). Debiera agregarse que el concepto del 'envío' del Hijo de Dios (vv. 9,10,14) 'implica la doctrina de la preexistencia y la divinidad de Cristo' (Ebrad) así como la doctrina del amor de Dios. Juan está insinuando ya la relación orgánica entre sus pruebas doctrinal y social que ha de elaborar más adelante.

> **4.9** **Así manifestó Dios su amor entre nosotros: en que envió a su Hijo unigénito al mundo para que vivamos por medio de él.**
>
> **10** **En esto consiste el amor: no en que nosotros hayamos amado a Dios, sino en que él nos amó y envió a su Hijo para que fuera ofrecido como sacrificio por el perdón de nuestros pecados.**

Ha habido y hay muchas manifestaciones del amor de Dios. Se manifiesta sin duda constantemente en el cielo (aunque no a los ojos de los hombres) en las misteriosas relaciones entre las Personas de la Deidad. 'Hacia nosotros (*en 'ēmin,* 'entre nosotros'), sin embargo, el amor de Dios, que ya se había manifestado en elección, redención y protección de Israel, se ha dado a conocer preeminentemente en el don de su Hijo. Esto se expresa con énfasis dos veces en este párrafo (ver también los versículos 14, 16). El envío del Hijo de Dios fue a la vez la revelación del amor divino (**Así manifestó...** v. 9) y, sin duda alguna, la esencia misma del amor (**En esto consiste...**, v. 10). No es nuestro amor lo primordial, sino el del Señor (v. 10), libre, espontáneo y sin causa, y todo nuestro amor no es más que un reflejo del suyo y una respuesta a él.

La venida de Cristo es, por lo tanto, una revelación concreta, histórica del amor de Dios, porque el amor (*agapē*) es sacrificio propio, la búsqueda del bien positivo del otro a costa del propio, y nunca ha habido una entrega propia mayor que la del don del Hijo de Dios por su Padre, ni puede haberla. La manera en que Juan ve esto emerge del patrón similar de las tres declaraciones de los versículos 9, 10 y 14:

1. Todas ellas dicen que Dios envió a su Hijo, llamado ahora *el Hijo* (v. 14), *su Hijo* (v. 10), **su Hijo unigénito** (v. 9). 'Unigénito' (*monogenēs*) aparece esta única vez en las cartas de Juan, pero cuatro veces en el Evangelio (1.14, 18; 3.16, 18). La LXX usa a veces la palabra hebrea 'muy amado' (ver Marcos 1.11; 9.7; 12.6). Aplicado a Jesucristo, indica su unicidad; él es 'el Hijo' en un sentido absoluto. No es concebible un mayor don de Dios porque no era posible un don mayor. Este era el 'don inefable' del Señor (2 Corintios 9.15). Ver Juan 3.16; Romanos 8.32.

2. Está implícito, además, que el Padre envío a su Hijo a morir por nosotros. No es la encarnación, sino la expiación la manifestación preeminente del amor (ver 3.16). Es verdad que en estos versículos no se hace ninguna referencia explícita a la muerte del Hijo, pero es seguro que estaba en la mente de Juan, debido a su teología de la salvación. Para ser *el Salvador del mundo* (14) el Cordero de Dios llevó el pecado del mundo, (Juan 1.29; ver 1 Juan 3.5). **Para que vivamos por medio de él** (v. 9), él murió (Juan 3.14,15; 11.49–52; 12.24). **Para que fuera ofrecido como sacrificio por el perdón de nuestros pecados** (v. 10), derramó su sangre (1.7; 2.2, véanse los comentarios respectivos; ver Romanos 3.25).

3. La grandeza del amor del Señor, manifiesta en la naturaleza de su don y el propósito del mismo, se ve también en sus beneficiarios, porque él dio a su Hijo para que muriese por nosotros, indignos pecadores. Está claramente implícita la condición degradada a la que nos habían conducido nuestros pecados. Si necesitamos un Salvador (v. 10), porque de otro modo estamos 'muertos en sus transgresiones y pecados' (Efesios 2.1; ver 3.14) y bajo la santa ira y el juicio santo de Dios. Él nos amó y envió a su Hijo a rescatarnos, no porque seamos en ningún sentido dignos de amor, sino porque él es amor. La grandeza de su amor se ve en el costo de su sacrificio por quienes eran totalmente inmerecedores (ver Romanos 5.7,8). Imposible imaginar una manifestación más clara del amor de Dios.

4.11Queridos hermanos, ya que Dios nos ha amado así, también nosotros debemos amarnos los unos a los otros.

La deducción que Juan extrae de la manifestación histórica del amor del Señor en Cristo es diferente. El don del Hijo de Dios no solo nos asegura del amor de Dios por nosotros, sino que nos somete a una obligación. Nadie que haya acudido a la cruz y presenciado el inconmensurable e inmerecido amor allí desplegado, puede volver a una vida egoísta. De hecho, la implicación parece ser que **ya que Dios nos ha amado así, también nosotros,** —'así', de la misma manera y en un grado semejante de sacrificio propio— **amarnos unos a otros.** Ver 3.16, donde el deber del sacrificio del cristiano se deduce del sacrificio propio de Cristo.

4.12Nadie ha visto jamás a Dios, pero, si nos amamos los unos a los otros, Dios permanece entre nosotros, y entre nosotros su amor se ha manifestado plenamente.

El tercer argumento del autor para inculcar el deber del amor recíproco lleva a sus lectores a un paso más adelante. No hemos de pensar en el amor solo como la naturaleza del ser eterno del Señor y cómo se manifestó históricamente en el envío de su hijo al mundo. El Dios que es amor sigue amando, y hoy su amor se ve en nuestro amor. Así, pues, el tercer argumento de Juan se basa en la presente y continua actividad de amor del Señor. Su declaración inicial es indiscutible. Dios es espíritu (Juan 4.24) y es en sí mismo invisible (1 Timoteo 1.17; 6.16). Aunque fuera visible, ningún hombre podría verlo y vivir (Éxodo 33.20). De hecho, ningún hombre lo ha visto (ver el versículo 20). Las teofanías del Antiguo Testamento eran revelaciones de Dios bajo un disfraz humano; no eran visiones de Dios tal como él es en sí mismo (*Theon* sin el artículo). Su visión está aún en el futuro, cuando aparezca Cristo (3.2).

Es significativo que no es esta la única vez que aparece en la literatura juanina la frase: **Nadie ha visto jamás a Dios.** Se repite (casi con las mismas palabras) al final del prólogo del Evangelio (1.18). ¿Cómo se lo puede conocer, entonces? En el prólogo mencionado Juan continúa: 'el Hijo unigénito, que es Dios y que vive en unión íntima con el Padre, nos lo ha dado a conocer' (ver Colosenses 1.15). Pero aquí, para nuestro asombro y confusión, continúa: **si nos amamos los unos a los otros, Dios permanece entre nosotros, y entre nosotros su amor se ha manifestado plenamente.** Es decir, el Dios invisible, que una vez se reveló en su Hijo, ahora se revela en sus hijos, siempre y cuando estos se amen unos a otros. El amor del Señor se revela en el amor de sus hijos porque este es amor de Dios que les es impartido por su Espíritu (ver versículo 13). Las palabras no significan que cuando comenzamos a amar a Dios viene a morar en nosotros, sino lo contrario. Nuestro amor unos a otros es evidencia de la presencia del Señor en nosotros. Véase en 3.17 otra referencia al amor de Dios que mora en nosotros.

Juan va aún más allá. El amor cristiano recíproco no solo significa que el Señor mora en nosotros sino también que **su amor se ha manifestado plenamente.** Sería difícil exagerar la grandeza de esta concepción. Es tan osada que muchos comentaristas han sido reacios a aceptarla y han sugerido que el genitivo *autou* de **su amor** (*agapē autou*) no es de sujeto (el amor *de* Dios) sino de objeto ('nuestro amor a Dios'; ver 2.5) o definitivo ('amor *como de* Dios'). Pero todo el párrafo se refiere al amor del Señor, y no debemos vacilar ante la majestad de esta conclusión. Su amor, que tiene origen en él mismo (vv. 7,8) y se ha manifestado en su Hijo (vv. 9,10), se perfecciona en los suyos (v. 12). 'Ha llegado en nosotros a su plenitud' (BJ). El amor de Dios por nosotros solo se perfecciona cuando se reproduce en nosotros o (como puede significar) 'entre nosotros' en la comunidad cristiana. Estas son las tres verdades acerca del amor del Señor que Juan usa como motivaciones para el amor fraternal. Hemos de amarnos unos a otros, primero porque Dios es amor (vv. 8,9), segundo porque Dios nos amó (vv. 10, 11), y tercero porque si nos amamos unos a otros, él mora en nosotros y su amor se perfecciona en nosotros (v. 12).

b. Una combinación de las pruebas doctrinal y social | 1 Juan 4.13–21

Juan toma ahora las dos frases con que terminó el párrafo anterior: 'Dios permanece entre nosotros' y 'entre nosotros su amor se ha manifestado plenamente', y las elabora; la permanencia de Dios en los versículos 13 al 16 y el amor perfecto en los versículos 17 al 21.

1. La permanencia de Dios | 4.13–16

> **4.13** ¿Cómo sabemos que permanecemos en él,
> y que él permanece en nosotros?
> Porque nos ha dado de su Espíritu.

El nuevo párrafo comienza con el verbo **sabemos**, que también se puede traducir como 'conocemos' o 'estamos conociendo' ('La prueba de que...'). Las dos secciones anteriores han sido exhortaciones: una advertencia de no creer a todos los espíritus (1–6) y una apelación al amor mutuo (7–12). Ahora estas dos pruebas de creer y amar se aplican más personalmente, no ya como exhortaciones, sino como afirmaciones. Juan ha estado instando a la creencia y el amor, ahora los da por sentado y saca deducciones de ellos. Además, indica por primera vez la relación entre ellos. Este pasaje 'es la culminación del pensamiento de la carta' (Dodd). Que 'el Padre ha enviado al Hijo' no es solo la principal prueba de ortodoxia doctrinal, sino también la evidencia suprema del amor del Señor y la inspiración del nuestro. La deidad de Cristo, el amor de Dios por nosotros y nuestro amor por él y por el hombre son inseparables. La teología que despoja a Cristo de su divinidad, despoja a Dios de la gloria de su amor, y al hombre de la creencia que engendra un amor perfecto dentro de él. 'Debilitar la fe es amortiguar el amor' (Findlay). Además, la capacidad para creer y la capacidad para amar son atribuibles por igual al Espíritu Santo. Así, pues, como se ve, la creencia y el amor están relacionados en la misión del Hijo y en la permanencia del Espíritu en nosotros.

La permanencia de Dios se menciona tres veces en este párrafo, y lo que en el versículo 12 era singular ('Dios permanece en nosotros') ahora es recíproco ambas veces (versículo 13, *permanecemos en él, y él en nosotros;* versículo 15, 'Dios permanece en él, y él en Dios';

versículo 16, 'permanece en Dios, y Dios en él'). Además, cada vez que se describe la recíproca permanencia, se da evidencia de ella como sigue: versículo 13, **nos ha dado de su Espíritu;** versículo 15, 'si alguien reconoce que Jesús es el Hijo de Dios'; versículo 16, 'el que permanece en amor'.

De estas tres pruebas de la permanencia del Señor en nosotros, las dos últimas son desarrollo de la primera. Por el Espíritu es que llegamos a confesar la divinidad de Jesús (ver 4.1–3 y 1 Corintios 12.3), y por el mismo Espíritu somos capacitados para amar (versículo 12,13; ver 3.23,24). El hombre natural no puede ni creer ni amar. En su estado caído e irredento es ciego y egoísta. Solo por gracia del Espíritu Santo, que es el Espíritu de verdad y cuyo primer fruto es el amor (Gálatas 5.22), puede el hombre llegar a creer en Cristo y amar a otros. El énfasis sobre el Espíritu Santo es, de hecho, 'la *idea predominante* de esta sección' (Ebrard). Esta es, pues, la secuencia del pensamiento en este pasaje: conocemos que estamos en Dios y Dios en nosotros porque **nos ha dado de su Espíritu** (v. 13), y sabemos que nos ha dado de su Espíritu porque hemos llegado a confesar 'que Jesús es el Hijo de Dios' (v. 15), y porque hemos permanecido 'en amor' (v. 16).

Algunos comentaristas cometen el error de ver en este párrafo las condiciones para que permanezcamos en Dios y él en nosotros. La creencia y el amor no son las condiciones de la permanencia, sino las pruebas y evidencia de ella. Juan escribe 'en esto conocemos que permanecemos en él' (RV), no 'por esto permanecemos en él'. El tema de esta sección, y de toda la carta, es 'las bases de la seguridad' (Dodd).

4.14Y nosotros hemos visto y declaramos que el Padre envió a su Hijo para ser el Salvador del mundo.

La experiencia subjetiva del poder del Espíritu no ha de ser considerada aisladamente; es confirmación del hecho objetivo del advenimiento del Hijo a la Tierra. **Hemos visto**, dice Juan. Emplea las mismas palabras que en el versículo 12. Nadie ha visto a Dios mismo, pero hemos visto al Hijo que él envió. 'La palabra aquí debe referirse a la visión real de la vida de Jesús en la Tierra' (Brooke). Véase la Introducción, páginas 25 y siguientes. Porque hemos visto es que podemos testificar. La unidad de estos dos testimonios de la verdad está en el Padre, porque en estos versículos se hace referencia a las tres Personas de la Trinidad. El propósito de la gracia del Padre fue enviar a su Hijo al mundo como Salvador y enviar a su Espíritu a nuestros corazones como testigo (ver Gálatas 4.4–6). La certidumbre cristiana descansa a la vez sobre el hecho histórico objetivo de la misión del Hijo y sobre la experiencia íntima, subjetiva, del testimonio del Espíritu. Otra manera de decirlo es que hay dos testigos: los apóstoles (v. 14) y el Espíritu Santo (v. 13). Ver Juan 15.26,27 y Hechos 5.32. No debemos divorciar lo que Dios ha destinado a estar unido.

La afirmación directa de este versículo contiene una gran verdad cristiana. Aquí está la esencia del evangelio. El **mundo** significa la sociedad pecadora, alejada del Señor y bajo el dominio del malo (ver 5.19). Su necesidad urgente era ser rescatada del pecado y Satanás. Y **el Padre** 'tanto amó' al mundo (Juan 3.16) que **envió a su Hijo**, su amado Hijo unigénito, para ser nuestro **Salvador**. El tiempo perfecto del verbo (*apestalken*, 'ha enviado') señala no solo al acontecimiento histórico del envío, sino al propósito y el resultado del mismo, a saber, la salvación del mundo. Además, en esta exposición del evangelio están incluidas implícitamente las tres pruebas del apóstol: la doctrinal (el enviado del Padre fue el propio **Hijo**), la social (el amor de Dios se ve claramente en el envío de su Hijo, versículos 9, 10, 16, obligándonos así a amarnos unos a otros) y la ética (si Cristo vino a ser nuestro **Salvador**, debemos abandonar los pecados de los cuales él vino a salvarnos). Está claro, pues, que las pruebas de Juan no son arbitrarias. No ha hecho una selección al azar. Surgen inexorablemente de la revelación cristiana central. La misión de Cristo pone de manifiesto su Persona divina, el gran amor de Dios, y nuestro deber moral. Una vez captada la verdad del versículo 14, confesaremos a Cristo, nos amaremos unos a otros y guardaremos los mandamientos.

⁴·¹⁵Si alguien reconoce que Jesús es el Hijo de Dios,
   Dios permanece en él, y él en Dios.

De estas tres pruebas, la que ahora reclama el énfasis de Juan es la doctrinal (ver 2.23; 4.2). El tiempo aoristo (*omologēsē*) no puede ser traducido con precisión. Juan no se está refiriendo a una confesión futura ni a una confesión presente y continuada, sino a una sola confesión pública decisiva, en un momento no especificado. ¿Pero cómo llegan de esta manera los hombres a reconocer la divinidad de Jesús? El testimonio apostólico es necesario (v. 14) pero no compele al asentimiento. Es por el Espíritu de Dios que los hombres confiesan que Jesucristo es el Cristo venido en cuerpo humano (4.2). O, como expresa la misma verdad aquí, **Si alguien reconoce que Jesús es el Hijo de Dios** da con ello evidencia de que **Dios permanece en él, y él en Dios.** Como hemos señalado antes, el testimonio de los apóstoles debía ser suplementado por el testimonio del Espíritu (ver 5.7).

> **4.16** **Y nosotros hemos llegado a saber y creer que Dios nos ama. Dios es amor. El que permanece en amor, permanece en Dios, y Dios en él.**

La misión histórica de Jesús es evidencia tanto del amor del Padre como de la divinidad del Hijo. Nos dice no solo que Dios amó, sino que **Dios nos ama.** Sin embargo, una cosa es conocer y creer **que Dios nos ama** y que **Dios es amor**; y otra cosa es aprender a amar y permanecer nosotros mismos **en amor.** Pero debemos hacerlo, porque (como Juan lo ha explicado largamente en los versículos 7–12) el amor que está eternamente en el Señor y que se manifestó históricamente en Cristo ha de llegar a ser un placer para nosotros. La única manera de amar, así como la única manera de creer (v. 15) es permaneciendo en Dios y Dios en nosotros. El apóstol no quiere decir que la manera de llegar a permanecer en Dios y él en nosotros es confesar a Cristo como el Hijo de Dios (v. 15) y permanecer en amor (v. 16), sino lo contrario. Es la permanencia divina lo único que hace posible tanto el creer como el amar. Estos son sus frutos, y por consiguiente su evidencia: 'el que permanece en amor está (es decir, por ello se ve que está) permaneciendo en Dios' (NEB).

Hay, pues, en estos versículos un doble entrelazamiento de temas, primero de creer y amar (las pruebas doctrinal y social) y, segundo, de la misión del Hijo y el testimonio del Espíritu que hacen posibles ambas cosas. En el envío del Hijo hay evidencia histórica tanto de su divinidad (lo que *hemos visto, 14*) como del amor del Padre (lo que *hemos conocido y creído, 16*). Pero aun esta es insuficiente. Sin el Espíritu Santo nuestras mentes están a oscuras y nuestros corazones fríos. Solo el Espíritu Santo puede iluminar nuestras mentes para creer en Jesús y caldear nuestros corazones para amar al Señor y amarnos los unos a los otros. Así, pues, creer y amar son evidencias de que el Espíritu de Dios está obrando en nosotros.

2. El amor perfecto | 4.17–21

En el versículo 12 Juan ha declarado que si nos amamos unos a otros, Dios permanece en nosotros y su amor se ha perfeccionado en nosotros. En los versículos 13–16 se ha explayado sobre la permanencia divina; en los versículos 17–21 vuelve al tema del perfecto amor aunque lo que ahora le preocupa no es la perfección del amor del Señor en nosotros, sino la de nuestro amor a él. No es que Juan sugiera que algún cristiano tiene en esta vida un amor perfecto, sin falla alguna, sino más bien desarrollado y maduro, puesto definidamente en Dios.

> **4.17** **Ese amor se manifiesta plenamente entre nosotros para que en el día del juicio comparezcamos con toda confianza, porque en este mundo hemos vivido como vivió Jesús. En el amor no hay temor.**

Parrēsia, **confianza,** es una palabra característica de esta carta. El autor ya ha escrito acerca de la inalterable confianza que tendremos en la venida de Cristo si permanecemos en él ahora (2.28 y comentario), y sobre nuestra confianza presente delante de Dios en oración (3.21,22) que, como dice más adelante, es la seguridad no solo de tener acceso, sino de ser oídos y respondidos (5.14,15). Pero aquí vuelve al futuro, al **día del juicio** que seguirá al retorno del Señor. No hay evidencia de que Juan tenga una creencia fragmentaria ya sea en la Parusía o en el Día del Juicio. Este día será de vergüenza y terror para los impíos, pero no para el pueblo redimido de Dios. Nuestra confianza (como la obediencia en 2.5) es una señal de que **ese amor se manifiesta plenamente entre nosotros.** Se basa sobre el hecho de que **hemos vivido como vivió Jesús.** Jesús es el Hijo amado de Dios, en quien toma contentamiento; nosotros también somos hijos de Dios (ver 3.1) y objetos de su favor. Si él llamó y llama a Dios, 'Padre', también nosotros podemos hacerlo. Somos 'aceptos en el Amado' (Efesios 1.6, RV); podemos participar de su confianza en Dios.

> **4.18** **sino que el amor perfecto echa fuera el temor. El que teme espera el castigo, así que no ha sido perfeccionado en el amor.**

La misma verdad se expresa ahora negativamente. El amor que expresa confianza desvanece el temor. **El amor perfecto echa fuera**

el temor (es decir, temor servil). Son dos cosas incompatibles como el aceite y el agua. Podemos amar y reverenciar simultáneamente a Dios (ver Hechos 5.7), pero no podemos acercarnos a él en amor y ocultarnos de él por temor al mismo tiempo (ver Romanos 8.14,15; 2 Timoteo 1.7). De hecho, por amor a Dios se vence el falso temor servil a Dios. Lo 'lanza fuera de las puertas' (Law). Ahora se explica por qué no pueden existir simultáneamente el perfecto amor y el temor. *Castigo* es la traducción de *kolasis,* palabra que no solo aparece en el Nuevo Testamento otra vez, en Mateo 25.46. **Espera** (*equei,* 'tiene') puede significar 'tiene que ver con el castigo' (RVS). O puede significar, más bien, como en RV95, etc., 'lleva en sí' (Westcott, NEB) el castigo que teme. En otra palabras, 'el temor tiene en sí mismo algo de la naturaleza del castigo' (Brooke, Law); temer es comenzar a sufrir ya el castigo. Una vez seguros de que somos 'como él es' (v. 17, RV60), hijos amados de Dios, dejamos de tenerle temor. Es evidente, pues, que **El que teme espera el castigo, así que no ha sido perfeccionado en el amor.**

4.19Nosotros amamos a Dios porque él nos amó primero.

Así, pues, no tememos al Señor. En cambio, **amamos,** o, siguiendo el texto mejor, simple y absolutamente, sin ningún objeto expreso, **amamos** (*agapōmen,* que aquí es seguramente una declaración indicativa y no una exhortación en subjuntivo, como en el versículo 7). Nuestra gran característica si somos cristianos, dice, no es que tememos, sino que amamos. Primero fue el amor de Dios; todo verdadero amor es una respuesta a su iniciativa. Juan repite la verdad que ha afirmado en el versículo 10. El temor habita en nosotros por naturaleza y debe ser expulsado (v. 18). *Agapē,* el amor divino, por otra parte, no reside en nuestra naturaleza caída; 'nuestra misma capacidad de amar, sean Dios o nuestro prójimo el objeto de nuestro amor' (Dodd), se debe enteramente al amor que el Señor nos tuvo primero y está en nosotros.

4.20Si alguien afirma: «Yo amo a Dios», pero odia a su hermano, es un mentiroso; pues el que no ama a su hermano, a quien ha visto, no puede amar a Dios, a quien no ha visto.

El amor a Dios no solo se expresa en una actitud confiada hacia él, desprovista de temor, sino en una amante preocupación por nuestros hermanos en la fe (ver 3.14). El perfecto amor que echa fuera el temor, echa fuera también el odio. Si el amor del Señor por nosotros se perfecciona cuando nos amamos unos a otros (v. 12), lo mismo sucede con nuestro amor por él. Juan no mide sus palabras. Si alguien contradice con sus hechos sus palabras, **es mentiroso**. Pretender conocer a Dios y tener comunión con él, mientras andamos en las tinieblas de la desobediencia, es mentir (1.6; 2.4). Pretender poseer al Padre mientras negamos la divinidad del Hijo es mentir (2.22,23). Pretender amar a Dios mientras aborrecemos a los hermanos también es mentir. Estas son las tres negras mentiras de la carta: la moral, la doctrinal y la social. Por más fuerte que afirmemos que somos cristianos, nuestro pecado habitual, nuestra negación de Cristo y el odio egoísta nos muestran como los mentirosos que somos. Solo la santidad, la fe y el amor pueden probar la verdad de nuestra pretensión de conocer, poseer y amar al Señor.

Que es ridículo que alguien diga que ama a Dios mientras aborrece a su hermano debiera ser evidente por el hecho de que a su hermano puede verlo, pero no puede ver a Dios. De hecho, el verbo indica no solo que 'puede' ver a su hermano, sino que lo **ha visto** (*eōraken*); lo tiene 'continuamente delante de los ojos' (Plummer), con amplia oportunidad para servirle en amor. Evidentemente es más fácil amar y servir a un hombre visible que a un Dios invisible, y si fallamos en la tarea más fácil, es absurdo pretender éxito en la más difícil. 'Es una falsa jactancia la del que dice que ama a Dios pero descuida la imagen de Dios que tiene delante de los ojos' (Calvino). Según un texto seguido por la bj, la oración tiene forma no de pregunta (*pōs dunatai;* ¿cómo puede?), sino de afirmación (*ou dunatai;* 'no puede'). Como lo señala C. H. Dodd, este 'no puede' expresa no tanto la incapacidad del hombre para amar al Señor, como la prueba de que no lo ama. Es fácil engañarse uno mismo. Pero la verdad está clara. Toda pretensión de amar a Dios es un engaño si no va acompañada por un amor servicial y práctico por nuestros hermanos (3.17–18).

> **4.21** Y él nos ha dado este mandamiento: el que ama a Dios,
> ame también a su hermano.

La insensatez de la posición del mentiroso se ve no solo en su inherente inconsecuencia, sino en el hecho de que el amor al Señor y a nuestro hermano constituye un solo mandamiento (ver 3.23). El mismo Jesús enseñó este doble mandamiento. Fue él quien unió Deuteronomio 6.4 y Levítico 19.18 y declaró que toda la ley y los profetas dependían de ellos (Mateo 22.37–40). El hombre no puede separar lo que Jesús ha unido. Además, si amamos a Dios guardaremos sus mandamientos (2.5; 5.3), y su mandamiento es que amemos a nuestro prójimo como a nosotros mismos.

c. Una combinación de las tres pruebas | 1 Juan 5.1–5

A esta altura estamos ya familiarizados con las tres pruebas que Juan aplica, con énfasis repetido pero variado, al que profesa ser cristiano. En el capítulo 2 escribe en orden las tres pruebas: obediencia (vv. 3–6), amor (vv. 7–11) y creencia (vv. 18–27). En el capítulo 3 se ocupa solo de la obediencia (2.28–3.10) y el amor (vv. 11–18), mientras que en el capítulo 4 solo de la creencia (vv. 1–6) y el amor (vv. 7–12). En 4.13–21 ha combinado la prueba doctrinal con la social. Pero ahora, en el breve párrafo inicial del capítulo 5, encontramos otra vez juntas a las tres. Las palabras 'cree' y 'fe' aparecen en los versículos 1, 4 y 5; las palabras 'ama', 'amamos', 'amor' en los versículos 1, 2 y 3; y 'obedecer' o 'cumplir sus mandamientos' en los versículos 2 y 3. Lo que se empeña en mostrar es la unidad esencial de esta triple tesis. No ha escogido tres pruebas al azar ni las ha unido artificialmente. Por el contrario, demuestra que están tan estrechamente entrelazadas en un solo tejido coherente que es difícil desenredar y extraer las hebras.

El párrafo anterior, al final del capítulo 4, terminaba con una declaración de nuestro deber, si amamos a Dios, debemos amar también a nuestros hermanos. El autor desarrolla ahora la conexión esencial entre estos dos amores y entre ellos y la creencia y la obediencia. Este conciso párrafo comienza y termina con la creencia, pero entre el principio y el fin se refiere al amor y la obediencia. El verdadero vínculo entre las tres pruebas se ve en el nuevo nacimiento. Fe, amor y obediencia son los frutos naturales que siguen a un nacimiento de arriba, así como en 4.13–16 se ve que la fe y el amor son evidencias de la mutua permanencia de Dios y su pueblo entre sí.

> **5.1**Todo el que cree que Jesús es el Cristo ha nacido de Dios,
> y todo el que ama al padre ama también a sus hijos.

Esta traducción de *ek tou theou gegennētai* resulta satisfactoria, ya que el tiempo perfecto significa literalmente **ha nacido de Dios**. La combinación del tiempo presente ('*o pisteuōn,* **cree**) y el perfecto es importante. Muestra claramente que la creencia es la consecuencia, no la causa, del nuevo nacimiento. Nuestra actividad presente, continuada, de creer es el resultado, y por lo tanto la evidencia, de nuestra pasada experiencia del nuevo nacimiento por el cual fuimos hechos y seguimos siendo hijos de Dios. Además, la creencia en Cristo es congruente con el haber nacido de Dios, precisamente porque Cristo es el Hijo de Dios (ver versículos 1 y 5). Evidentemente los hijos de Dios manifestarán el hecho de que han sido engendrados por él reconociendo y creyendo en el unigénito Hijo eterno de Dios.

Este nuevo nacimiento, que nos trae al reconocimiento fiel del Hijo eterno, nos envuelve también en una relación de amor con el Padre y sus otros hijos. El que ha sido engendrado por el Señor, naturalmente ama a quien lo engendró (**todo el que ama al padre ama también a sus hijos**). Este es un principio universal, evidente por sí mismo. Y Juan insinúa que 'lo que es cierto en cuanto a la familia humana también es cierto en la sociedad divina' (Brooke). Pero la expresión más rústica de RV95 (*aquel que ama al que engendró ama también al que ha sido engendrado por él*) conserva más obviamente la verdad de que es el acto de 'engendrar' y la experiencia de ser 'engendrado' lo que establece una afinidad y por consiguiente un afecto no solo entre padre e hijo, sino entre hijos e hijos. La expresión el *que ha sido engendrado por él* en este contexto no puede referirse al Hijo unigénito (como pensaba Agustín), sino más bien a todo hijo de Dios.

> **5.2 Así, cuando amamos a Dios y cumplimos sus mandamientos, sabemos que amamos a los hijos de Dios.**
> **3En esto consiste el amor a Dios: en que obedezcamos sus mandamientos. Y estos no son difíciles de cumplir.**

De hecho, el amor por el Padre celestial lleva consigo tan cierta e inevitablemente el amor por sus hijos en la Tierra, que podemos decir: **Así, cuando amamos a Dios y cumplimos sus mandamientos, sabemos que amamos a los hijos de Dios.** Es tan imposible amar a los hijos de Dios (como tales) sin amarlo a él, como lo es amar a Dios sin amar a sus hijos. El amor al Señor tiene una segunda consecuencia ineludible, a saber, la obediencia. Si verdaderamente lo amamos a él, no solo amamos a sus hijos, sino también *guardamos* **sus mandamientos**. En el versículo 3 Juan va más lejos aún. Tan inexorable es la conexión entre ambas cosas, que el amor a Dios, que en un sentido resulta en obediencia, en otro sentido puede identificarse con esta. El amor al Señor no es una experiencia emocional tanto como obediencia moral. De hecho, sea que se muestre hacia él o hacia el hombre, el *agapē* es práctico y activo. El amor a los hermanos se expresa 'con hechos y de verdad', en servicio sacrificado (3.17,18); el amor a Dios, en guardar sus mandamientos. Jesús dijo lo mismo en cuanto al significado del amor a él (Juan 14,15,21).

Y no debiéramos hallar difícil expresar nuestro amor por medio de nuestra obediencia, porque **sus mandamientos … no son difíciles de cumplir,** o 'pesados' (BJ). Las puntillosas reglas de los escribas y fariseos eran 'cargas pesadas y difíciles de llevar' (Mateo 23.4; ver Lucas 11.46, RV), pero el yugo de Jesús es fácil y ligera su carga (Mateo 11.30). La voluntad de Dios es 'buena, agradable y perfecta' (Romanos 12.2). Es la voluntad de un Padre todo amor, que busca nuestro bien supremo.

5.4a porque todo el que ha nacido de Dios vence al mundo.

En RV60: 'Porque *todo lo que* es nacido de Dios vence al mundo. Y esta es la victoria que ha vencido al mundo, nuestra fe'. La razón porque no hallamos gravosos los mandamientos del Señor no reside, sin embargo, solamente en el carácter de los mismos. Reside también en nosotros mismos, a saber, en que nos ha sido dada la posibilidad de guardarlos. Hoy en día los mandamientos de Dios, ya sea del Antiguo o del Nuevo Testamento, aparecen intolerablemente gravosos para el mundo. Pero para los hijos de Dios no son gravosos, *porque todo lo que ha nacido de Dios vence al mundo* (RV). Mediante el empleo del neutro *todo lo que* Juan expresa el principio en su forma más general y abstracta. Da énfasis así no a 'la *persona* victoriosa' sino 'al *poder* victorioso' (Plummer). 'No es el hombre sino el haber nacido de Dios, lo que vence' (*ibíd*). El nuevo nacimiento es un acontecimiento sobrenatural que de la esfera del mundo, donde gobierna Satanás, nos transporta a la familia de Dios. Hemos sido liberados del dominio de las tinieblas y transferidos al reino del Hijo amado de Dios (Colosenses 1.13). Se ha roto el encanto de la vida vieja. La fascinación del mundo ha perdido su atractivo.

5.4b Esta es la victoria que vence al mundo: nuestra fe.
**5.5 ¿Quién es el que vence al mundo sino el que cree
que Jesús es el Hijo de Dios?**

Tres veces y en tres frases sucesivas, como para grabar irresistible-
mente la verdad, Juan repite la expresión *vencer al mundo*. Primero,
declara que *todo lo que es nacido de Dios vence al mundo* (RV). Pasa
a atribuir la victoria del cristiano no a su nacimiento, sino a su *fe*.
Luego, procede a ampliar este hecho en forma de pregunta: **¿Quién es
el que vence al mundo, sino el que cree que Jesús es el Hijo de Dios?**

Es notable que en la segunda de estas tres referencias a 'vencer' el
verbo sea un participio aoristo (*'ē nikēsasa*). Esto 'indica naturalmente
un acto definido' (Brooke), no la victoria que Cristo afirmaba haber
ganado en Juan 16.33 (Westcott), sino la conversión de los lectores o,
más probablemente, el decisivo rechazo por parte de estos de las falsas
enseñanzas y el retiro de los falsos maestros de la Iglesia. Esta era la
victoria mencionada en 4.4 (*nenikēkate*, perfecto). Sin embargo, las
otras dos ocurrencias del verbo aquí están en tiempo presente (*nika*,
versículo 4, y *'o nikōn*, versículo 5) y describen la victoria continua
que debiera disfrutar el cristiano. ¿Cuál es esa victoria? Es la que se
obtiene sobre el **mundo**, término con el cual Juan 'reúne la suma
de todos los poderes limitados y transitorios, opuestos a Dios, que
hacen difícil la obediencia' (Westcott). A veces, se trata de presiones
morales: la opinión, las normas y preocupaciones de una sociedad
secular, sin Dios, 'los malos deseos del cuerpo, la codicia de los ojos
y la arrogancia de la vida' (2.16). A veces son intelectuales (herejía)
y a veces físicos (persecución). Pero, cualquiera sea la forma que
tome el ataque del mundo contra la Iglesia, la victoria es nuestra. La
inconmovible convicción de que el Jesús de la historia es 'el Cristo'
(5.1), en el sentido en que lo negaban los falsos maestros (2.22), el
Hijo preexistente de Dios (5.5), que vino a traernos salvación y vida
(4.9,14), nos hace capaces de triunfar sobre el mundo. La confianza
en la deidad de Jesús es la única arma contra la cual ni el error, ni el
mal, ni la fuerza del mundo puede prevalecer. E. M. Blaiklock, que
titula sus estudios devocionales sobre esta carta *Faith is Victory* [La
fe es la victoria], señala correctamente la osadía de esta pretensión,
en el siglo I, de que la victoria no era de Roma, que entonces reinaba
soberana, sino de Cristo y sus humildes seguidores.

Con esta sentencia final, afirmando la creencia en Jesús, volvemos al punto de partida, y se ha encerrado el círculo de la argumentación. Resumámosla: los cristianos son hijos de Dios, nacidos de lo alto. Los hijos de Dios son amados por todos los que aman a Dios. Los que aman a Dios también guardan sus mandamientos. Guardan sus mandamientos porque vencen al mundo, y vencen al mundo porque son creyentes cristianos, nacidos de lo alto.

Una manera de desenredar este argumento es considerarlo, no como un círculo, sino como una larga línea y hacer de la obediencia el centro de ella. Los dos extremos son idénticos, a saber, el nacer de Dios que lleva a creer en Cristo. Avanzando desde el principio, el creyente hijo de Dios alcanza la obediencia por el camino del amor a él y a sus hijos. Retrocediendo desde el final, el camino de la creencia a la obediencia pasa por la conquista al mundo. En ambos casos la creencia y la obediencia están unidas, ya sea por el vínculo del amor a Dios o de la conquista del mundo. El nuevo nacimiento tiene el doble resultado de separarnos del mundo y unirnos al Señor. En ambos casos el resultado es la observancia de los mandamientos.

Otra manera es considerar la frase *En esto consiste el amor de Dios* (v. 3) el centro de la oración. Ciertamente la Palabra *amor* ocurre cinco veces en este párrafo y recibe un fuerte énfasis. Asimismo fe y amor son ciertamente tan indisolubles como fe y obediencia. De hecho, 'la fe … actúa mediante el amor' (Gálatas 5.6). Así, pues si amamos a Dios, por un lado amamos a los hijos de Dios, porque hemos nacido de él y creemos en Cristo, y por otro lado guardamos los mandamientos de Dios y vencemos al mundo, porque hemos nacido de Dios y creemos en Cristo. Aquí el amor a Dios y la fe en Jesús están encadenados entre sí por los eslabones del amor fraternal y la obediencia.

Sea cual fuere la mejor manera de seguir la tan entretejida argumentación de Juan, lo que está claro es que sus tres pruebas van juntas y no pueden ser separadas. El verdadero cristiano, nacido de lo alto, cree en el Hijo de Dios, ama a Dios y a los hijos de Dios, y guarda los mandamientos de Dios. Cada paso envuelve a los otros. La creencia, el amor y la obediencia son señales del nuevo nacimiento. El nuevo nacimiento nos coloca de todos modos en una determinada relación con Cristo, con Dios, con la Iglesia y con el mundo que no podemos repudiar y que nos señala como cristianos.

VI. Los tres testigos y nuestra consecuente seguridad
1 Juan 5.6–17

Hemos visto ya que el párrafo anterior empieza y termina con una referencia a la fe, a saber, a la creencia en que el Jesús humano es (es decir, es la misma Persona) el Cristo (v. 1), o el Hijo de Dios (v. 5). La fórmula completa de Juan para la fe cristiana es que Jesús 'es el Cristo venido en cuerpo humano' (4.2; 2 Juan 7).

¿Pero cómo podemos llegar a tener fe en la Persona divino–humana de Jesús? La respuesta de Juan, aquí como en el Evangelio, es que la fe depende del testimonio, y que la validez del testimonio hace que sea razonable el creer. Los versículos 6–9 describen la naturaleza del testimonio (por los 'tres' que lo dan, 8) y los versículos 10–12 sus resultados; mientras que en los versículos 13–17 se desarrolla la consiguiente seguridad del cristiano.

a. Los tres testigos | 1 Juan 5.6–12

> **5.6Éste es el que vino mediante agua y sangre, Jesucristo; no solo mediante agua, sino mediante agua y sangre. El Espíritu es quien da testimonio de esto, porque el Espíritu es la verdad.**

Ahora se describe más completamente a Jesús, que ha sido llamado 'el Cristo' (5.1) y 'el Hijo de Dios' (5.5), particularmente con respecto a su misión en el mundo. **Este es el que vino mediante agua y sangre, Jesucristo; no solo mediante agua, sino mediante agua y sangre.** Varias son las interpretaciones que han dado a estas frases, que Plummer llama 'las más intrincadas' de toda la carta. No cabe duda de que Juan estaba empleando una expresión que era ya familiar para sus lectores, ya sea debido a su propia enseñanza o a la de los falsos maestros, y que nosotros no entendemos tan fácilmente. Tres son las principales sugerencias sobre el significado de **agua y sangre**. Primero, algunos comentaristas (entre ellos Lutero y Calvino) vieron en estas palabras una referencia a los dos sacramentos del evangelio. Esto es extremadamente dudoso, al menos a primera vista. Si el **agua** representa el bautismo, la **sangre** sería un inusitado símbolo de la Cena del Señor. Además, sería un símbolo antinatural, tanto porque la sangre es una de las cosas simbolizadas, no una de las señales, como porque tampoco se hace referencia al cuerpo de Cristo. Además, aunque se pudiera describir a Jesús como 'viniendo' mediante los sacramentos, es difícil ver cómo se podría decir que **vino** (aoristo, *o elthōn*) por medio de ellos. El verbo indica claramente, no alguna actividad presente de Jesús, sino su advenimiento histórico en el pasado. La segunda interpretación (adoptada por Agustín y otros comentaristas antiguos) vincula el pasaje con el lanzazo que hizo brotar agua y sangre del costado de Jesús, registrado en Juan 19.34–35. Ciertamente ambos pasajes son juaninos, y ambos están asociados con el testimonio, y la efusión de sangre y agua que había sino un acontecimiento pasado, histórico. Aun así, sería forzado decir que en ese incidente Jesús **vino mediante agua y sangre**, cuando en realidad estas salieron de él. Además, el vínculo entre el agua y la sangre y el testimonio, que hemos observado en ambos pasajes, no es idéntico. En el Evangelio es el evangelista quien da testimonio de Cristo. Además, si en el Evangelio dan algún testimonio, debe ser de la realidad de la muerte de Cristo, y quizás de la eficacia salvadora de la misma; pero aquí en la carta dan testimonio de la Persona divino–humana de Cristo.

Necesitamos, por lo tanto, hallar una interpretación de la frase que haga de **agua y sangre** a la vez experiencias históricas 'a través' de las cuales él pasó, y en algún sentido testimonios de su Persona divino–humana. La tercera interpretación, y la más satisfactoria, dada primero por Tertuliano, llena estas condiciones. Según él, **agua** se refiere al bautismo de Jesús, en el cual fue declarado Hijo de Dios y se le encomendó su obra, dándosele poder para realizarla; y **sangre** a su muerte, en la cual quedó concluida su obra. Lo cierto es que 'agua' y 'sangre' siguen siendo palabras simbólicas extrañas y sorprendentes, y solo podemos conjeturar que se las empleaba de esa manera en la controversia teológica que había envuelto a la iglesia de Éfeso. Al menos este significado de la expresión concuerda con lo que Ireneo reveló de la enseñanza herética de los gnósticos cerintianos. Estos distinguían entre 'Jesús' y 'el Cristo'. Sostenían que Jesús era un mero hombre, nacido del matrimonio de José y María, sobre el cual había descendido el Cristo en el bautismo, y del cual había partido antes de la crucifixión. Según esta teoría de los falsos maestros, Jesús había sido unido con el Cristo en el bautismo, pero había vuelto a separarse antes de la crucifixión. Para refutar este error fundamental, Juan, sabiendo que Jesús era el Cristo antes y durante el bautismo y durante y después de la crucifixión, lo describe como el **que vino mediante agua y sangre**. Ninguno de los términos lleva el artículo definido. El autor está acentuando la unidad de la carrera terrenal de Jesucristo. El que vino (esto es, del cielo) es el mismo que pasó por el agua y la sangre. Para aumentar el énfasis agrega (empleando esta vez un artículo delante de cada nombre y cambiando la preposición de *dia*, 'mediante', a *en*, 'en'), 'no solamente en el agua', puesto que los herejes aceptaban que al menos había sido el Cristo en el bautismo, 'sino en el agua y en la sangre' (ʙᴊ). 'La declaración es todo lo que precisa que puede hacerla la gramática' (Brooke). Para mayor abundamiento, en oposición a la diferenciación de los herejes entre Jesús y el Cristo, Juan dice que el que así vino fue **Jesucristo**, una Persona que fue simultáneamente desde su nacimiento hasta su muerte y por siempre jamás (**Este es**, tiempo presente) a la vez el hombre Jesús y el Cristo de Dios. Véase el comentario sobre 4.3.

Cerinto y sus seguidores han muerto, y su credo particular hoy no tiene adherentes. Sin embargo, todos los que niegan la encarnación, crean o no que la Persona de Jesús experimentó un cambio en el bautismo para adaptarlo a su ministerio público, niegan que **vino mediante agua y sangre**. Error que no es trivial, pues socava los fundamentos de la fe cristiana y nos despoja de la salvación en Cristo. Si el Hijo de Dios no tomó nuestra naturaleza al nacer y nuestros pecados al morir, no puede reconciliarnos con Dios. Así Juan subraya no solo que **vino**, sino especialmente que **vino mediante agua y sangre**, puesto que su sangre es la que limpia del pecado (1.7).

Habiendo aceptado que este versículo hace referencia primordialmente a los acontecimientos históricos del bautismo y la crucifixión de Jesús, no es imposible que contenga también alusiones secundarias, puesto que los acontecimientos pasados siguen siendo testimonios presentes (v. 8). 'El agua y la sangre', que aparecen juntos en algunos de los rituales levíticos, son símbolos inteligibles 'de purificación y redención' (Plummer). Candlish, que insiste mucho sobre esta interpretación, traza la distinción entre 'la sangre preciosa que expía toda culpa' y 'el agua pura que limpia toda contaminación', y relaciona los símbolos con las bendiciones de la justificación y la santificación que se encuentran en el evangelio. El mismo Jesús se había referido a estos aspectos de la salvación en los discursos que Juan registra en los capítulos 3, 4 y 7 ('agua') y 6 ('sangre') de su Evangelio. Tal vez Juan los viera también representados en la efusión de agua y sangre del costado del Crucificado, y aun normalmente en los dos sacramentos.

El Espíritu es quien da testimonio. Esta es, indudablemente, una referencia al Espíritu Santo. La forma de la construcción griega indica que es tan característico del Espíritu el 'dar testimonio' como lo es de Cristo el 'haber venido' (al comienzo del versículo). El hecho que se diga que da testimonio da evidencia, 'tanto más asombrosa por ser involuntaria' (Smith), de su personalidad, puesto que testificar es una actividad de las personas. No se dice explícitamente en qué consiste el testimonio, pero tanto el contexto como la enseñanza de la carta y el Evangelio sugieren que testifica de Cristo (por ejemplo, 4.2). Es competente para hacerlo, dice Jesús, porque es 'el Espíritu de verdad' (Juan 15.26; 16.13; ver 1 Juan 4.6). Juan va más lejos, y escribe: **porque el Espíritu es la verdad** (ver Juan 14.6), dando a entender que está 'esencialmente capacitado' para dar testimonio, o que está 'constreñido' a hacerlo (Westcott). La verdad no se puede ocultar. ¿Pero cómo da testimonio el Espíritu? Al parecer, Juan se está refiriendo al testimonio interior del Espíritu Santo, que abre nuestros ojos para que veamos la verdad como es en Jesús (ver 1 Corintios 12.3, etc.). Por cierto ya ha escrito dos veces acerca de cómo nos ha sido 'dado' el Espíritu como una posesión interior (3.24; 4.13) y dos veces ha atribuido nuestra confesión de Cristo como el Señor divino–humano, a la 'unción' o 'iluminación' del Espíritu (2.20,27 y 4.1–6). Aquí tenemos, pues, como en 4.13,14, dos clases de testimonio corroborativo, objetivo y subjetivo, histórico y experimental, **agua y sangre**, por un lado, y **el Espíritu** por el otro. 'El es quien sella en nuestros corazones el testimonio del agua y la sangre' (Calvino).

5.7Tres son los que dan testimonio.

Todo este versículo debe ser considerado como una glosa. En algunas traducciones de la Biblia encontramos que los versículos 7 y 8 tienen algunos agregados que no encontramos en la NVI. Dichos agregados son considerados por Plummer como 'completamente indefendible' quien da un muy completo informe sobre la evidencia en un Apéndice (pp. 163–172), y lo mismo hace Brooke (pp. 154–165). Las palabras no aparecen en ningún manuscrito griego, versión o cita anteriores al siglo XV. Aparecen por primera vez en un oscuro manuscrito latino del siglo IV y se abrieron camino en nuestras versiones más antiguas porque Erasmo las introdujo con renuencia en la tercera edición de su texto. La VM introduce las palabras entre corchetes; la H–A y la BJ las mencionan en notas al pie. Algún escriba escrupuloso, impresionado por el triple testimonio del versículo 8, debe haber pensado en la Trinidad, sugiriendo así que también en el cielo había un testimonio triple. En realidad, no se trata de una glosa muy feliz, pues el triple testimonio del versículo 8 se refiere a Cristo; y la enseñanza bíblica acerca del testimonio no es que Padre, Hijo y Espíritu Santo dan testimonio del Hijo, sino que el Padre da testimonio del Hijo mediante el Espíritu.

**5.8y los tres están de acuerdo: el Espíritu,
el agua y la sangre.**

Habiendo escrito independientemente sobre 'el agua y la sangre' (v. 6, BJ), y sobre el Espíritu, sin establecer que en el primer caso se trate en ningún sentido de un 'testimonio', Juan junta ahora los tres y declara que **los tres están de acuerdo.** Los falsos testigos que trataron de desacreditar a Jesús en su juicio, no concordaron (Marcos 14.56,59); pero los verdaderos testigos: **el Espíritu, el agua y la sangre,** que tratan de acreditarlo, están en perfecto acuerdo. La importancia de que sean tres los testigos reside en que, según la ley, ninguna acusación podía presentarse contra alguien ante los tribunales a no ser que pudiera ser confirmada por la evidencia de dos o tres testigos (Deuteronomio 19.15; ver Juan 8.17,18). Aquí, en contraste con el versículo 6, el Espíritu es colocado como primer testigo, en parte porque 'el Espíritu es, de los tres, el único testigo vivo y activo', y en parte porque 'el agua y la sangre no testifican sin él; mientras que él es independiente de ellos, testificando en ellos y aparte de ellos' (Alford).

> **5.9** **Aceptamos el testimonio humano, pero el testimonio de Dios vale mucho más, precisamente porque es el testimonio de Dios, que él ha dado acerca de su Hijo.**

La importancia de este versículo está en que declara explícitamente lo que hasta ahora ha estado oculto, a saber, tanto el sujeto (Dios) como el objeto (Cristo) del testimonio. El Espíritu, el agua y la sangre, todos dan testimonio de Cristo, y la razón por qué concuerdan es que detrás de ellos está Dios mismo. Los tres testimonios forman, de hecho, un solo testimonio de Jesucristo que el Señor ha testificado; **es el testimonio de Dios.** El tiempo perfecto indica la validez permanente (en sí mismo y a través del Espíritu) del testimonio histórico de Dios sobre Cristo. Es Dios quien dio históricamente testimonio de su Hijo, en el agua y en la sangre, y es él quien da testimonio hoy en día mediante su Espíritu en nuestros corazones. Además, porque (*oti*) el testimonio es divino debemos recibirlo humildemente, porque si **aceptamos el testimonio humano** cuando consiste en la evidencia de dos o tres, por cierto debiéramos recibir el testimonio que **él ha dado acerca de su Hijo** que es triple en sí mismo y que, por ser de Dios, **vale mucho más** que el de cualquier hombre.

> **5.10** **El que cree en el Hijo de Dios acepta este testimonio. El que no cree a Dios lo hace pasar por mentiroso, por no haber creído el testimonio que Dios ha dado acerca de su Hijo.**

Habiendo descrito la naturaleza del testimonio (el triple testimonio del Hijo mediante el Espíritu, el agua y la sangre), Juan procede a mostrar sus resultados (vv. 10–12). El propósito del testimonio de Cristo es evocar fe en Cristo (por ejemplo, Juan 1.7; 20.31). Recibir el testimonio lleva naturalmente a creer en Aquel de quien se atestigua. De hecho, 'aceptamos el testimonio … de Dios' (v.9) y 'creer en el Hijo de Dios' (v.10) son virtualmente expresiones sinónimas. Además, tan idénticas son en su significado ambas frases, que al final del versículo Juan puede usar la preposición *eis* con **el testimonio que Dios ha dado acerca de su Hijo,** haciendo objeto de nuestra confianza personal no al Hijo, sino al testimonio divino sobre él. Se contrastan agudamente los resultados de la creencia y de la incredulidad. **El que cree en el Hijo de Dios acepta este testimonio**, o 'en su propio corazón' (DHH).

Esto es, el testimonio interior del Espíritu le da profundidad mayor aun de que tuvo razón al confiar en Cristo, un ejemplo notable del principio espiritual de que 'el que tiene, se le dará más' (Mateo 25.29; Lucas 19.26; ver Marcos 4.25). El testimonio es, pues, a la vez causa y consecuencia del creer, y el creer es un peldaño entre el primer testimonio y el testimonio ulterior del Señor. El incrédulo, por otro lado, que 'no ha creído' (el tiempo perfecto indicaría una 'crisis de decisión' –Westcott), pierde la posibilidad de recibir cualquier testimonio ulterior de Dios por haber rechazado el primero, y con ello **lo hace pasar por mentiroso**. La incredulidad no es una desventura que debe suscitar compasión; es un pecado que debe deplorarse. Su pecaminosidad reside en el hecho de que contradice la palabra del único Dios verdadero y así le atribuye falsía. Otro ejemplo de cómo se 'hace pasar a Dios por mentiroso' se encuentra en 1.10.

> **5.11 Y el testimonio es este: que Dios nos ha dado vida eterna, y esa vida está en su Hijo.**
> **12 El que tiene al Hijo, tiene la vida; el que no tiene al Hijo de Dios, no tiene la vida.**

Juan se olvida ahora del no creyente y resume las bendiciones concedidas al creyente que recibe y responde al testimonio de Dios. **El testimonio es este**; mientras que en el versículo 9 esta expresión se remonta a lo que he llamado 'el primer testimonio', el del agua, la sangre y el Espíritu, aquí parece incluir también el testimonio 'ulterior', que según el versículo 10, el creyente recibe 'en sí mismo'. Esto se hace más evidente cuando consideramos cómo se describe aquí el testimonio, a saber, **que Dios nos ha dado** (H–A, correctamente, 'nos dio') **vida eterna, y esa vida está en su Hijo**. ¿A qué acontecimiento se refiere? Algunos comentaristas lo refieren a la carrera histórica de Jesús (ver 1.2 y Juan 10.10,28; 17.2) y algunos a nuestra conversión, en la cual nos apropiamos personalmente, o nos fue dada, la vida que es en Cristo (ver 3.14). Tal vez unos y otros tengan razón, y ambas cosas son parte del 'testimonio', histórico y experimental, que el Señor ha dado acerca de su Hijo. Históricamente, su testimonio acerca (*peri*, versículos 9, 10) de Jesús no solo dice que es el Cristo divino–humano, sino que en él está la vida. **Vida eterna** es una expresión enfática en la oración; es decir, el testimonio es que Dios nos dio la vida eterna al dar su Hijo. Pero el testimonio no es solo objetivo, de Cristo como el dador de la vida, sino subjetivo en el don de la vida misma. La vida eterna es un don gratuito que el Señor da a los que creen en su Hijo, y el don de la vida, la experiencia de comunión con él por Cristo que es la vida eterna (ver Juan 17.3), es el testimonio final de Dios en relación con su Hijo (ver versículo 20). Juan ha escrito anteriormente: 'El que cree en el Hijo de Dios acepta este testimonio' (v. 10). Ahora expresa la misma verdad con estas palabras: **El que tiene al Hijo** (ver 2.23 para otro uso el verbo *equein* para describir nuestra posesión personal del Padre mediante la confesión del Hijo), **tiene la vida; el que no tiene al Hijo de Dios, no tiene la vida.** La alternativa es clara y absoluta. Su lógica es ineludible. La vida eterna está en su Hijo y no puede ser hallada en ninguna otra parte. Es tan imposible tener vida sin tener a Cristo como tener a Cristo sin tener por ello también vida. Esto es porque el Hijo es la vida (1.2; Juan 11.25; 14.6).

En estos versículos se enseñan tres importantes verdades sobre la vida eterna. Primero, que no es un premio que hemos ganado sino un don inmerecido. Segundo, que se la halla en Cristo, tanto que, a fin de darnos vida, Dios dio y nos sigue dando a su Hijo. Tercero, este don de la vida en Cristo es una posesión presente. Y además se la describe como **eterna**, *aiōnios*, que significa literalmente 'perteneciente a la edad', es decir, a la edad venidera. Pero como la edad venidera ha irrumpido en esta edad presente, la vida de la edad venidera, a saber, la 'vida eterna', puede ser recibida y disfrutada aquí y ahora.

En este párrafo (vv. 6–12) Juan ha estado desarrollando lo que expresó brevemente en un versículo del Evangelio: 'Pero estas se han escrito para que ustedes crean que Jesús es el Cristo, el Hijo de Dios, y para que al creer en su nombre tengan vida' (Juan 20.31). El Evangelio, al recoger las palabras y obras de Jesús, fue el testimonio de Juan sobre Jesús como 'El Cristo, el Hijo de Dios'. El propósito de este testimonio era 'que crean', y el resultado de la fe es que 'al creer en su nombre tengan vida'. El camino a la vida es la fe, y el camino a la fe es el testimonio. Aquí la secuencia del pensamiento es la misma. Dios ha dado testimonio de su Hijo para que los hombres crean en él y así lo 'tengan', y teniéndolo tengan vida.

b. Nuestra consiguiente seguridad | 1 Juan 5.13 – 17

5.13 Les escribo estas cosas a ustedes que creen en el nombre del Hijo de Dios, para que sepan que tienen vida eterna.

Aunque en nuestra Biblia empieza un nuevo párrafo con este versículo, pertenece esencialmente a la sección anterior y forma una adecuada conclusión a lo que el autor ha escrito allí sobre los tres testimonios y sobre tener vida eterna en su Hijo. Aquí les dice a sus lectores cuál es el propósito ostensible de su carta, que ya toca a su fin; y es natural compararlo con el propósito de su Evangelio en Juan 20.31. La carta ha sido escrita **para que sepan que tienen vida eterna.** La última oración del versículo en RV95 ('y para que creáis en el nombre del Hijo de Dios.') ha sido omitida correctamente en NVI entre otras versiones modernas; no aparece en los mejores manuscritos y es indudablemente una glosa, cuya intromisión destruye el significado evidente del versículo. El Evangelio fue escrito para no creyentes, para que pudieran leer el testimonio dado por Dios de su Hijo, creer en el Hijo a quien el testimonio señalaba, y recibir así vida por medio de la fe. La carta, en cambio, fue escrita para creyentes. El deseo de Juan en cuanto a ellos no es que crean y reciban, sino que habiendo creído sepan que han recibido y continúan teniendo (**tienen,** presente) **vida eterna.** **Para que sepan** (*eidēte*) significa, tanto en palabra como en tiempo, no que puedan crecer gradualmente en seguridad, sino que posean aquí y ahora una certidumbre presente de la vida que han recibido en Cristo. Habían sido perturbados por los falsos maestros y estaban inseguros en cuanto a su estado espiritual. En toda la carta Juan les ha estado dando criterios (doctrinales, morales, sociales) por los cuales probarse ellos mismo y a otros. Su propósito es lograr que se sientan seguros. 'Les escribo esto … para que sepan que tienen vida eterna' (DHH).

Poniendo juntos los propósitos del Evangelio y la carta, se descubren cuatro estadios en el propósito de Juan: que sus lectores oigan, que oyendo crean, que creyendo vivan, y que viviendo, lo sepan. Su énfasis es importante porque hoy es común desacreditar cualquier pretensión de seguridad de la salvación, desecharla por presuntuosa, y afirmar que no es posible seguridad alguna de este lado de la muerte. Pero la certeza y la humildad no son excluyentes entre sí. Si el propósito revelado de Dios es no solo que oigamos, creamos y vivamos, sino también que lo sepamos, la presunción está en dudar de su palabra, no en confiar en ella.

> **5.14Esta es la confianza que tenemos al acercarnos a Dios:**
> **que si, pedimos conforme a su voluntad, él nos oye.**
> **15 Y, si sabemos que Dios oye todas nuestras oraciones,**
> **podemos estar seguros de que ya tenemos lo que le**
> **hemos pedido.**

En los versículos 14–17 Juan pasa a una segunda seguridad de que disfruta el creyente, ya no de la vida eterna, sino de la respuesta a su oración. Esta seguridad no es tanto un 'conocimiento' (como en el versículo 13, aunque lo da por resultado, 15) como una **confianza**, una 'libertad de palabra', como significa literalmente *parresia*, u 'osadía… hacia' (*pros*) Dios. Véase el comentario sobre 2.28. La preposición señala hacia ese acercamiento activo al Señor y comunión con él que son la expresión de la vida eterna sobre la cual Juan ha estado escribiendo (vv. 11–13). Esta confianza cristiana pertenece no solamente al futuro, a la Parusía (2.28) y al Día del Juicio (4.17), sino al aquí y ahora. Es una confianza a la vez en la manera de nuestra aproximación a Dios, libre y osada (3.21), y en su resultado, a saber que… **él nos oye**. Sin embargo, la condición es: **si pedimos conforme a su voluntad**. En 3.22 la condición para que nuestra oración sea contestada es que nuestra conducta esté de acuerdo con los mandamientos de Dios; aquí, que nuestro pedido esté de acuerdo con su voluntad. La oración no es un medio conveniente para imponerle al Señor nuestra voluntad, sino la manera prescrita para subordinar nuestra voluntad a la suya. Por medio de la oración buscamos la voluntad de Dios, la abrazamos y nos ponemos en posición de cumplirla. Toda verdadera oración es una variante del tema: 'Hágase tu voluntad'. Nuestro Maestro nos enseñó a decir esto en la oración modelo que nos dio, y agregó el ejemplo supremo de ello en Getsemaní. En estas oraciones, y solo en esas, **él nos oye**, es decir que no solo toma nota de nuestras peticiones, sino que escucha favorablemente, presta oído a nuestro clamor (como en Juan 9.31; 11.41,42). La confianza del cristiano equivale a una doble certidumbre (*oidamen… oidamen*), que es en realidad una. Decir que **sabemos que él nos oye** es lo mismo que decir que Dios tiene presente **lo que le hemos pedido.** El tiempo presente **tenemos,** *ecomen* (BJ, 'sabemos que tenemos conseguido') es notable, y recuerda a Marcos 11.24 donde se nos dice que creamos que recibiremos (*elabete*) lo que pedimos, y así será (*estai*). 'Nuestras peticiones son concedidas al punto: los resultados de la concesión serán percibidos en el futuro' (Plummer).

> **5.16** **Si alguno ve a su hermano cometer un pecado que no lleva a la muerte, ore por él y Dios le dará vida. Me refiero a quien comete un pecado que no lleva a la muerte. Hay un pecado que sí lleva a la muerte, y en ese caso no digo que se ore por él.**

Habiéndose referido en general a la oración contestada (vv. 14,15), Juan presenta ahora una ilustración específica y una limitación (vv. 16,17). No se trata de un caso de petición, sino de intercesión. La seguridad de la vida eterna que el cristiano debiera disfrutar (v. 13) no debiera llevarlo a preocuparse solo por sí mismo y olvidar a los demás. Por el contrario, reconocerá su deber de cuidar en amor a su hermano necesitado, ya sea que la necesidad que 've' sea material (como en 3.17,18), o, como aquí, espiritual: **Si alguno ve a su hermano cometer un pecado.** No puede decir '¿Soy yo guarda de mi hermano?' y no hacer nada. El tiempo futuro, **ore por él**, no expresa un mandamiento del escritor, sino la reacción inevitable y espontánea del cristiano. Esta es la manera de tratar el pecado en la congregación. Y el Señor oye esa oración. **Ore por él y Dios le dará vida.** Puesto que Dios es el dador de la vida (ver versículos 11, 20), y ya que ordinariamente 'el pedir es la parte del hombre y el dar la de Dios' (Plummer), algunas traducciones (NVI, RV95) han adoptado la traducción **Dios le dará vida.** Pero los verbos en griego están tan simple y estrechamente unidos (*aitēsei kai dōsei*), que resulta forzado cambiar el sujeto. Es mejor aceptar la atribución de real eficacia a la oración (como en el versículo 15), de modo que, bajo el Señor, se puede decir que el que pide la vida para otro no solo la consigue, sino que se la da (BJ) 'pida y le dará vida'). En todo caso aquel a quien se le da vida es al pecador, no al intercesor. Ver Santiago 5.15,20 donde la oración de fe por un enfermo y la que hace volver a un pecador se dice en ambos casos que lo 'salvan'.

Sin embargo, no todo pecador puede recibir vida en respuesta a la oración. Juan traza una distinción entre **un pecado que no lleva**

a la muerte y **un pecado que sí lleva a la muerte**. El cristiano ha de orar por el que comete el primero, y por medio de la oración le dará vida. Por el segundo, Juan no ordena orar (**no digo que se ore por él**), es decir, por alguien que se reconoce que lo comete. En verdad, no prohíbe explícitamente la oración, como Dios lo prohibió a Jeremías que orase por el pueblo de Judá (Jeremías 7.16; 11.14; 14.11; ver 1 Samuel 2.25); pero no lo aconseja, porque evidentemente duda de su eficacia en este caso.

¿Cuál es, pues, el **pecado de muerte**? Indudablemente la expresión era familiar para los lectores de Juan, pero lo comentaristas desde los Padres subapostólicos han debatido su significado. No puede referirse a un pecado punible con la muerte física, como en Hechos 5.1–11 y 1 Corintios 5.5; 11.30, puesto que la vida con la cual se lo contrasta es evidentemente la vida espiritual o eterna. En un sentido, todo pecado es espiritualmente 'de muerte', pues la muerte es la pena del pecado (Romanos 5.12; 6.23; Santiago 1.15); pero aquí Juan distingue entre el pecado que es de muerte y el que no lo es. Podemos dividir en tres las interpretaciones posibles.

1. Un pecado específico. En la ley mosaica se enumeraban ciertos pecados como ofensas capitales, castigables con la muerte (por ejemplo, Levítico 20.1–27; Números 18.22; ver Romanos 1.32). Además, en el Antiguo Testamento generalmente se traza una distinción entre los pecados de ignorancia, cometidos involuntariamente, que podían ser limpiados por medio del sacrificio, y los pecados voluntarios o 'las soberbias' (Salmos 19.13, RV), cometidos 'con mano levantada', para los cuales no había perdón. La misma distinción era 'común entre los escritores rabínicos' (Westcott), y algunos de los primeros Padres cristianos la llevaron a la época del evangelio. Clemente de Alejandría y Orígenes aceptaban que se podía trazar una línea entre pecados perdonables e imperdonables, pero declinaban clasificarlos. Tertuliano iba un paso más adelante y enumeraba los pecados más groseros (inclusive el asesinato, el adulterio, la blasfemia y la idolatría) que estaban fuera del perdón, mientras que las ofensas menores podían ser perdonadas. Esto llevó al desarrollo de la conocida diferenciación casuística entre los 'mortales' y 'veniales' y la especificación de los 'siete pecados capitales'. Pero no hay base alguna en el Nuevo Testamento para tan arbitraria clasificación de los pecados, y por cierto 'sería un anacronismo tratar de aplicarla aquí' (Dodd). De hecho, aunque la traducción en la BJ es 'un pecado de muerte', es dudoso que Juan se estuviera refiriendo a 'pecados' específicos, en oposición al 'pecado' (como en 1.8), esto es, 'un estado o hábito de pecado voluntariamente escogido y en el que se persiste' (Plummer).

2. Apostasía. La segunda sugerencia, favorecida entre los comentaristas modernos como Brooke, Law y C. H. Dodd, es que el 'pecado de muerte' no es ni un pecado específico, ni aun una 'reincidencia', sino una apostasía total, la negación de Cristo y el renunciamiento de la fe. Los que sostienen esta opinión por lo general vinculan estos versículos con pasajes tales como Hebreos 6.4–6; 10.26ss. y 12.16,17, y los aplican a los falsos maestros que, de hecho, habían repudiado la verdad al punto de retirarse de la Iglesia (2.19).

¿Pero puede apostatar un cristiano que ha nacido de Dios? Juan ha enseñado claramente en la carta que el verdadero cristiano no puede pecar, esto es, persistir en el pecado (3.9), no se deja caer del todo. Está por repetirlo: 'Sabemos que el que ha nacido de Dios no está en pecado: Jesucristo, que nació de Dios, lo protege, y el maligno no llega a tocarlo' (5.18). ¿Puede el que no peca cometer 'pecado de muerte'? Parece evidente, a no ser que la teología de Juan esté dividida contra sí misma, que el que peca de muerte no es cristiano. Siendo así, el pecado de muerte no puede ser apostasía. Nos queda la tercera alternativa.

3. La blasfemia contra el Espíritu Santo. Este pecado, cometido por los fariseos, era un rechazo franco y deliberado de una verdad conocida. Ellos atribuían las obras de poder de Jesús, evidentemente hechas 'por el Espíritu de Dios' (Mateo 12.28), a la instrumentalidad de Beelzebú. Semejante pecado, dijo Jesús, no sería perdonado jamás, ni en este mundo ni en el venidero. El que lo comete 'es culpable de un pecado eterno' (Marcos 3.29; ver Mateo 12.22–32). Lo conduce a un estado de incorregible embotamiento moral y espiritual, porque ha pecado deliberadamente contra su propia conciencia. En el lenguaje de Juan, ha preferido 'las tinieblas a la luz' (Juan 3.18–21), y en consecuencia 'en sus pecados morirá' (Juan 8.24). Su pecado es, de hecho, pecado de *muerte*. Esto es, el resultado de su pecado será la ruina espiritual, la separación final del alma de Dios, que es la 'muerte segunda' reservada para aquellos cuyos nombres no están 'escritos en el libro de la vida' (Apocalipsis 20.14,15; 21.8).

Pero, se puede objetar, si el pecado de muerte es la blasfemia contra el Espíritu Santo cometida por un incrédulo empedernido,

¿cómo puede Juan llamarlo **hermano**? Para ser exactos, no lo llama así. A quien llama hermano es al que peca 'no de muerte'; aquel cuyo pecado es 'de muerte' no es nombrado ni descrito. No obstante, suponiendo que Juan piense en ambos como hermanos, debemos con todo afirmar que ninguno puede ser considerado como hijo de Dios. La razón para negar que el que peca 'de muerte' sea cristiano ya ha sido dado; ¿qué se puede decir sobre aquel cuyo pecado 'no es de muerte'? Un punto importante, al cual sorprendentemente los comentaristas no prestan atención, es que se le da **vida** en respuesta a la oración. Esto significa que, aunque su pecado 'no es de muerte', de hecho está muerto y necesita que se le dé vida. ¿Cómo se le puede dar vida a alguien que está vivo? Este hombre no es cristiano, porque los cristianos no caen en la muerte cuando caen en pecado. En verdad, para Juan la 'vida' significa comunión con Dios, y el cristiano pecador no puede disfrutar de comunión con el Señor (1.5,6), pero el apóstol seguramente no hubiera dicho que cuando el cristiano peca muere y necesita recibir de nuevo la vida eterna. El cristiano ha 'pasado de la muerte a la vida' (3.14; ver Juan 5.24). La muerte y el juicio quedan atrás; 'tiene la vida' (v. 12) como una posesión presente y permanente. Cuando tropieza en el pecado, como puede sucederle (2.1), tiene un Abogado celestial (2.2). Necesita ser perdonado y purificado (1.10), pero Juan nunca dice que necesite 'ser revivido', 'volver a vivir' o 'recibir vida' otra vez.

Si es así, ni el que peca 'de muerte' ni aquel cuyo pecado 'no es de muerte' son cristianos, poseedores de la vida eterna. Ambos están 'muertos en sus transgresiones y pecados' (Efesios 2.1). Los dos 'permanecen en la muerte' (3.14). La diferencia entre ellos es que uno puede recibir vida mediante la intercesión de un cristiano, mientras que el otro morirá la muerte segunda. Ya muerto espiritualmente, morirá eternamente. Solo un estado tan serio como este habría llevado a Juan a decir que no aconsejaba a sus lectores orar por los tales.

Subsiste el interrogante: ¿Cómo se puede (si la interpretación es correcta) llamar *hermano* a alguien que no es cristiano? La única respuesta es que Juan aquí debe estar usando la palabra en el sentido más amplio de 'semejante' o de un cristiano nominal, un miembro de la iglesia que profesa ser un 'hermano'. Ciertamente en 2.9,11 la palabra 'hermano' no se emplea en sentido estricto, porque el que aborrece a alguien no es un cristiano, sino que está 'en tinieblas'. También en

3.16,17, donde se nos ordena 'entregar la vida por los hermanos' y suplir las necesidades materiales del 'hermano en necesidad', la palabra parece tener esta connotación más amplia. Puesto que Cristo murió por los impíos y por sus enemigos, no podemos suponer que nosotros debemos limitar nuestro sacrificio y servicio exclusivamente a nuestros hermanos cristianos, y tener compasión solamente de ellos. Esta amplia connotación de la palabra **hermano**, implícita también en la enseñanza de Jesús (Mateo 5.22–24; 7.3–5), 'surge no tanto del carácter y la posición de aquel a quien llamáis hermano, como de la naturaleza del afecto con que lo consideráis' (Candlish). Esta sugerencia tiene apoyo en el pasaje un tanto similar de la carta de Santiago (5.19,20).

Tenemos una confirmación más de la interpretación sugerida, si bajo la descripción del 'pecado de muerte' Juan está aludiendo, como creen muchos comentaristas, a los falsos maestros. En el concepto del apóstol estos no era apóstatas: eran falsarios. No eran verdaderos 'hermanos' que habían recibido la vida eterna y luego la habían perdido: eran 'anticristos'. Negando al Hijo, no poseían al Padre (2.22,23; 2 Juan 9). Eran hijos del diablo, no hijos de Dios (3.10). Es verdad que habían sido en un tiempo miembros de la congregación visible y sin duda habían pasado por 'hermanos'. Pero habían salido, y con su retiro habían evidenciado que nunca habían sido realmente 'de nosotros' (2.19). Puesto que rechazaban al Hijo, perdían el derecho a la vida (5.12). Su pecado era indudablemente **de muerte**.

> **5.17**'Toda maldad es pecado, pero hay pecado que no lleva a la muerte.

Toda maldad es pecado. El pecado es injusticia, *adikia* (ver 1.9) o, como antes lo ha definido Juan, 'infracción de la ley', *anomia* (3.4). Ambos términos implican que existe una norma objetiva de moral, la voluntad de Dios, ya sea expresada en la 'ley' o en la 'justicia', y que el pecado ha de ser entendido como una violación de ambas. Juan agrega estas palabras para evitar ser mal entendido. Al distinguir entre 'pecado de muerte' y 'pecado que no es de muerte', no está tratando de minimizar la gravedad del pecado. Ni quiere desalentar a sus oyentes de orar, porque aunque no puede aconsejarles orar por aquellos que pecan de muerte, **hay pecado que no lleva a la muerte**, y los que lo cometen pueden recibir vida en respuesta a la oración de fe.

VII. Tres afirmaciones y una exhortación final
1 Juan 5.18–21

La carta termina en forma característica. Toda ella se ha interesado por las bases morales, doctrinales y sociales de seguridad cristiana. De modo que el autor reasume el tema de lo que debiéramos saber (v. 13) y sabemos (v. 15) y termina con el planteamiento de tres claras y simples certidumbres, cada una de ellas introducida por *oidamen, sabemos*. No hay aquí sugerencias tentativas y vacilantes, sino osadas y dogmáticas afirmaciones cristianas que están más allá de toda discusión y que resumen claramente verdades ya presentadas anteriormente en la carta.

> **5.18Sabemos que el que ha nacido de Dios no está en pecado: Jesucristo, que nació de Dios, lo protege, y el maligno no llega a tocarlo.**

La primera afirmación concierne a todo hijo de Dios. Se expresa como una generalización que no admite excepciones. **El que ha nacido de Dios no está en pecado.** Nuevamente se describe al cristiano como alguien que 'ha sido engendrado (*gegennēmenos*; ver 5.1,4) por él [Dios]'. El participio perfecto indica que el nuevo nacimiento, lejos de ser una fase transitoria de la experiencia religiosa, tiene un resultado permanente. El que ha sido engendrado por Dios sigue siendo su hijo con privilegios y obligaciones permanentes. Una de esas obligaciones se expresa en la frase *no practica el pecado* (RV95). Los dos versículos anteriores (vv. 16,17) referentes al pecado de muerte se aplicaban a los no creyentes. Muy diferente es el caso de aquel que ha nacido de Dios. Como en 3.4–10 (véase el comentario) el tiempo del verbo es presente e 'implica continuidad, hábito, permanencia' (Blaiklock). Expresa la verdad, no de que no puede incurrir en actos de pecado, sino más bien de que no persiste habitualmente en él o 'vive en pecado' (Dodd). El nuevo nacimiento produce nueva conducta. El pecado y el hijo de Dios son incompatibles. Pueden encontrarse ocasionalmente, pero no pueden vivir juntos en armonía.

El apóstol procede ahora a dar la razón de su seguridad de que el cristiano no peca. El Codex Sinaiticus y la mayoría de los manuscritos griegos dicen 'el que es engendrado por Dios se guarda a sí mismo' (*eauton*). Para el concepto de 'guardarse uno mismo' véase 1 Timoteo 5.22; Santiago 1.27; Juan 21, y también 1 Juan 3.3. Los códices Alejandrino y Vaticano, sin embargo, que son los que sigue la Vulgata, no tienen *a sí mismo* (*eauton*) sino *le* (*auton*). Este es el texto que siguen RV95, H–A, BJ. Si, como parece probable, esta última es la lectura correcta, el sujeto del verbo (es decir, *aquel que fue engendrado por Dios*) es Cristo, no el cristiano, y la verdad aquí enseñada es, no que el cristiano se guarda a sí mismo, sino que Cristo lo guarda. La RV95 adopta esta interpretación y elimina toda ambigüedad imprimiendo 'Aquel' con mayúscula: 'pues Aquel que fue engendrado por Dios le guarda'. Lo mismo la BJ. La DHH dice: 'el Hijo de Dios lo cuida'. Es el alto privilegio del cristiano ser como Cristo, 'como él es' (4.17), engendrado por Dios y por lo tanto su hijo. Es verdad que nuestra generación y nuestra condición de hijos son diferentes de los suyos, que son únicas y eternas; sin embargo, son lo suficientemente similares como para que Juan pueda usar expresiones idénticas para ambas, [el que] **ha nacido de Dios** y [Jesucristo, que] **nació de Dios**. En realidad, podemos suponer que emplea deliberadamente este lenguaje, a fin de mostrar lo apropiado de su afirmación de que **Jesucristo, que nació de Dios** guarda al **que ha nacido de Dios**. Adviértase que el poder de liberación del pecado, que aquí se atribuye al Hijo, en 3.9 es atribuido a la 'semilla' que permanece en el cristiano.

El cristiano solo puede esperar 'guardar' los mandamientos de Dios (3.24; 5.3, RV) si el Hijo lo 'guarda' a él. Ver Judas 24; 1 Pedro 1.5. ¿Pero por qué necesita ser 'guardado'? Si ha sido engendrado por Dios, ¿no es inmune a la tentación? No. El diablo, **el maligno**, está maliciosamente activo. Fuerte y sutil, lo excede como adversario. Pero el Hijo de Dios vino a deshacer las obras del diablo (3.8) y si él **lo protege** (*tērei*), al cristiano, el diablo no podrá echar mano de él: 'Toca' es una débil traducción de *aptetai* como se puede ver por Juan

20.17, la única otra vez que aparece el verbo en los escritos juaninos. Tal vez sea un eco del Salmo 105.15 (LXX): 'No toquen a mis ungidos'. Obsérvese que los tres verbos están en tiempo presente. Indican verdades permanentes. El diablo no **toca** al cristiano porque el Hijo lo **protege**, y porque el Hijo lo guarda, el cristiano **no está en pecado**. Esta es esa liberación 'del mal' por la que oramos al final del Padrenuestro. Para saber más sobre la promesa y el poder de Cristo para guardarnos ver Juan 10.28; 17.12, 15.

> 5.19 **Sabemos que somos hijos de Dios,**
> **y que el mundo entero está bajo el control del maligno.**

La segunda afirmación no se hace en la tercera persona singular sino en la primera persona plural y proporciona así una aplicación personal y particular de la generalización del versículo 18. **Sabemos que somos** (el apóstol se asocia con sus lectores y así con todo el pueblo cristiano) **hijos de Dios**. Habiendo 'nacido de Dios' (v. 18), Dios sigue siendo la fuente de nuestra vida y nuestro ser espiritual. Pero, en terrible contraste, **el mundo entero está bajo el control del maligno**, o 'en el maligno' (H–A), tomando *en tō ponērō* como masculino, no neutro, lo mismo que en el versículo anterior y en 2.13,14 y 3.12. Juan no dice que el mundo sea 'del' maligno como nosotros somos **de Dios** (aunque ya lo ha declarado en 3.8,10,12; ver Juan 8.44,47), sino que está *en él*, puesto que está pensando no tanto en el origen impío del mundo como en su presente condición triste y peligrosa. Está 'en el maligno', en sus garras y bajo su dominio. Además, *yace* (BJ) en esa condición. No se lo representa luchando activamente para libertarse, sino yaciendo tranquila, y tal vez inconscientemente, dormido en los brazos de Satanás. El maligno no 'toca' al cristiano, pero el mundo está impotente en sus garras. La BJ traduce la frase 'en poder del Maligno'. 'Sobre el hijo de Dios el Maligno no osa poner su mano; el mundo yace en sus brazos' (David Smith). Para el dominio del diablo sobre el mundo, véase su título de 'príncipe de este mundo' en Juan 12.31; 14.30; 16.11 y la enseñanza de Pablo en Efesios 2.2 y 6.12.

Juan no desperdicia palabras ni elude ninguna cuestión. Expresa sin rodeos la opción absoluta. Cada uno pertenece o a 'nosotros' o 'al mundo'. Por consiguiente, cada cual es o 'de Dios' o 'del maligno'. No hay una tercera categoría. Hoy en día, cuando la línea de demarcación entre la Iglesia y el mundo está borrosa, es importante aprender de nuevo que todos menos los que han tenido un nacimiento celestial, están bajo la autoridad y el poder de 'potestades que dominan este mundo de tinieblas' (Efesios 6.12) y de su jefe, el dios y príncipe de este mundo. Necesitamos recordar, sin embargo, que aunque todo el mundo yace en poder del maligno, Jesucristo es la propiciación (2.2, RV) por los pecados de todo el mundo (única otra vez que aparece esta expresión en la carta).

> **5.20 También sabemos que el Hijo de Dios ha venido y nos ha dado entendimiento para que conozcamos al Dios verdadero. Y estamos con el Verdadero, con su Hijo Jesucristo. Este es el Dios verdadero y la vida eterna.**

La tercera afirmación es la más fundamental de las tres. Ella socava toda la estructura de la teología de los herejes. Tiene que ver con el Hijo de Dios por cuya intervención solamente podremos ser rescatados del maligno y libertados del mundo. Tanto la revelación como la redención son la obra de su gracia. Sin él no podemos ni conocer a Dios ni vencer al pecado. Estas cosas hoy nos son posibles solo porque **el Hijo de Dios ha venido**, y habiendo venido, **nos ha dado entendimiento…** Los verbos deben ser considerados juntos. El evangelio cristiano no tiene que ver solamente con la verdad de que Cristo **nos ha dado** ciertas cosas, sino que **ha venido**. Este es otro ejemplo del énfasis de Juan en que la fe cristiana es a la vez histórica y experimental, y no una cosa sin la otra. Además, ambos verbos están en tiempo perfecto. El beneficio de su venida permanece. Su don no nos será arrebatado (ver Romanos 11.29).

Lo que nos ha dado es **entendimiento**, *dianoia*, 'el poder o capacidad de conocer' (Ebrard), **para que conozcamos al Dios verdadero**. Al Señor se lo describe aquí no como 'verdadero' (*alēthēs*), sino como 'real', *alēthinos*. Este es un adjetivo favorito de Juan. Así como Jesús se llamó a sí mismo el Pan de Vida 'verdadero' o 'real' (Juan 6.32; 15.1), en oposición al pan y el vino comunes que son las sombras de lo que él es, la sustancia (y no viceversa), Dios es la realidad última ('el único Dios verdadero', Juan 17.3) en oposición a los ídolos (v. 21). Este Cristo, Dios real, nos ha dado entendimiento para **conocer** (*ginōskomen* en contraste con *oidamen* del comienzo del versículo). Podríamos parafrasear: 'sabemos como un hecho que el Hijo de Dios nos ha dado entendimiento para llegar a percibir y conocer por experiencia a Aquel que es real…'. El tiempo presente de *ginōskomen* implica 'una aprehensión continua y progresiva' (Westcott).

No solo lo conocemos; también **estamos con** él. A diferencia del mundo que está **bajo el control del maligno**, nosotros estamos en Dios, compartiendo su vida misma, así como somos 'de Dios' (v. 19), derivando de él nuestro ser espiritual. Además, **estamos… con su Hijo Jesucristo**. Aparentemente estar **con el Verdadero** y **con su Hijo Jesucristo** serían expresiones equivalentes. Pero el posesivo **su** hace más probable que la segunda frase 'proporcione una explicación necesaria' (Brooke) de la primera. Es estando **con su Hijo Jesucristo** como estamos **con el verdadero.** De este modo las dos primeras frases del versículo 20 enseñan la necesidad de la mediación de Jesús tanto para el conocimiento de Dios como para la comunión con Dios. Conocemos a Aquel que es verdadero solo porque el Hijo de Dios ha venido y nos ha dado entendimiento; estamos en Aquel que es la verdad solo porque estamos en su Hijo Jesucristo. No podemos estar en el Padre sin estar en el Hijo, ni en el Hijo sin estar en el Padre (ver 2.22,23 y por ejemplo, 1 Tesalonicenses 1.1). Aquí al final de la carta, significativamente nuestro Señor recibe su título completo, como se le dio al principio (1.3). Es *Jesús* el hombre, *Cristo* el Mesías, el *Hijo* eterno de Dios.

La oración final del versículo 20 dice: **Este es el Dios verdadero y la vida eterna.** ¿A quién se refiere? Gramaticalmente, lo normal sería que se refiriera al sujeto anterior más cercano, a saber **su Hijo Jesucristo.** Si es así, esta sería la más inequívoca declaración de la deidad de Jesucristo en todo el Nuevo Testamento, que los campeones de la ortodoxia explotaron sin demora contra la herejía de Arrio. Lutero y Calvino adoptaron esta posición. Y no es por cierto una interpretación imposible. No obstante, 'la referencia más natural' (Westcott) es **al que es verdadero.** De este modo las tres referencias al 'verdadero' tienen que ver con la misma Persona, el Padre, y en la aparente repetición final se afirma que **este**, a saber, el Dios dado a conocer por Jesucristo, es el **Dios verdadero** y, además, es **la vida eterna.** Así como es luz y amor (1.5; 4.8) también es vida, la única fuente de vida (Juan 5.26) y dador de vida en Jesucristo (v. 11). Todo el versículo es fuertemente reminiscente de Juan 17.3, porque allí como acá se define la vida eterna en términos de conocimiento de Dios, Padre e Hijo.

5.21 Queridos hijos, apártense de los ídolos.

En su última cláusula, en lugar de un adiós formal, Juan vuelve a usar su tierna y afectuosa manera de dirigirse a sus lectores: **Queridos hijos**, que no había aparecido desde 3.8. Su exhortación final se basa en las tres grandes seguridades que acaba de expresar. El encargo: **apártense de los ídolos**, surge naturalmente de la condición y el carácter del verdadero cristiano que ha estado exponiendo. El Hijo de Dios lo guardará (v. 18), pero esto no lo exime de la responsabilidad de guardarse a sí mismo. Para estas dos formas de preservación, la de Cristo y la nuestra, véase Judas 21, 24. En realidad aquí el verbo no es *tērein* (como en el versículo 18), sino *fylassein*. Significa propiamente 'guardar', y David Smith señala que se emplea para guardar 'un rebaño (Lucas 2.8), un depósito o algo que nos es confiado (1 Timoteo 6.20; 2 Timoteo 1.12,14) o a un prisionero (Hechos 12.4)'.

En cuanto a los **ídolos** a que se refiere Juan, solo podemos hacer conjeturas sobre cuáles eran. Puede que se trate solo de una advertencia general de que el conocimiento del Dios verdadero y la comunión con él son incompatibles con el culto a los ídolos. O puede haber empleado la palabra 'ídolos' en el sentido que le daba Platón, de las ilusiones de los sentidos en oposición a la realidad última. En este caso, el apóstol estaría diciendo: 'No abandonéis la forma real por la ilusoria' (Blaiklock). Pero el agregado del artículo definido (*apo tōn eidōlōn,* **de los ídolos**' o 'de vuestros ídolos') sugiere que tenía en mente algún peligro en particular. Tal vez estuviera pensando en las idolatrías paganas de las cuales estaba llena Éfeso en ese entonces (Barclay). Es más probable, sin embargo, que se trate de una alusión a 'imágenes ilusorias forjadas por los falsos maestros' (Brooke), las cuales, debido a sus falsos conceptos del Hijo y por consiguiente del Padre, constituían una monstruosa idolatría. Esto podría explicar el 'perentorio imperativo aoristo' (Brooke, *fylaxate*). Juan estaba escribiendo en una época de crisis. 'La herejía cerintiana era un asalto desesperado que exigía una repulsa decisiva' (Smith). Lo cierto es que todos los 'substitutos de Dios' (Dodd) son propiamente 'ídolos', y que el cristiano debe guardarse vigilantemente de ellos.

El culto de los ídolos, irreales y muertos, es incompatible e inconsecuente con ese conocimiento del Dios verdadero, que es la vida eterna, así como el pecado y el egoísmo son incompatibles con el conocimiento del Dios que es luz y amor. Esta incompatibilidad, esta incongruencia, del pecado, la falta de amor, y el error, con el verdadero cristiano, es el tema fundamental de la carta. Reconozca el cristiano quién es, lo que ha llegado a ser, 'nacido de Dios', 'de Dios', 'conociendo a Dios', 'en Dios', poseedor de 'la vida eterna' en Cristo (todas estas características expresiones aparecen en estos versículos finales), y seguramente vivirá una vida consecuente con, y digna de, su posición de cristiano.

Segunda carta de Juan

Comentario

La segunda y la tercera cartas de Juan son los documentos más breves del Nuevo Testamento –más breves aún que la carta a Filemón y la carta de Judas, que son las otras cartas neotestamentarias que constan de un solo capítulo. Tanto la segunda como la tercera cartas de Juan contienen menos de trescientas palabras griegas y sin duda se escribieron en una sola hoja de papiro. En ellas el autor vuelve sucintamente sobre los mismos temas que ha desarrollado en la primera, pero la forma en que escribe es ahora más la de una carta que la de un tratado, y el tema que particularmente lo ocupa es la hospitalidad a los misioneros itinerantes.

El establecimiento y consolidación del Imperio romano hizo que los viajes por el mundo conocido fueran mucho más fáciles y seguros que nunca antes. Los facilitaron los grandes caminos que construyeron los romanos y la *pax romana* que mantenían sus legiones, así como un idioma de entendimiento común. La rápida difusión del evangelio en el siglo I d. C. debió mucho a estas ventajas.

¿Pero dónde habrían de hospedarse los viajeros cristianos cuando llegaban a una ciudad en viaje de negocios o, más importante aún, en un viaje misionero? 'Las comodidades del hotel moderno, o aun de la posada aldeana, eran entonces desconocidas' (Findlay). Además, según W. M. Ramsay,[39] 'había poca diferencia entre las antiguas posadas y las casas de mala fama … La profesión de posadero era deshonrosa, y su carácter infamante se señala a menudo en las leyes romanas'. 'Las posadas eran notoriamente sucias e infestadas de pulgas', mientras que 'los posaderos eran notoriamente rapaces' (Barclay). Como resultado, era natural que los cristianos, en sus viajes, fueran hospedados por miembros de las iglesias locales. En el Nuevo Testamento hay

---

39. Artículo 'Roads and Travel' (New Testament) en el *Hasting's Dictionary of the Bible*.

muchos rastros de esta costumbre. Por ejemplo, Pablo fue hospedado por Lidia en Filipos, por Jasón en Tesalónica, por Gayo en Corinto, por Felipe el evangelista en Cesarea y por el chipriota Mnasón en Jerusalén (Hechos 16.15; 17.7; Romanos 16.23; Hechos 21.8,16).

Sin embargo, esa hospitalidad se prestaba a muchos abusos. Por un lado, estaba el falso maestro, que sin embargo se hacía pasar por cristiano. ¿Debía extenderse a él la hospitalidad? Y estaba el truhán más obvio, el falso profeta con falsas credenciales, que estaba más dominado por la utilidad material y el hospedaje gratis que espera obtener, que por el credo que tenía que ofrecer. Este es el trasfondo contra el cual debemos leer la segunda y tercera cartas de Juan, porque en ellas el anciano da instrucciones acerca de a quién dar acogida y a quién rechazar, y por qué. Los genuinos misioneros cristianos, escribe, se han de reconocer tanto por el mensaje que llevan como por el motivo que los inspira. Si proclaman fielmente la doctrina de Cristo (ver 2 Juan 7), y si no han salido por un sucio lucro sino por amor al nombre de Jesús (3 Juan 7), entonces deben ser recibidos y ayudados a seguir su camino 'como es digno de Dios' (3 Juan 6).

Instrucciones bastante similares se pueden hallar en *La Didaquē*, un manual de disciplina eclesiástica, que se cree data de fines de siglo I d.C., para ofrecer dirección a las iglesias rurales de Siria.[40] Se supone que las iglesias serán visitadas por viajeros cristianos. Cada uno debe ser examinado, de modo que se pueda distinguir a los genuinos de los falsos (11.7,11; 12.1). Las pruebas que se dan conciernen a su doctrina (11.1,2), sus motivos y, específicamente, su actitud hacia el dinero y el alojamiento (11.5,6,9,12; 12.2–5) y su conducta moral (11.8,10).

Podemos dividir a 2 Juan en tres secciones: la introducción (1–3), el mensaje (4–11) y la conclusión (12,13).

---

40. Así Cyril C. Richardson, de cuya traducción de *La Didaquē* se han tomado los extractos citados aquí (*Early Christian Fathers*, Vol. I de *The Library of Christian Classics*, S.C.M. Press, 1953, pp. 161–179).

Para una breve presentación del importante documento mencionado por el autor, véase Justo L. González, *Historia del pensamiento cristiano*, Methopress, 1965, pp. 91–94. (N. del E.).

I. Introducción
2 Juan 1–3

^{2.1}**El anciano, a la iglesia elegida y a sus miembros,**
a quienes amo en la verdad —y no solo yo sino todos
los que han conocido la verdad—.

La introducción consiste en un encabezamiento (1, 2) y un saludo (3). De acuerdo con la práctica epistolar griega, el autor empieza su carta anunciándose. Sin embargo, no emplea su nombre propio (como, por ejemplo, en las cartas paulinas) sino su título: *el anciano* (ver 3 Juan 1). 'No describía simplemente la edad, sino la posición oficial' (Westcott). Es evidente que así era como lo conocían sus lectores. No tenía duda de que inmediatamente lo identificarían por ese título, el cual atestigua su reconocida autoridad. Véase la Introducción, páginas 33 y siguientes.

Su carta, según la RV95, está dirigida *a la señora elegida* (*eklektē kyria*). Los comentaristas difieren sobre si estas palabras describen a una persona individual o son la personificación de una iglesia. Aquellos que creen que era una persona han competido entre sí en ingeniosas presunciones acerca de la identidad de la misma. Algunos (comenzando con Clemente de Alejandría) han pensado que se llamaba Electa. J. Rendel Harris en *The Expositor* (marzo de 1901), basándose en paralelos de algunos papiros, sostenía que *kyria* era un término cariñoso, y que 2 Juan es virtualmente una carta de amor escrita a cierta Electa. Pero, si la señora tenía este nombre, debiéramos creer también, según el versículo 13 de la RV95, que tenía una hermana llamada también Electa. Otros piensan, más razonablemente, que su nombre era Kyria, un nombre hallado en los papiros, y que Juan se dirige a ella como 'escogida' o 'elegida'; pero en tal caso el adjetivo probablemente debiera ir precedido por el artículo definido (H–A, 'Ciria la elegida') como en 3 Juan 1, RV95, ('el amado'), en el versículo 13 y en

Romanos 16.13. Un tercer grupo ha llegado a arriesgar la opinión de que ambas palabras son nombres propios y que la dama se llamaba Electa Kyria. Estas sugerencias son todas improbables. Si el destinatario era un individuo, era indudablemente una 'señora elegida'. La ausencia del artículo definido confirma esto, y 'la combinación de términos es una expresión natural de cortesía cristiana' (Brooke). Todos los intentos de identificarla como María, la madre de nuestro Señor (debido a Juan 19.27 y su tradicional residencia en Asia), o Marta (que es el arameo para 'señora'), son puras conjeturas.

Es más probable, tal como lo expresa la NVI, que se trate de una personificación más bien que de una persona; no de la Iglesia en general, sino de alguna iglesia local sobre la cual era reconocida la jurisdicción del anciano, siendo *sus hijos* (1, ver 4,13) los miembros de la misma. El lenguaje de Juan no es apropiado para una persona real, ya sea en su declaración de amor (1,2) o en su exhortación al amor (5). Difícilmente podría el anciano referirse a su amor personal por una señora y sus hijos como a un 'mandamiento … que hemos tenido desde el principio' (véase 5). La situación visualizada no es más sugestiva de un individuo de lo que es el lenguaje, a no ser que imaginemos que se trataba de una viuda con una numerosa prole, solamente algunos de cuyos miembros (4) seguían la verdad, mientras otros habían caído en el error, aunque no se menciona a ninguno por nombre. El mensaje de los versículos 7–11 acerca del trato a los falsos maestros itinerantes puede aplicarse a todo hogar cristiano, pero es más probable que estuviera dirigido a una comunidad cristiana que a un hogar determinado de ella. No hay en la carta referencias obviamente personales, como las hay en la tercera epístola, a saber a Gayo, Diótrefes y Demetrio (versículos 1, 9, 12). El autor está pensando en una comunidad más que en un individuo. En la tercera carta, que está dirigida a un individuo llamado Gayo, se emplea consistentemente en toda ella la segunda persona singular. El contraste entre las conclusiones de las dos cartas es particularmente notable.

Aparte de estas consideraciones internas sobre el lenguaje y el mensaje, 'la personificación de ciudades, países y provincias en forma femenina era una convención más bien establecida' (Dodd), y hay buenos precedentes bíblicos para el uso de una personificación femenina para indicar la Iglesia, ya sea universal (Efesios 5.22–33; Apocalipsis 21.9) o local. En el Antiguo Testamento, Israel es ya una virgen, 'la hija de Sion' (Isaías 52.2; ver Isaías 47.1 ss.; Ezequiel 16.7), ya una mujer casada (Isaías 62.4,5; Jeremías 2.2) y una madre (Isaías 54.1ss.; ver Gálatas 4.26), ya una viuda (Isaías 54.4; Lamentaciones 1.1). La iglesia de Corinto había sido prometida a Cristo como una esposa a su marido (2 Corintios 11.2), y Pedro describe a otra iglesia como la 'que está en Babilonia, escogida como ustedes' (1 Pedro 5.13, *syneklektē*). Esta 'Babilonia' probablemente sea Roma. En el texto griego, se hace mención de una señora en forma singular. Si la iglesia que allí estaba podía ser asemejada a una dama **escogida** o 'elegida' como las iglesias a las que Pedro estaba escribiendo (1 Pedro 1.1, 2), la *señora elegida* debe haber sido una de las iglesias de Asia, *sus hijos* sus miembros, **su hermana, la elegida** (v. 13, RV95) la iglesia cercana donde Juan está en ese momento, y los 'hijos' de su hermana (13) los miembros de esta. En realidad, la carta de Juan a esta iglesia puede ser la que se menciona en 3 Juan 9, puesto que ambas se ocupan de la cuestión de la hospitalidad.

Si se pregunta por qué habrá escrito el apóstol de esta manera a una iglesia local, empleando la expresión *señora elegida,* como 'un disfraz para la comunidad', solo podemos hacer conjeturas. Puede haber sido por 'razones de prudencia' en días en que el odio persecutorio de la Iglesia era público y notorio; o puede haberse tratado "poco más que de un 'capricho', de acuerdo con el gusto de la época" (Dodd).

Juan describe, en la RV95, su relación con la iglesia con las palabras **a quienes yo amo en la verdad**. El 'yo' es enfático (*egō*). Tal vez esté arrojando una mirada de costado a los herejes. Ellos no solo habían comprometido la verdad, sino que eran un grupo orgulloso y desprovisto de amor. La declaración de Juan está en completo contraste. La frase griega traducida **en la verdad** (como en el versículo 3 y en 3 Juan 1) no lleva artículo. Podría ser en consecuencia una expresión adverbial traducida 'a quienes yo amo en verdad' (VM, H–A; ver 1 Juan 3.18), o 'verdaderamente', es decir, 'con toda sinceridad cristiana' (Plummer). Pero el contexto, con dos referencias subsiguientes a **la verdad,** con el artículo (1,2), justifica por cierto la traducción de la RV95, 'a quienes yo amo en la verdad'. La verdad era lo que vinculaba a Juan en amor con esa iglesia, especialmente la verdad acerca de Cristo, en oposición a la 'mentira' de los herejes (1 Juan 2.21–23). Y no estaba solo en ese amor por ellos, pues era compartido por **todos los que han conocido la verdad** (literalmente 'han llegado a conocerla', perfecto, *egōnokes*). 'La comunión del amor es tan amplia como la comunión de la fe' (Alford).

> **2.2 a causa de esa verdad que permanece en nosotros
> y que estará con nosotros para siempre.**

¿Por qué Juan y todos los otros cristianos amaban a los miembros de esta iglesia? **A causa de esa verdad que permanece en nosotros y que estará con nosotros para siempre.** Si somos cristianos, hemos de amar a nuestros prójimos y aun a nuestros enemigos; pero a nuestros hermanos en la fe estamos ligados por el vínculo especial de la verdad. La verdad es la base del recíproco amor cristiano. Juan subraya este hecho con sus cuatro referencias a *la verdad* en estos tres versículos iniciales. No nos amamos unos a otros porque seamos temperamentalmente compatibles, o porque nos sintamos mutuamente atraídos, sino por causa de la verdad que compartimos. No solo hemos llegado a conocerla objetivamente (1), sino que permanece en nosotros (2) como una fuerza interior presente, y *con nosotros* (enfático) permanecerá *para siempre*. Los herejes pueden dejarnos y salir al mundo (7; ver 1 Juan 2.19), pero en la sociedad cristiana la verdad estará segura. Mientras permanezca en nosotros y con nosotros, también perdurará nuestro mutuo amor. Si esto es así, y si el amor cristiano se funda sobre la verdad cristiana, nunca acrecentaremos el amor que existe entre nosotros disminuyendo la verdad que sostenemos en común. En el movimiento contemporáneo hacia la unidad eclesiástica debemos tener cuidado de no comprometer la misma verdad de la cual únicamente dependen el verdadero amor y unidad.

> **1.3 La gracia, la misericordia y la paz de Dios el Padre
> y de Jesucristo, el Hijo del Padre, estarán con nosotros
> en verdad y en amor.**

Es bien sabido que las cartas en griego que se intercambiaban entre amigos en el siglo I. d. C. se ajustaban a un modelo aceptado, con un comienzo y un final estilizados. Por lo general la carta empezaba con el nombre del que escribía y la identidad de los destinatarios, seguidos por la sola palabra *cairein*, 'saludos'. Esta forma se puede hallar en el comienzo de la carta de Santiago y en Hechos 15.23. Otros autores de cartas del Nuevo Testamento, aunque conservaron el anuncio del autor y los destinatarios, cristianizaron el saludo, reemplazando *cairein* por *caris,* **gracia.** La fórmula usual de Pablo, aunque a veces se apartaba de ella, era: 'Que Dios el Padre y Cristo Jesús nuestro Señor te concedan gracia, misericordia y paz'. En 2 Juan 3 pueden notarse cuatro desviaciones de ella. Primero, la salutación no es ni una oración ni un deseo, sino una confiada afirmación. Ninguna de las salutaciones de Pablo contiene un verbo principal. Tenemos que entender una palabra como *eiē,* 'ser', o la de Pedro, *plēthuntheiē,* 'sean multiplicados' (1 Pedro 1.2; 2 Pedro 1.2; ver Judas 2). Juan, por otro lado, pone primero en la frase un enfático *estai,* debe ser traducido no como una oración, *sea con vosotros* (RV95), sino como una declaración **estarán con nosotros.** En segundo lugar, entre **gracia** y **paz,** se agrega **misericordia,** como en las tres cartas pastorales. La gracia y la misericordia son ambas expresiones del amor de Dios, la gracia para el culpable e indigno, la misericordia para el necesitado y desamparado. La paz es esa restauración de la armonía con el Señor, con los demás y con el yo que llamamos 'salvación'. Puestas juntas, la paz indica el carácter de la salvación, la misericordia nuestra necesidad de ella y la gracia y la divina provisión gratuita de ella en Cristo. Tercero, las palabras **de Dios el Padre y de Jesucristo** son casi idénticas al uso de Pablo (los mejores manuscritos omiten 'del Señor' Jesucristo). Juan, sin embargo, agrega una nueva designación de Cristo como **el Hijo del Padre.** Este es su conocido énfasis teológico. El hombre *Jesús* no es solo el Mesías *Cristo,* sino el **hijo del Padre.**

La cuarta desviación juanina de los saludos epistolares normales de Pablo es el agregado de **en verdad y en amor.** Esto puede significar o que experimentaremos la gracia, la misericordia y la paz del Padre y el Hijo solo si permanecemos en la verdad y el amor, o que la gracia, la misericordia y la paz del Padre y el Hijo se expresarán, obrarán, en verdad y amor. Ya sean la verdad y el amor las condiciones o las consecuencias, o meramente los acompañamientos, de nuestra recepción de gracia, misericordia y paz es evidente que son señales esenciales de la vida cristiana. Ya las hemos hallado en combinación en el versículo 1, 'a quienes amo en la verdad'. Contrástese Efesios 4.15. La comunión de la iglesia local se crea por la verdad y se exhibe en el amor. Cada uno condiciona al otro. Nuestro amor no ha de ser tan ciego que ignore las opiniones y la conducta de los demás. La verdad debe hacer que nuestro amor sea discriminatorio. Juan no ve ninguna inconsecuencia en agregar a su mandamiento de amarnos unos a otros (5) una clara indicación de rehusar la comunión de los falsos maestros, que son engañadores y anticristos (7–11). Nuestro amor por los demás no está socavado por nuestra lealtad a la verdad. Por otro lado, nunca debemos defender la verdad con un espíritu riguroso o con acritud. Aquellos que están 'practicando la verdad' (4) necesitan ser exhortados a 'amarse unos a otros' (5). Así, pues, la comunidad cristiana debiera estar marcada tanto por el amor como por la verdad, y hemos de evitar la peligrosa tendencia a los extremismos que persiguen lo uno a expensas de lo otro. Nuestro amor se debilita si no está fortalecido por la verdad, y nuestra verdad se endurece si no es suavizada por el amor. Necesitamos vivir de acuerdo con la Escritura, que nos ordena amarnos unos a otros en la verdad y mantener la verdad en amor.

II. El mensaje
2 Juan 4–11

Ahora emerge el propósito práctico de la carta. Este tiene que ver tanto con la vida interna de la comunidad local (vv. 4–6) como con el peligro doctrinal que la amenaza desde afuera (vv. 7–11). Ambos están relacionados. Juan elogia al núcleo interior fiel ('alguno de ustedes') que están 'practicando la verdad' y les ruega que guarden los otros mandamientos de Dios, especialmente el del amor mutuo. Su razón para que quiera ver a la iglesia así fortalecida en la verdad y el amor es que han salido al mundo muchos engañadores a difundir sus impías mentiras (v. 7). Se regocija mucho por los miembros leales de la iglesia (v. 4), pero les aconseja que se cuiden (v. 8), no sea que sucumban a los falsos maestros o les den algún estímulo en la diseminación de sus errores. Aquí, pues, en esta parte central de la carta, tenemos un resumen sucinto de aquellos contrastes entre la verdad y la mentira, la Iglesia y el mundo, Cristo y el anticristo, los mandamientos de Dios y los engaños del diablo con los cuales nos hemos familiarizado en la primera carta.

> **2.4 Me alegré muchísimo al encontrarme con algunos**
> **de ustedes que están practicando la verdad,**
> **según el mandamiento que nos dio el Padre.**

Juan empieza su mensaje, tal como Pablo empezó ocho de sus trece epístolas, con una expresión de acción de gracias. Hay en la comunidad local mucho que para él es causa de gozo. Sabía, sin embargo, que no todos los miembros de la iglesia estaban viviendo consecuentemente. No podía decir más que: **Me alegré muchísimo al encontrarme con** (ya fuera en una reciente visita a ellos o, como en 3 Juan 3, por noticias que le habían llegado) **algunos de ustedes que están practicando la verdad.** El versículo paralelo en la tercera carta (v. 4), que tiene el artículo definido, sugiere que aquí también es esta la traducción correcta. **Practicando la verdad** (bj, 'viven según la verdad') incluye el creerla, especialmente la verdad céntrica de la encarnación, y obedecerla, tratando de ajustar a ella nuestras vidas. Ella permanece en nosotros (v. 2); nosotros andamos en ella. Aquí la verdad parece asemejarse a un sendero en el cual andamos, por el cual seguimos una carrera y del cual no debemos desviarnos. De hecho, apartarnos de la verdad revelada (sea en doctrina o en moral) no es solo un error infortunado, sino una desobediencia activa, porque andar en ella es un **mandamiento que nos dio el Padre**. Dios no ha revelado su verdad de tal manera que nos deje en libertad para creer o no creer en ella, a nuestro placer, o para obedecerla o desobedecerla. La revelación lleva consigo responsabilidad, y cuanto más clara la revelación, mayor la responsabilidad de creerla y obedecerla (ver Amós 3.2).

> **2.5 Y ahora, hermanos, les ruego que nos amemos los unos a los otros. Y no es que les esté escribiendo un mandamiento nuevo, sino el que hemos tenido desde el principio.**

El mandamiento de andar en la verdad no es el único mandamiento del Padre; la palabra ocurre otras tres veces en los versículos 5 y 6. Al mandamiento de creer se agrega el mandamiento de amar. Ser cristiano es creer en Cristo y amarnos los unos a los otros (1 Juan 3.23; ver Colosenses 1.4; 2 Tesalonicenses 1.3). Si negamos al Hijo y no amamos, ni tenemos ni conocemos a Dios (1 Juan 2.23; 4.8). La fe y el amor son señales del nuevo nacimiento (1 Juan 4.7; 5.1). Estos son también mandamientos. Algunos objetan que la fe y el amor no pueden someterse a la disciplina y están más allá del alcance de los mandamientos. ¿Cómo se me puede ordenar, preguntan, que crea lo que no creo o que ame a quien no amo? La respuesta a esta pregunta reside en la naturaleza de la fe y el amor cristianos. Es cuando se considera a la fe como una intuición y al amor como una emoción que parecen estar fuera de la esfera del deber. Pero la fe cristiana es una obediente respuesta a la revelación de Dios en Cristo. Esta revelación tiene un contenido moral. Si los hombres aborrecen la luz, es porque sus obras son malas (Juan 3.19–21). No 'creen' en el Hijo porque están resueltos a no 'obedecerle' (el significativo contraste en Juan 3.36).

Por eso es que la incredulidad es pecado y el incrédulo ya está condenado (Juan 16.8,9; 3.18). En forma similar, el amor cristiano pertenece más bien a la esfera de la acción que de la emoción. No es una pasión involuntaria e incontrolable, sino un servicio abnegado emprendido por elección deliberada. Así, pues, se ordenan ambas cosas, la fe y el amor (aquí y en 1 Juan 3.23). Además, obsérvense los pronombres: **les ruego … que nos amemos unos a otros**. Juan no lanza a la iglesia un mandamiento del cual él esté exento. De hecho, no da ningún mandamiento. Bien dice Brooke: 'El anciano que tiene derecho de ordenar, meramente funda un pedido personal, como entre iguales, sobre el viejo mandamiento impuesto a ambos por igual por el Maestro'. **No es que les esté escribiendo un mandamiento nuevo, sino el que hemos tenido desde el principio**. No era nuevo cuando Juan escribía; era tan antiguo como el evangelio. Ni siquiera era nuevo para sus lectores; lo habían conocido desde los primeros días de su vida cristiana (ver 1 Juan 2.7, 8; 3.11,23b; 4.21, con los comentarios citados, y el versículo 6: 'tal como ustedes lo han escuchado desde el principio').

> **2.6En esto consiste el amor: en que pongamos en práctica sus mandamientos. Y este es el mandamiento: que vivan en este amor, tal como ustedes lo han escuchado desde el principio.**

La mención del mandamiento de amar lo lleva a Juan a presentar en forma epigramática la relación recíproca entre el amor y la obediencia. Interpreta a cada uno en términos del otro. Primero, **en esto consiste el amor: en que pongamos en práctica sus mandamientos**, y segundo, **este es el mandamiento: que vivan en este amor** (*en autē*). Puesto que ambas palabras, **mandamiento** y **amor** en griego son femeninas, *autē* puede referirse a cualquiera de ellas, pero más probablemente a **amor**; ver Efesios 5.2. Está claro que el amor se expresa en la obediencia. Si amamos a Dios o a Cristo, lo mostraremos obedeciendo sus mandamientos (Juan 14.15,21; 15.10; 1 Juan 5.2,3). Si amamos a nuestro prójimo, haremos lo mismo, 'quien ama al prójimo, ha cumplido la ley' (Romanos 13.8). ¿Pero qué es la ley? Es amar a Dios con todo nuestro corazón, nuestra mente, nuestra alma y nuestras fuerzas, y amar a nuestro prójimo como a nosotros mismos. 'De estos dos mandamientos dependen toda la ley y los profetas' (Mateo 22.40). Así, pues, la ley y el amor no son incompatibles, se envuelven el uno al otro.

Aquí la vida cristiana se considera desde el punto de vista de los mandamientos. La palabra **mandamiento** es la que, repitiéndose cuatro veces en tres versículos, da cohesión al párrafo. Debemos andar **según sus mandamientos** (v. 6ª) y por lo tanto andar en la verdad (v. 4) y andar en el amor (v. 6b), porque estos son los mandamientos de Dios. Este es el triple 'andar' del cristiano. La libertad cristiana no es incompatible con la ley, como no lo es el amor. En verdad, el cristiano no está 'bajo la ley', porque su salvación no depende de la obediencia a la misma. Pero esto no lo exime de la obligación de guardar la ley (Mateo 5.17–20; Romanos 8.4; 13.10). La libertad con que Cristo nos hizo libres no es libertad para violar la ley, sino libertad para guardarla. 'Viviré con toda libertad, porque he buscado tus preceptos' (Salmos 119.45).

Segunda parte del mensaje de Juan | 2 Juan 7–11

Ahora Juan llega a la segunda parte de su mensaje. Se vuelve de los verdaderos creyentes a los falsos maestros, del trigo a la cizaña. Aunque está agradecido porque 'algunos' (v. 4) estén andando en la verdad, está profundamente molesto porque 'muchos' engañadores han entrado en el mundo (v. 7). De hecho su súplica a la iglesia, contenida en los versículos 5–6, se funda en la peligrosa actividad de esos falsos maestros. El error de ellos es negar la encarnación; su carácter es a la vez el de engañadores y anticristos. Sobre esta situación de hecho basa Juan una doble advertencia a sus lectores –primero, que no se engañen a sí mismos, no sea que pierdan su recompensa (vv. 8,9) y segundo, que no den estímulo alguno a los engañadores (vv. 10,11).

> **2.7 Es que han salido por el mundo muchos engañadores que no reconocen que Jesucristo ha venido en cuerpo humano. El que así actúa es el engañador y el anticristo.**

Jesús mismo advirtió a los apóstoles que surgirían 'falsos Cristos y falsos profetas' que intentarían engañar a los elegidos, y de los cuales debían cuidarse (Marcos 13. 22,23). La profecía del Señor se cumplió. En su primera carta, Juan escribió acerca de los 'muchos falsos profetas' que habían salido (4.1) y aquí los llama **muchos engañadores**. En ambos pasajes, aunque allí el tiempo es perfecto y aquí aoristo, los describe diciendo que **han salido por el mundo**. El verbo es *exēlthan*. Puede referirse a que han dejado la iglesia, porque el mismo verbo ocurre, en el mismo tiempo, en 1 Juan 2.19. Pero parece más probable que el lenguaje sea una reminiscencia deliberada de la misión de Cristo y sus apóstoles. Cristo estaba siendo imitado por el anticristo. El Hijo había 'salido' del Padre al mundo (Juan 7.29; 8.42; 13.3), y había enviado los apóstoles al mundo (Juan 17.18; 20.21; ver Mateo 28.19; Marcos 16.15 y 3 Juan 7, que también tiene *exēlthan*). Tal vez la implicación sea que así como los apóstoles fueron enviados al mundo a predicar la verdad, los falsos profetas habían salido a enseñar mentiras, como emisarios del diablo, el padre de mentira. Sea como fuere, hemos de pensar que eran falsos profetas itinerantes, que viajaban por los grandes caminos romanos de Asia Menor, tratando de insinuar sus errores en las iglesias que visitaban. 'Desde su propio punto de vista, eran misioneros cristianos. Desde el punto de vista del anciano, eran impostores' (Dodd).

La herejía de esos maestros era que **no reconocen que Jesucristo ha venido en cuerpo humano.** No se nos dice que negaran categóricamente la encarnación, sino que no la 'reconocían' (NEB). Tal vez tenían suficiente sutileza para falsearla más bien que contradecirla. No obstante, su enseñanza equivalía a una contradicción. La afirmación cristiana fundamental acerca de Jesús está expresada de varias maneras en las cartas juaninas. A veces es simplemente que 'Jesús es el Cristo' (1 Juan 2.22; 5.1), lo cual equivale a reconocerlo como el hijo (1 Juan 2.13; 5.5). La confesión plena, sin embargo, es que 'ha venido en cuerpo humano' (1 Juan 4.2), donde se usa el participio perfecto *elēluthota*. Compárese el uso del participio aoristo en 1 Juan 5.6, *'o elthōnk*, 'el que vino'. Pero aquí el participio está presente, *ercomenon*, 'viene en cuerpo humano'. En estricta gramática esta debiera ser una referencia a una venida futura, y algunos se han preguntado si no se trata de una referencia a la Parusía, mencionada específicamente dos veces en la primera carta (2.28; 3.2). Sin embargo, puesto que no sabemos de ninguna controversia temprana acerca de si Jesús habría de volver en la carne, mientras que estas cartas se preocupan por afirmar que su primera venida había sido en la carne, casi seguramente es a esta a la que aquí se hace referencia. En este caso el tiempo presente es 'totalmente intemporal' (Alford). 'La encarnación no es solo un acontecimiento histórico. Es una verdad permanente' (Brooke). Jesús no se convirtió en el Cristo o en el Hijo en su bautismo, ni cesó de ser el Cristo o el Hijo antes de su muerte; Jesús era 'el Cristo venido en cuerpo humano'. Las dos naturalezas, la humanidad y la divinidad, estaban unidas ya en su nacimiento, para no ser nunca divididas. El uso de los tiempos perfecto y presente (en 1 Juan 4.2 y aquí) subraya esa permanente unión de naturalezas en una misma Persona.

El que niega la encarnación no es simplemente 'un engañador y un anticristo', sino **el engañador y el anticristo** por excelencia, 'el archiengañador' (NEB). Hay en esta herejía un doble agravio: se opone a Cristo y engaña a los hombres. Los falsos maestros se mencionan en la primera carta como empeñados en 'engañar' (2.26) y como 'anticristos' (2.18,22); ahora las dos ideas se reúnen.

> **2.8Cuídense de no echar a perder el fruto de nuestro trabajo; procuren más bien recibir la recompensa completa.**

Habiendo descrito el hecho e indicado el peligro de los falsos maestros itinerantes, Juan lanza ahora su primera advertencia: **Cuídense**. El verbo es el mismo que en Marcos 13.23, donde se registra la advertencia del Señor. Este error era sutil e insidioso. No podían permitirse aflojar su vigilancia. La importancia de la misma se da negativamente (**de no echar a perder el fruto de nuestro trabajo**) y positivamente (**procuren más bien recibir la recompensa completa**). En cada uno de los verbos de esta doble oración los manuscritos varían entra la primera y la segunda personas del plural, 'nosotros' y 'ustedes'. Westcott y Brooke piensan que corresponde casi con seguridad a la primera persona. Pero se aprecia mejor el sentido con la segunda persona. En este caso a Juan no le preocupa tanto que su propio trabajo por ellos pueda resultar vano (aunque ver Gálatas 4.11; Filipenses 2.16), como que ellos ganen y no pierdan la recompensa plena de sus trabajos cristianos. No se trata de que ganen o pierdan su salvación (la cual es un don gratuito), sino su recompensa por un fiel servicio. Parece tratarse de una metáfora tomada del pago del trabajo, pues **recompensa** (*misthos*) es el salario de un trabajador (como en Mateo 20.8; Juan 4.36; Santiago 5.4). Juan puede estar pensando en sí mismo y en ellos como 'colaboradores en la viña del Señor', en cuyo caso está ansioso porque no flaqueen y reciban así 'menos que el jornal completo' (Smith).

> **2.9Todo el que se descarría y no permanece en la enseñanza de Cristo no tiene a Dios; el que permanece en la enseñanza sí tiene al Padre y al Hijo.**

La advertencia de Juan a sus lectores acerca de la falsa enseñanza no es exagerada. Ahora se muestra su extrema gravedad. **Todo el que se descarría y no permanece en la enseñanza de Cristo no tiene a Dios. Descarría** es la traducción de *parabainōn*. La verdadera lectura, sin embargo, es *proagōn*, que la BJ traduce 'se excede' y la VP 'se adelanta demasiado'. El autor casi con seguridad está utilizando el vocabulario de los herejes. Estos sostenían que sus conceptos eran 'adelantados', una *gnōsis* superior, que los había capacitado para avanzar más allá de los rudimentos de la fe en los cuales la grey común se conformaba con 'permanecer'. Juan se refiere sarcásticamente a sus pretensiones. Habían 'avanzado', ciertamente. ¡Tanto habían avanzado que habían dejado a Dios atrás! El que niega a Cristo, con ello pierde a Dios. No puede 'tener' a Dios, es decir, disfrutar de comunión con él. Por otro lado, **el que permanece en la enseñanza sí tiene al Padre y al Hijo.** Esta es una repetición de 1 Juan 2.22,23. En ambos pasajes 'el Cristo' y 'el Hijo' son expresiones equivalentes. Nadie puede tener al Padre sin confesar al Hijo. El Hijo es la revelación del Padre (por ejemplo, Juan 1.18; 14.7,9; 1 Juan 5.20; ver Mateo 11.27) y el camino al Padre (Juan 14.6; ver 1 Timoteo 2.5), combinando las funciones de profeta y sacerdote. Por lo tanto, confesar al Hijo es poseer al Padre; negar al Hijo es perder al Padre.

Esto es tan cierto hoy de todas las religiones no cristianas como lo era en el siglo I del gnosticismo de Cerinto. Hoy muchos quieren tener a Dios sin Jesucristo. Dicen que creen en Dios, pero no ven la necesidad de Jesús. O quieren poner las religiones no cristianas en un mismo nivel con el cristianismo, como caminos optativos hacia Dios. Tales errores deben ser resistidos decididamente. En esto el cristiano es conservador, no progresista; trata de 'permanecer' en la doctrina de Cristo, no de 'avanzar' más allá de ella. C. H. Dodd considera incauto a Juan y agrega que pareciera 'condenar a la teología cristiana a una esterilidad permanente'. Esto es exagerado. Brooke llama correctamente la atención a 'la no repetición del artículo delante de *mē menōn*, y agrega: "no se condena todo 'progreso', sino solo aquel progreso que no llena la condición agregada de 'perseverar en la doctrina'. La fe cristiana tiene sus raíces en los acontecimientos históricos de la encarnación y la expiación, la revelación y la redención que fueron consumadas en Cristo. Avanzar más allá de él 'no es progreso sino apostasía' (Plummer); no es iluminación sino tinieblas. Más aún. El cristiano trata de permanecer no solo en Cristo sino **en la enseñanza** de Cristo. A primera vista esta frase, literalmente 'la doctrina del Cristo' (NEB), podría ser entendida como 'la doctrina que reconoce a Jesús como el Cristo' (Smith), y esto se adaptaría bien al contexto. Pero 'el uso del Nuevo Testamento' (Westcott, Brooke) requiere que el genuino sea interpretado no como objetivo: 'la enseñanza acerca de Cristo', sino como subjetivo: 'la enseñanza de Cristo'. Esta incluye sin duda lo que Cristo continuó enseñando por medio de los apóstoles (ver Hechos 1.1; Colosenses 3.16; Hechos 2.3). Esa autoritativa doctrina apostólica equivale a lo que en su primera carta Juan ha llamado 'lo que han oído desde el principio' (2.24; ver 2.7; 3.11; Juan 8.31; 2 Timoteo 3.14 y 2 Juan 5,6). El desarrollo del cristiano no es un progreso más allá de la enseñanza de Cristo, ya sea directa o apostólica, tal como se registra en el Nuevo Testamento, sino una progresiva comprensión de la misma.

> **²,¹⁰Si alguien los visita y no lleva esta enseñanza,
> no lo reciban en casa ni le den la bienvenida.**

Juan introduce ahora su segunda advertencia. Tan serias son las consecuencias del error de los engañadores (que hace que sus adherentes pierdan al Padre y al Hijo) que no solo los exhorta a tener cuidado de sí mismos, sino que los instruye sobre la manera de tratar a un falso profeta que habiendo 'salido por el mundo' (v. 7) ahora **los visita** (v. 10). Su deber es claro y definido: **no lo reciban en casa ni le den la bienvenida.** Esto es, no le deis la bienvenida ni lo saludéis en modo alguno. Esta orden determinante a los cristianos que deben ser 'dados a la hospitalidad' (por ejemplo, Romanos 12.13; 1 Timoteo 3.2; 5.3–10; Tit. 1.8; Hechos 13.2; 1 Pedro 4.8–10), y que deben hospedar generosamente a los verdaderos misioneros (3 Juan 5–8), ha resultado inaceptable para muchos. C. H. Dodd sugiere que se trata de 'reglas de emergencia' relacionadas con 'una situación de extremo peligro en la Iglesia', pero que no era necesaria ni justa esa 'fiera intolerancia'. Por lo tanto declina 'aceptar esta reglamentación del Presbítero como guía suficiente de la conducta cristiana' y la declara 'incompatible con el tenor general de la enseñanza del Nuevo Testamento y no consecuente, realmente, con la enseñanza de estas mismas cartas'. ¿Pero hemos de suponer que Juan estaba dividido contra sí mismo? El apóstol del amor da estas instrucciones inmediatamente a continuación de una exhortación a amar (v. 6). ¿Insistiría Juan en el mandamiento del amor para quebrantarlo inmediatamente él mismo? Además, no estamos 'en libertad de hacer a un lado de esta manera preceptos éticos directos de los apóstoles del Señor' (Alford).

Este versículo es de interés tanto para los complacientes que no quieren separarse de nadie como para los separatistas que se separan de casi todos. Para interpretarlo equilibradamente es necesario tener presentes los tres hechos siguientes.

Primero, Juan se está refiriendo a los maestros de doctrinas falsas, no meramente a los que las creían. La persona que no debe ser recibida es la que **los visita**, no como un visitante casual, sino como un maestro oficial, y que no solo cree, sino que *trae*, doctrinas distintas de **esta enseñanza** (la de Cristo), como un mercader 'trae' consigo mercaderías para vender. Los cristianos ciertamente pueden recibir y hospedar a alguien que sostiene ideas falsas, y tratarán de traerlo a una posición mejor. A los que no podemos estimular son a los que están empeñados en la difusión sistemática de mentiras, misioneros consagrados del error. C. H. Dodd parece no apreciar esta diferencia. Aunque se refiere a 'misioneros', parece estar pensando en los individuos herejes. Debemos 'hallar la manera', dice, 'de vivir con aquellos cuyas convicciones difieren de las nuestras sobre las cuestiones más fundamentales'. ¡Pero desde luego! En el caso de un individuo que niega a Jesucristo, es suficiente mirar (v. 8) que nosotros mismos no abracemos su error, y tratar de ganarlo para la verdad; pero en el caso de alguien oficialmente comisionado para enseñar su error a otros, debemos rechazar no solo el error, sino a él mismo.

Segundo, la instrucción de Juan bien puede estar relacionada no solo con una visita 'oficial' de falsos maestros, sino con el darles una bienvenida 'oficial', no solo una hospitalidad privada. Dos detalles así lo sugieren. Primero, esta carta estaba dirigida, como hemos visto, a una iglesia, no a un individuo, y la frase **si alguien los visita** (plural, *umas*) describe la anticipada visita de un falso maestro (o un grupo de ellos, versículo 7) a la iglesia en cuestión. Esas personas habían salido de la iglesia donde estaba Juan (ver el versículo 7 *exēlthon* con 1 Juan 2.19 *exēlthan*), pero evidentemente no habían llegado aún a donde estaban los destinatarios de la segunda carta. 'Estaba en marcha un vasto movimiento de propaganda herética, y en cualquier momento podía llegar a su ciudad' (Dodd). El segundo detalle es la orden de Juan **no lo reciban en casa**, que es, literalmente, 'en la casa'. ¿Qué casa? Desde luego, puede significar que toda la casa cristiana debía estar cerrada a los falsos profetas. ¿Pero no puede ser que Juan se estuviera refiriendo especialmente a 'la casa' en la cual (en los días anteriores a la existencia de templos) la iglesia se congregaba para el culto (ver Romanos 16.5; 1 Corintios 16.19, Colosenses 4.15; Filemón 1.2)? Por lo tanto, tal vez no se trate tanto de una prohibición de la hospitalidad privada, como de una bienvenida oficial en la congregación, con la oportunidad que esta proporcionaría para que el falso maestro propagara sus errores. 'Debe ser tratado como un excomulgado' (Dodd).

En tercer lugar, el profeta se está refiriendo a los maestros de una falsa doctrina sobre la encarnación, y no a cualquier maestro falso. Estos versículos no son un pretexto para rehusar la comunión con aquellos, aunque sean maestros, que no concuerdan en todos los aspectos con nuestra interpretación de la doctrina apostólica. Es inexacto escribir acerca de condenar al ostracismo a 'las personas cuyas opiniones no nos agradan' (Dodd). Lo que nos está prohibido es agasajar al anticristo, el archiengañador que en su enseñanza niega la divinidad y la humanidad esenciales de Jesús. Si aun así parece duro el precepto de Juan, es porque su preocupación por la gloria del Hijo y el bien de las almas es mayor que la nuestra, y porque 'la tolerancia de que nos enorgullecemos' es en realidad 'indiferencia a la verdad' (Alexander). El falso maestro a quien el apóstol no quiere que la iglesia agasaje, es 'el engañador' y el 'anticristo' (v. 7). Su enseñanza es peyorativa para Cristo y peligrosa para los hombres. ¿Cómo podemos, entonces, darle la bienvenida en nuestro hogar o iglesia o desearle suerte en su viaje? Si lo hacemos en nombre del amor, ¿estamos seguros de estar actuando en pro del mejor interés de los falsos maestros y de aquellos a quienes pueden pervertir? 'La caridad tiene sus límites: no debe ser mostrada a uno de manera tal que se haga un tremendo daño a otros' (Plummer).

1.11 pues quien le da la bienvenida se hace cómplice
de sus malas obras.

Ahora se da la razón del precepto de Juan. La falsa enseñanza que niega a Cristo y con ello despoja a los hombres del Padre no es simplemente un error desgraciado; es una 'mala obra' (*ponērois*, *malo*, 'maligno', aparece al final de la oración para mayor énfasis). Puede enviar las almas a la ruina eterna. Si no queremos fomentar esas malas obras (hacernos 'solidarios de sus malas obras', BJ), no debemos estimular al obrero.

III. La conclusión
2 Juan 1.12,13

[1.12] Aunque tengo muchas cosas que decirles, no he querido hacerlo por escrito, pues espero visitarlos y hablar personalmente con ustedes para que nuestra alegría sea completa.

Las conclusiones de la segunda y la tercera cartas son sorprendentemente similares. Compárese este versículo con 3 Juan 13,14. El anciano ha llegado al final de su hoja de papiro. La tinta, 'hecha comúnmente de hollín y agua espesada con goma' (Alford), aún estaba húmeda. Tiene todavía **muchas cosas** que decir (ver Juan 16.12), pero prefiere hablar a decirlas por escrito. Hablar **personalmente** (literalmente 'boca a boca', como en Números 12.8; Jeremías 32.4) es un método de comunión entre las personas más satisfactorio que la escritura. Las palabras habladas son más difíciles de interpretar equivocadamente que las palabras escritas, porque el que habla comunica lo que quiere decir no solo mediante las palabras, sino por el tono de su voz y la expresión de su rostro. Así, pues, Juan les dice de su esperanza de ir a visitarlos. Y la visita de su genuino maestro a ellos será muy diferente de la de los falsos maestros. Da por sentado que le darán la bienvenida. Hablándoles hará posible esa comunión personal con ellos que apenas pueden disfrutar el autor y los lectores de una carta. El propósito de esta comunión es **que nuestra alegría sea completa**. El gozo cumplido es el resultado de la comunión. El Nuevo Testamento no conoce un gozo perfecto aparte de la comunión unos con otros mediante la comunión con el Padre y el Hijo (ver 1 Juan 1.3,4 y comentarios citados).

**¹·¹³Los miembros de la comunidad elegida,
hermana tuya, les mandan saludos.**

La carta termina con un mensaje de salutación de *los hijos de tu hermana, la elegida* (RV95), a saber 'los miembros de vuestra congregación hermana' (Alexander), la iglesia desde la cual está escribiendo. Véanse el comentario sobre el versículo 1.

Tercera carta de Juan

Comentario

Lo mismo que la segunda, la tercera carta es suficientemente breve como para haber sido escrita en una sola hoja de papiro. Detrás de ambas cartas yace un problema similar, a saber, las visitas de maestros itinerantes y el trato que debía dárseles. Ambas, pues, tienen que ver con la verdad y el amor cristianos y la relación de los mismos con la hospitalidad. Hay algunas diferencias, sin embargo. En la segunda carta el anciano escribe a una iglesia local, personificada, según la RV95, como 'la señora elegida y sus hijos', mientras que en la tercera se dirige por nombre a uno de los dirigentes de una iglesia local y menciona a otros dos. Esta mención de Gayo (1), Diótrefes (9) y Demetrio (12) hace que la tercera carta sea más vívida que la segunda y nos dé una visión más clara de la vida interior de una iglesia del siglo I. También difiere el mensaje. En la segunda se exhorta a la iglesia a no extender su hospitalidad a los falsos maestros que niegan la doctrina de la encarnación, mientras que en la tercera el anciano alaba a Gayo por la hospitalidad que ha mostrado hacia los maestros de la verdad, lo insta a continuar en ella, y reprocha agudamente a Diótrefes por su negativa a recibirlos y por haberse opuesto a los que querían hacerlo. De esta manera la instrucción positiva de la tercera carta es complementaria a la negativa de la segunda. Ambas cartas deben ser leídas juntas si queremos alcanzar una comprensión equilibrada de los deberes y los límites de la hospitalidad cristiana.

La Didaqué, el manual eclesiástico del siglo I al cual se hizo referencia en la introducción a la segunda carta, muestra que a veces se abusaba de la hospitalidad de los primeros cristianos. Se dan instrucciones en el sentido de que un 'apóstol' no debe permanecer más de un día o, 'en caso de necesidad', dos. 'Si se queda tres días es un falso profeta' (11.5). Al partir, puede recibir alimentos suficientes para su viaje. Pero 'si pide dinero, es un falso profeta' (11.6). Además, si un profeta, aparentemente hablando bajo la inspiración del Espíritu, dice 'dadme dinero, o alguna otra cosa', no debe ser atendido a no ser que el dinero sea 'para otros que están en necesidad' (11.12). Se reconoce que los verdaderos profetas tienen derecho a hospedarse y ser mantenidos (v. 13), pero un viajero cristiano común no debe hospedarse gratuitamente por más de dos o tres días (12.2). Si quiere establecerse, 'debe trabajar para ganarse la vida … Si se niega a hacerlo, está negociando con Cristo' (12.3–5).

La tercera carta contiene mensajes dirigidos o concernientes a Gayo (vv. 1–8), Diótrefes (vv. 9,10) y Demetrio (vv. 11,12), con una conclusión y saludos (vv. 13,14).

I. Mensaje a Gayo

**^{1.1}El anciano, al querido hermano Gayo,
a quien amo en la verdad.**

El escritor se presenta nuevamente no por su nombre propio sino por el título que sus lectores evidentemente reconocerían: **el anciano**. Véase el comentario sobre 2 Juan 1. El destinatario de la carta es llamado **Gayo**. En las páginas de Nuevo Testamento aparecen varios hombres llamados Gayo: *Gayo de Corinto*, que después de ser bautizado por Pablo se convirtió en anfitrión del apóstol y 'de toda la iglesia' (1 Corintios 1.14; Romanos 16.23), y que, según Orígenes, era considerado tradicionalmente como el primer obispo de Tesalónica; *Gayo de Macedonia*, vinculado con Aristarco de Tesalónica como uno de los compañeros de Pablo, que sufrió en el motín de Éfeso (Hechos 19.29); y *Gayo de Derbe*, que acompañó a Pablo en su último viaje desde Grecia pasando por Macedonia, por lo menos hasta Troas, y que probablemente fue delegado de su iglesia para la transmisión de la colecta para los pobres de Judea (Hechos 20.4). Según las llamadas 'Constituciones apostólicas' del siglo IV (7:46.9), a este último Gayo de Derbe fue a quien se escribió la tercera carta de Juan y a quien el apóstol designó primer obispo de Pérgamo. Esta última sugerencia ha atraído a algunos comentaristas. En realidad 'no hay en ella nada improbable, pero el documento es tardío y su declaración no tiene apoyo anterior' (Dodd).

Puesto que 'Gayo' era 'tal vez el más común de todos los nombres en el Imperio Romano' (Plummer), es seguro resistir la tentativa de identificar al Gayo de esta carta. No sabemos quién era. Es evidente, sin embargo, por lo términos en que escribe Juan, que ocupaba una posición de responsabilidad y liderazgo en la iglesia local. Al parecer los evangelistas visitantes se hospedaban en su casa con preferencia a otras, y el anciano no hubiera escrito tan francamente acerca de

Diótrefes a quien no fuera un dirigente de la iglesia. Aunque solo podemos conjeturar su identidad y su posición, sabemos que era altamente respetado en la comunidad cristiana (**el querido**, 1) y particularmente apreciado por el mismo Juan (**querido** en los versículos 2, 5 y 11). El amor del apóstol por él era **en la verdad**. Como en 2 Juan 1, en esta frase en el original griego no aparece el artículo definido. C. H. Dodd cita dos cartas de un labrador egipcio del 110 d. C. en las cuales envía saludos a 'todos los que os (o nos) aman verdaderamente'. No obstante, la NVI, la RV95 y la BJ traducen bien la expresión no 'en verdad' o 'sinceramente', sino *en la verdad*, siendo la verdad la esfera en que existía y florecía su mutuo amor. Tal vez su relación fuera más personal aún que esto, y la referencia a 'mis hijos' (v. 4) insinúe que Gayo debía su conversión a Juan.

> **1.2** Querido hermano, oro para que te vaya bien en todos
> tus asuntos y goces de buena salud, así como prosperas
> espiritualmente.

Querido. Tres de las primeras once palabras griegas con que comienza la carta se refieren al amor. El amor del anciano por Gayo era genuino y se expresa ahora en un deseo de prosperidad material. **Que te vaya bien** —*que seas prosperado*, RV95— (*euodousthai*) significa literalmente 'tener un buen viaje' (Dodd), y metafóricamente 'tener éxito' o 'prosperar' (Romanos 1.10; 1 Corintios 16.2). **Goces de buena salud** (*ygiainein*) lo emplea Lucas, el médico, para describir a aquellos que están 'bueno y sanos' o 'sanos y salvos' (Lucas 5.31; 7.10; 15.27). Tomando juntas las palabras 'se combinan los elementos de progreso y vigor' (Westcott). Ambos verbos pertenecían al lenguaje epistolar convencional, aunque el interés que así expresa Juan por la salud y los bienes de Gayo indudablemente era sincero. No era necesario expresar un deseo similar por su bienestar espiritual porque él sabía, dice, **como prosperas espiritualmente.** Aquí hay un apoyo bíblico para desear tanto el bienestar físico como espiritual de nuestros amigos cristianos.

> **1.3** Me alegré mucho cuando vinieron unos hermanos
> y dieron testimonio de tu fidelidad, y de cómo estás
> poniendo en práctica la verdad.

La evidencia del bienestar espiritual de Gayo, que había causado gran gozo a Juan, le había sido llevada por algunos **hermanos**. Estos son mencionados aquí y en el versículo 5. Habían visitado la iglesia en la cual Gayo ocupaba una posición de responsabilidad y habían visto ciertas cosas en cuanto a él que habían hecho posible que, al regresar al anciano, le llevaran un buen informe. Se mencionan dos características de la prosperidad espiritual de Gayo: **tu fidelidad** (v. 3), y *tu amor* (v. 6). Gayo era un cristiano equilibrado. Mantenía la fidelidad en amor (ver Efesios 4.15). Amaba en verdad. Sobre la relación entre estas dos cualidades véase el comentario sobre 2 Juan 1 y 3. Puesto que solo puede darse testimonio de lo que ha visto (véase el comentario sobre 1 Juan 1.2), es evidente que Gayo era un cristiano transparente, franco, cuya luz brillaba y no estaba escondida debajo de un cajón. Su verdad y su amor eran conocidos de todos. Aun los 'desconocidos' (v.5, RV95) o 'forasteros', (v.5, BJ) podían ver su genuino valor y dar testimonio de él. Sobre el significado de **tu fidelidad, y … la verdad**, véase el comentario al versículo siguiente.

> **1.4**Nada me produce más alegría que oír que mis hijos practican la verdad.

El anciano consideraba a Gayo como su hijo, así como todos aquellos a quienes dirigió su primera carta eran sus 'hijos'. Tenía un afecto paternal por ellos (ver 1 Corintios 4.14–16; 1 Tesalonicenses 2.11). Así, pues, su gozo como padre estaba ligado al bienestar de sus hijos (ver 1 Tesalonicenses 3.1–10). En particular se gozaba si ellos perseveraban en practicar **la verdad** (ver la declaración similar en 2 Juan 1.4). Esta expresión, que tiene el artículo definido (*en tē alētheia*), explica el significado de las dos frases anteriores del versículo previo, 'tu verdad' (BJ, 'la verdad que hay en ti') y 'como practicas la verdad' (que originalmente no tiene artículo definido). *Practicar la verdad* es más que dar asentimiento del mismo; significa aplicarla a la propia conducta (BJ, 'viven según la verdad'). El que 'practica la verdad es un cristiano íntegro en quien no hay dicotomía entre la confesión y la práctica. Por el contrario, en él hay una exacta correspondencia entre su credo y su conducta. Tal conformidad de la vida a la verdad por parte de sus hijos le proporcionaba a Juan *mayor gozo* que ninguna otra cosa. A él le importaba la verdad. No consideraba las cuestiones teológicas como trivialidades sin importancia. Era de la verdad, creída y obedecida por sus hijos, de donde derivaba su mayor gozo. La variante *carin*, 'favor' (significando 'mayor favor de Dios'), en lugar de *caran* (*gozo*), seguida por la Vulgata y adoptada por Westcott y Hort, tal vez porque se encuentra en el Codex Vaticanus, es casi seguramente un error de copia.

> **1.5Querido hermano, te comportas fielmente en todo lo que haces por los hermanos, aunque no los conozcas. 6aDelante de la iglesia ellos han dado testimonio de tu amor.**

Nuevamente el anciano se dirige a Gayo como **querido** y procede ahora a referirse no ya a su verdad, sino a su **amor**. Era 'dado a la hospitalidad', como se ordena que sean a todos los cristianos (Romanos 12–13; Hechos 13.2; 1 Pedro 4.9) y particularmente las viudas (1 Timoteo 5.10) y los presbíteros–obispos (1 Timoteo 3.2; Tito 1.8). En estos versículos el término empleado es o el sustantivo *filoxenia* o el adjetivo *filoxemos*, que indican literalmente amor por los extranjeros. Al recibir a los tales, no solo podemos hospedar ángeles sin saberlo (Hechos 13.2), sino que estaremos recibiendo al mismo Señor Jesucristo (Mateo 10.40–42; 25.35, 38; ver *Didaquē* 11.2, 4, *'recibidle como al Señor'*). Este amor por los extranjeros es precisamente el que poseía Gayo, porque su ministerio había sido a los hermanos, *aunque no los conociera* (BJ, 'forasteros', *xenous*). Esto no significa que hubiera dos grupos separados a los que Gayo mostraba hospitalidad. 'Los hermanos y los extranjeros no son dos clases, sino una y la misma' (Plummer); (BJ, 'con los hermanos, y eso que son forasteros'). Su *filadelfia* (amor a los hermanos) y su *filoxenia* (amor a los extranjeros) estaban combinados. Ver Hechos 13.1,2, donde estas palabras aparecen juntas. Debe haberlos recibido en su casa y haberlos hospedado a sus expensas. Este servicio, comenta el anciano, lo hacía *fielmente*. Esto puede significar que Juan reconocía en la práctica hospitalaria de Gayo una muestra de su lealtad a él mismo y sus principios. Con él 'se podía contar todavía' (Dodd); ver BJ: 'te portas fielmente en tu conducta' y NEB: 'muestras una hermosa lealtad'. O, como sugiere Westcott, la expresión tal vez debiera ser traducida: 'haces seguro…', es decir, 'una acción tal … no dejará de tener su debido resultado y recompensa'. Pero es digno de notar que lo que se dice que Gayo hace **fielmente** es su 'servicio' (*ergasē*). Su obra era el resultado de su fe; era una 'conducta fiel'. El adverbio parece vincular la verdad y el amor de Gayo. Su ministerio práctico a los forasteros era fiel a su profesión de fe. Su amor era consecuente con la verdad que creía. El verbo **han dado testimonio** es un aoristo (*emartyrēsan*) y se refiere a alguna ocasión definida en que ante la congregación reunida, de la cual Juan era el dirigente, los viajeros de regreso habían hablado apreciativamente del amor que Gayo les había mostrado, y de su verdad (v. 3). Su verdad no había permanecido secreta en su mente, ni su amor en su corazón. Ambos eran evidentes. 'Los hermanos' habían visto ambos, habían sido impresionados por ambos, y habían dado testimonio de ambos.

> **1.6bHarás bien en ayudarlos a seguir su viaje,**
> **como es digno de Dios.**

El anciano pasa ahora del pasado al futuro, de lo que 'haces' (v. 5) a lo que **harás** (v. 6). Tal vez Juan esté ansioso porque el locuaz Diótrefes (vv. 9,10) no consiga persuadir a Gayo de que cambie su costumbre de tener su casa abierta. Le insta, pues, a que continúe atendiendo a los maestros itinerantes. Ahora está clara la implicancia de ser hospitalarios con los misioneros itinerantes. No solo deben ser recibidos cuando llegan, sino también aprovisionados (sin duda de dinero y alimentos) antes de despedirlos para la próxima etapa de su viaje **como es digno de Dios**, literalmente, 'de una manera digna de Dios' (H–A, BJ, *axiōs tou Theou*; ver Colosenses 1.10; 1 Tesalonicenses 2.12). Son siervos de Dios y lo representan. Debemos tratarlos como lo trataríamos a él. 'Quien los recibe a ustedes, me recibe a mí; y quien me recibe a mí, recibe al que me envió' (Mateo 10.40). Tal atención en el envío de los misioneros no solo es 'comportarse fielmente' (v. 5), sino algo hermoso (*kalōs poiēseis, harás bien*). Ver Marcos 14.6 para otra acción de amor que es reconocida como 'buena obra'.

C. H. Dodd sugiere que el verbo *propempsas*, traducido 'facilitarles su viaje' (H–A), era 'algo así como un término técnico de las primitivas misiones cristianas', que implicaba 'asumir la responsabilidad financiera del viaje' de los misioneros que partían. Es probable que sea así, pues aunque en Hechos 20.38 y 21.5 parece no significar más que 'acompañar' o 'escoltar', en otros lugares, como aquí, indica recibir y atender a alguien en preparación para la próxima etapa de su viaje (Romanos 15.24; 1 Corintios 16.6,11; 2 Corintios 1.16) y posiblemente también proporcionarle dinero y provisiones cuando parte (como en Tito 3.13 y posiblemente Hechos 15.3). Ver aquí el versículo 8.

¹˙⁷Ellos salieron por causa del Nombre, sin nunca recibir nada de los paganos

Ahora se dan las razones para tan especial hospitalidad: 'los hermanos' y los 'desconocidos' o 'forasteros' del versículo 5 no son cristianos comunes que van de viaje de una ciudad a otra, sino misioneros. Juan escribe de ellos que **salieron**. El verbo (*exēlthan*) es el mismo que se usa para los falsos maestros (1 Juan 2.19; 4.1; 2 Juan 7). Describe una deliberada salida en misión, como cuando Pablo se embarcó en su segundo viaje misionero (Hechos 15.40). Su motivo, según se señala, era **por causa del Nombre**. El **Nombre** es el nombre de Jesucristo, esto es, la revelación de su persona divino–humana y su obra salvadora. El celo por el nombre de Cristo es el más fuerte de los motivos misioneros (ver Romanos 1.5 y, para el sufrimiento por el Nombre, Hechos 5.40,41). **Los paganos** (*'oi ethnikoi*) no se refiere aquí a los no judíos, sino a los 'paganos' en contraste con los creyentes cristianos. La frase **sin recibir nada** no necesita ser llevada al extremo de significar que aquellos misioneros cristianos rehusarían aceptar los dones que les fueron ofrecidos voluntariamente por inconversos. No hay aquí una prohibición de aceptar dinero de los no cristianos que pudieran estar bien dispuestos hacia la causa cristiana. El mismo Jesús pidió y aceptó un vaso de agua de la pecadora mujer samaritana. Lo que aquí se dice es que esos evangelistas itinerantes (como proceder corriente) no buscarían su sostén entre los paganos y (de hecho) no lo recibirían de ellos. Los misioneros cristianos no eran como muchos maestros itinerantes no cristianos de aquellos días (o como los frailes mendicantes de la Edad Media), que se ganaban la vida vagabundeando. C. H. Dodd escribe: 'Devotos de diversas religiones recorrían los caminos, exaltando las virtudes de la divinidad de su elección, y colectando suscripciones del público. Así ha quedado registrado de un 'esclavo' de la Diosa siria (en una inscripción citada por Deissmann, *Light from the Ancient East*, pp. 108 et seq.) cómo viajaba al servicio de su 'Señora', y 'en cada viaje traía setenta bolsas'. Jesús les dijo a los Doce y los Setenta que no llevaran 'bolsas' (Marcos 6.8; Lucas 10.4), y Pablo condenaba a aquellos que 'trafican con la palabra de Dios' (2 Corintios 2.17; ver 1 Tesalonicenses 2.5–9). Por cierto, los ministros y maestros cristianos tienen derecho de ser sostenidos por aquellos que se benefician de su servicio, como Pablo insiste en varias oportunidades (especialmente

1 Corintios 9.1–18; Gálatas 6.6; 1 Timoteo 5.17,18). Pero una congregación cristiana que sostiene a su ministro es una cosa; y misioneros que reciben dinero de los paganos es otra.

¹·⁸nosotros, por lo tanto, debemos brindarles hospitalidad, y así colaborar con ellos en la verdad.

Este versículo está directamente en contraste con el 7. Precisamente porque no estaban sostenidos por los paganos **debemos brindarles hospitalidad**. En el griego el 'nosotros' de **debemos** es fuertemente enfático. Hay también un juego de palabras **debemos brindarles hospitalidad, y así colaborar** (*debemos acoger,* RV95), o más bien, 'sostener' (NEB, leyendo *ypolambanein* más bien que *apolambanein*) a aquellos que rehúsan *recibir* (*lambanontes*) nada de los paganos. Si la primera razón para acoger a los misioneros itinerantes es que son hermanos a quienes debemos honrar por haber salido por causa del nombre de Cristo, la segunda es mucho más práctica: no tienen otro medio de vida. 'Nosotros' debemos hacer por ellos lo que ellos no han de pedir que hagan los paganos. Aquí se halla encerrado un importante principio, a saber, que los cristianos debieran financiar las empresas cristianas que el mundo no sostendrá, o que no se le debe pedir que sostenga. En realidad, los cristianos tenemos la obligación (*debemos*) de hacerlo. Hay muchas causas buenas que un cristiano *puede* sostener; pero *debe* sostener a sus hermanos por quienes no se debe pedir al mundo que los sostenga. Este es un buen principio rector para las ofrendas del cristiano. La tercera razón para recibir y proveer a los misioneros cristianos es que al hacerlo *colaboramos con la verdad.* Esto puede significar ser 'colaboradores en la obra de la verdad' (BJ), lo que implica que estamos cooperando con los misioneros y así ayudamos 'en la predicación de la verdad' (DHH). La frase también puede traducirse 'colaboradores con la verdad', 'aliados de la verdad' (Moffatt), personificando a la verdad misma y considerándola como aquella con quien colaboramos. Para esta construcción véase Santiago 2.22. Tal personificación de la verdad, el evangelio o la palabra, no carece de precedentes en el Nuevo Testamento (véase por ejemplo, el versículo 12; 2 Corintios 13.8; Filipenses 1.27; 1 Tesalonicenses 2.13). Estos evangelistas itinerantes no son 'engañadores' (2 Juan 1.7), que les lleven la mentira de que Jesús no es el Cristo, el Hijo de Dios. Por el contrario, les llevan 'la verdad'. Recibir a uno de los primeros es ser 'cómplice de sus malas obras' (2 Juan 1.11); recibir a los últimos es ser un colaborador con la verdad. Los misioneros cristianos cooperan con la verdad proclamándola; nosotros cooperamos con ella sosteniéndolos. La empresa misionera cristiana, por consiguiente, no es solo asunto de los evangelistas, sino también de aquellos que los atienden y sostienen.

II. Mensaje acerca de Diótrefes
3 Juan 1.9,10

^{1.9}Le escribí algunas líneas a la iglesia, pero Diótrefes, a quien le encanta ser el primero entre ellos, no nos acepta.

Ahora el anciano introduce el problema creado por Diótrefes. Este era enteramente diferente de Gayo en carácter y conducta. Gayo andaba en la verdad, amando a los hermanos, atendiendo a los forasteros. Diótrefes, por otra parte, se ama a sí mismo más que a otros y se niega a acoger a los evangelistas itinerantes, o a dejar que otros lo hagan. Sin embargo, tanto uno como otro probablemente eran miembros de la misma congregación, porque 'en la Iglesia visible el mal siempre estará mezclado con el bien' (Artículo 26 de los Treinta y Nueve Artículos de la Iglesia Anglicana), aunque C. H. Dodd cree que eran miembros de iglesias vecinas. Ahora las cosas han llegado al colmo, dice Juan. **Le escribí algunas líneas a la iglesia, pero Diótrefes ... no nos acepta.** No está claro a qué carta se refiere. No puede ser esta que está escribiendo ahora porque, aunque gramaticalmente el verbo podría ser un aoristo epistolar, las palabras **Diótrefes ... no nos acepta** parecen describir la respuesta que la carta ya ha recibido (en el pasado). De modo que ha de ser alguna otra carta, no un mensaje privado a Gayo, sino directivas enviadas oficialmente **a la iglesia.** Difícilmente podría tratarse de la primera o la segunda de Juan, puesto que ninguna recomienda la atención de los misioneros itinerantes, que evidentemente era el tema de la carta mencionada en este versículo. La carta en cuestión, pues, debe haberse perdido, posiblemente porque Diótrefes la haya destruido.

Sea que este destruyera la carta o no, o que se negara a leerla a la iglesia, lo cierto es que rechazó las instrucciones escritas del anciano (*ti*, 'alguna cosa', VM, BJ) de recibir hospitalariamente a los evangelistas itinerantes. 'No acepta nuestra autoridad' (DHH). Debe notarse que el anciano poseía una autoridad aceptada generalmente. Daba órdenes y esperaba ser obedecido (ver 2 Tesalonicenses 3 para mandamientos apostólicos que requerían obediencia). Diótrefes era la excepción. No se iba a dejar mandar por Juan. Evidentemente reclamaba una autoridad propia, al extremo de excomulgar a los miembros de la iglesia que no le obedecían (v. 10).

¿Qué motivos impulsaban a Diótrefes a rebelarse así contra Juan? Se han hecho diversos intentos de reconstrucción de la situación. No hay evidencias de que sus divergencias fueran teológicas. Si hubiera estado en juego la verdad del evangelio, el anciano seguramente no hubiera vacilado en exponer el error en el mismo lenguaje terminante que había empleado en la primera y la segunda cartas. La causa de la dificultad no era ninguna herejía doctrinal, sino la ambición personal. Findlay señala que el nombre 'Diótrefes' era tan raro como común era 'Gayo'. Puesto que traducido literalmente significaba 'criado por Zeus', y solo se hallaba 'en familias nobles y antiguas', pasa a hacer la ingeniosa conjetura de que este Diótrefes 'pertenecía a la aristocracia griega de la antigua ciudad real' (de Pérgamo, a la cual Findlay cree que fue dirigida esta carta). En tal caso, lo que había detrás de su desgraciada conducta era el prestigio social. Otros escritores han tratado de atribuir la rivalidad entre Juan y Diótrefes a los cambios en el orden eclesiástico a fines del siglo I d. C. La vida de los apóstoles se acercaba a su fin. De hecho, según los que niegan que el anciano Juan fuera el apóstol, ya había terminado. Se sabe que alrededor del 115 d. C., cuando el obispo Ignacio de Antioquía escribió sus cartas a las iglesias de Asia, estaba establecido entre ellas el 'episcopado monárquico' (la aceptación de un solo obispo con autoridad sobre un grupo de presbíteros). Así, pues, esta carta fue escrita al final de la era apostólica, o entre esta y la aceptación universal del episcopado, un período de transición y tensión que C. H. Dodd asemeja al de la entrega de la responsabilidad de los misioneros extranjeros a las iglesias nativas.

Algunos comentaristas creen que el episcopado monárquico ya estaba siendo introducido, y que Diótrefes, como obispo legal de la iglesia, negaba subordinarse bajo la autoridad apostólica o (si C. H. Dodd tiene razón acerca del anciano; véase la Introducción) 'subaspostólica' de Juan. Otros piensan que más bien Diótrefes estaría aspirando a ese puesto, y que Gayo sería el candidato rival, apoyado por Juan. William Barclay sugiere que la carta refleja la tensión entre el ministerio universal de los apóstoles y profetas y el ministerio local de los ancianos. Piensa que Diótrefes puede haber sido un presbítero que estaba decidido a defender la autonomía de la iglesia local y, por consiguiente, se resistía al 'control remoto' de Juan y a 'la interferencia de extranjeros vagabundos'. Precisamente cual fuera su posición depende de si la excomunión de los miembros de la Iglesia (v. 10) se basaba en alguna autoridad efectiva o si era arrogantemente presuntuosa. C. H. Dodd se inclina a considerar la primera posibilidad, y que Diótrefes puede haber estado comprensiblemente en rebelión contra el antiguo orden representado por Juan. Está claro, sin embargo, que el mismo Juan tenía un concepto diferente del de Diótrefes, y si reconocemos su autoridad como escritor bíblico, debemos desde luego aceptar su punto de vista.

Para Juan, los motivos que determinaban la conducta de Diótrefes no eran ni teológicos, ni sociales, ni eclesiásticos, sino morales. La raíz del problema era el pecado. **Diótrefes, a quien le encanta ser el primero entre ellos** (*filoprōteuōn;* DHH, 'le gusta mandar'), no compartía el propósito del Padre de que en todas las cosas Cristo tuviera la preeminencia (Colosenses 1.18, *prōteuōn*). Ni reverenciaba al anciano. Quería la preeminencia para sí. Era 'ambicioso de posición y poder' (Findlay). No prestaba oídos a las amonestaciones de Jesús contra la ambición y el deseo de mandar (por ejemplo, Marcos 10.42–45; ver 1 Pedro 5.3). Su secreto amor propio hacía erupción en la conducta antisocial descrita en el versículo siguiente. David Smith comenta que '*proagein* (2 Juan 1.9) y *filoprōteuein* denotan dos temperamentos que perturbaban la vida cristiana en el Asia Menor: arrogancia intelectual y exaltación personal'.

> **1.10**Por eso, si voy, no dejaré de reprocharle su comportamiento, ya que, con palabras malintencionadas, habla contra nosotros solo por hablar. Como si fuera poco, ni siquiera recibe a los hermanos, y a quienes quieren hacerlo, no los deja y los expulsa de la iglesia.

Juan declara que si va en persona a la iglesia en cuestión, 'no dejará de reprocharle' su **comportamiento** y sus **palabras**. El sabe que las malas palabras, como las malas obras (2 Juan 1.11) emanan del maligno. Y no puede pasar por alto este desafío a su autoridad apostólica. Se verá obligado a tomar alguna acción disciplinaria. Ahora expone en tres frases la seriedad de la conducta de Diótrefes. Primero, **con palabras malintencionadas, habla contra nosotros solo por hablar.** La palabra traducida 'habla' (*flyarōn*) significa en griego clásico 'hablar necedades'. 'Lleva la idea de que las palabras no eran malvadas sino sin sentido' (Plummer). El sustantivo *flyaroi* en 1 Timoteo 5.13 se traduce la frase en cuestión 'criticándonos con palabras llenas de malicia'. Diótrefes evidentemente consideraba al apóstol como un rival peligroso de la autoridad que él mismo habría asumido en la iglesia y trataba de socavar su posición con afirmaciones calumniosas. Pero no estaba actuando solamente contra la persona y la posición de Juan, sino contra sus instrucciones acerca de la atención de los misioneros. **Como si fuera poco,** desafiaba abiertamente al anciano negándose a recibir a los hermanos. Y, en tercer lugar, **a quienes quieren hacerlo, no los deja y los expulsa de la iglesia.** Por alguna razón Diótrefes estaba en contra de la intrusión de los maestros itinerantes. No los honraba por haber salido en misión 'por causa del Nombre'; le interesaba más la gloria de su propio nombre. Tal vez no tenía otra razón para negarse a recibir a esos forasteros, que el hecho de que el apóstol lo hubiera ordenado. No los recibía en su hogar ni les ayudaba, y a aquellos que querían obedecer a Juan y recibirlos, primero les advertía que no lo hicieran y después los excomulgaba. El amor propio vicia todas las relaciones. Diótrefes calumniaba a Juan, repudiaba a los misioneros y excomulgaba a los creyentes fieles porque se amaba a sí mismo y quería tener la preeminencia. La vanidad personal está aún en la raíz de la mayoría de las disensiones en las iglesias locales de hoy.

III. Mensaje acerca de Demetrio
3 Juan 1.11,12

1.11Querido hermano, no imites lo malo sino lo bueno. El que hace lo bueno es de Dios; el que hace lo malo no ha visto a Dios.

Juan pasa ahora de su descripción de los males realizados por Diótrefes, a dar una palabra de consejo personal a Gayo, seguida por una alabanza de Demetrio. Tal vez está ansioso porque Gayo no vaya a ser influido por Diótrefes. De modo que escribe: **Querido hermano, no imites lo malo sino lo bueno.** El imperativo es *mimou*, 'imitar'. Todos somos imitadores. Es natural que miremos a otras personas como nuestros modelos y las copiemos. Esto está bien, parece decir el anciano, pero Gayo debe elegir cuidadosamente su modelo. Diótrefes, por ejemplo, no conviene. Gayo 'no debe imitar el mal, sino el bien', y Juan agrega el porqué. No es solo por el efecto que nuestra conducta tiene en otros, sino por la evidencia que arroja sobre nuestra condición espiritual. **El que hace lo bueno es de Dios; el que hace lo malo no ha visto a Dios.** Esta es la prueba moral que a menudo se aplica en la primera carta (por ejemplo, 2.3–6,28,29; 3.4–10; 5.18). De hecho, en esta carta se da un ejemplo de cada una de las tres pruebas: la verdad (v. 3,4); el amor (v. 6) y ahora la bondad (v. 11). El verdadero cristiano puede ser descrito como **de Dios** (ver 1 Juan 4.4,6) y como habiendo **visto a Dios** (ver 1 Juan 3.6). El haber nacido de Dios y el haber visto a Dios son en cierto sentido equivalentes. El que ha nacido de Dios ha llegado a ver a Dios con el ojo interior de la fe. Y esta visión de Dios afecta profundamente su conducta. Hacer lo bueno es dar evidencia de un nacimiento divino; hacer lo malo es demostrar que uno no ha visto a Dios (ver 1 Juan 3.6). Tal vez en esta generalización

Juan tenga en vista a Diótrefes, e indique así, oblicuamente, que cuestiona la realidad del cristianismo de aquél.

> **1.12En cuanto a Demetrio, todos dan buen testimonio de él, incluso la verdad misma. También nosotros lo recomendamos, y bien sabes que nuestro testimonio es verdadero.**

Así como el pensamiento de Diótrefes llevó a Juan a escribir acerca de hacer lo malo, la mención del bien hacer parece recordarle ahora a **Demetrio.** En Hechos 19.23ss. se menciona a un tal Demetrio, platero de Éfeso; pero no hay evidencia de que sea el que aquí se describe. Ni podemos decir que sea el mismo que en las cartas de Pablo se llama Demas (Colosenses 4.14; Filemón 24; 2 Timoteo 4.10), aunque probablemente Demas sea una abreviatura de Demetrio. Según las *Constituciones apostólicas,* más tarde Juan lo nombró obispo de Filadelfia. No sabemos nada con certeza acerca de este Demetrio, aparte de lo que nos dice este versículo. Se ha insinuado que Juan lo elogia de este modo porque era el portador de la carta, (un 'ayudante viajero del apóstol', Findlay), o porque era objeto de la malicia de Diótrefes, y Gayo necesitaba estar seguro en cuanto a él. Ambas son posibilidades; ambas especulativas. Sin embargo, la primera es la más probable puesto que Juan parece estar recomendando a Demetrio a Gayo como si este no lo conociera. Lo que es evidente es que se rinde un triple impresionante testimonio sobre Demetrio (ver 1 Juan 5.8). Primero, **todos dan buen testimonio de él.** El pasivo perfecto *memartyrētai* contiene la idea de que el testimonio de todos sobre Demetrio en el pasado sigue siendo válido en el presente. Este testimonio es confirmado por **la verdad misma.** Esta no puede ser una referencia al Hijo o al Espíritu, aunque ambos son 'la verdad' (Juan 14.6; 1 Juan 5.6). Seguramente significa que la genuinidad del cristianismo de Demetrio no necesitaba la evidencia de los hombres; era evidente por sí misma. La verdad que él profesaba estaba encarnada en él, tan estrechamente se ajustaba a ella su vida. Pero Demetrio tenía un tercer testigo: *y también nosotros damos testimonio* (*martyroumen*), un testimonio presente y continuo. Este es el plural de autoridad de primera persona y con él Juan se refiere a sí mismo. Esto sería suficiente para Gayo porque, aunque no conociera a ninguno de *todos* los que habían testificado sobre Demetrio y no se hubiera encontrado conocía a Juan y confiaba en su juicio, como este pasa a afirmar: **y bien sabes que nuestro testimonio** *(martyria)* **es verdadero** (ver Juan 21.24).

IV. Conclusión y saludo
3 Juan 1.13,14

^{1.13}Tengo muchas cosas que decirte,
pero prefiero no hacerlo por escrito;
¹⁴espero verte muy pronto, y entonces hablaremos
personalmente.

Compárese 2 Juan 1.12 y comentario. Hay diferencias verbales entre las dos conclusiones, tales como el tiempo del verbo y la referencia a **por escrito** —*tinta y pluma,* RV95— (*kalamos,* la caña empleada por los antiguos a manera de pluma) en lugar de 'papel y tinta', pero el sentido general es idéntico. El autor tiene **muchas cosas que decirte,** muchas más que las que puede incluir en una hoja de papiro, pero prefiere comunicarlas personalmente, pues está pensando visitar a Gayo **muy pronto,** y entonces, dice, **hablaremos personalmente.**

^{1.15}La paz sea contigo. Tus amigos aquí te mandan saludos.
Saluda a los amigos allá, a cada uno en particular.

La paz sea contigo, el saludo hebreo, investido de un nuevo significado por Jesús después de la resurrección (Juan 20.19,21,26), es un deseo adecuado para Gayo si tenía que ejercer funciones directivas en una iglesia en la cual Diótrefes estaba provocando disensiones. En la segunda carta la referencia a la paz aparece al principio (versículo 3), pero un saludo similar a la terminación de una carta se encuentra en Gálatas 6.16; Efesios 6.23; 2 Tesalonicenses 3.16 y 1 Pedro 5.14. El saludo recíproco con que termina la carta es de y para *los amigos.* Esta designación de los cristianos es única en las cartas. Su relación unos con otros se describe normalmente como 'hermandad', no 'amistad'. No obstante, Jesús llamó a los Doce sus amigos (Juan 15.13,14), y en Hechos 27.3 se menciona a los amigos de Pablo en la ciudad de Sidón.

No parece haber aquí ninguna insinuación de que los **amigos** estuvieran relacionados entre sí menos íntimamente que los 'hermanos' (vv. 3,5,10), ya que la instrucción que se le da a Gayo es saludar **a cada uno en particular**. Los cristianos no debieran perder su identidad individual en el grupo. Seguramente el designio divino es que cada comunidad local sea lo suficientemente pequeña y estrechamente unida como para que el ministro y los miembros se conozcan entre sí personalmente y puedan saludarse por nombre. El Buen Pastor llama por el nombre a sus ovejas (Juan 10.3); los pastores subordinados y las ovejas debieran conocerse también por nombre.

Editoriales de la IFES Amércia Latina (International Fellowship of Evangelical Students, Comunidad Internacional de Estudiantes Evangélicos) que apoyan esta publicación de Certeza Unida:

Certeza Argentina, Bernardo de Irigoyen 678, 5° "I" (C1072AAN) Ciudad Autónoma de Buenos Aires, Argentina.
certeza@certezaargentina.com.ar | www. certezaonline.com

Ediciones Puma, Av. 28 de Julio 314 Oficina G, Jesús María, Lima, Perú. Apartado Postal 11-168. ventas@edicionespuma.org
www.edicionespuma.org

Editorial Lámpara, Calle Abdón Saavedra 2204 esquina Fernando Guachalla, Sopocachi, La Paz, Bolivia. editoralampara@hotmail.com

Publicaciones Andamio, Alts Forns 68, Sótano 1, 08038, Barcelona, España. libros@andamioeditorial.com | www.andamioeditorial.com

A la IFES Amércia Latina la componen los siguientes movimientos nacionales:

Asociación Bíblica Universitaria Argentina (ABUA)
Comunidad Cristiana Universitaria, Bolivia (CCU)
Aliança Bíblica Universitária do Brasil (ABUB)
Grupo Bíblico Universitario de Chile (GBUCH)
Unidad Cristiana Universitaria, Colombia (UCU)
Estudiantes Cristianos Unidos, Costa Rica (ECU)
Grupo de Estudiantes y Profesionales Evangélicos Koinonía, Cuba
Comunidad de Estudiantes Cristianos del Ecuador (CECE)
Movimiento Universitario Cristiano, El Salvador (MUC)
Grupo Evangélico Universitario, Guatemala (GEU)
Comunidad Cristiana Universitaria de Honduras (CCUH)
Compañerismo Estudiantil Asociación Civil, México (COMPA)
Comunidad de Estudiantes Cristianos de Nicaragua (CECNIC)
Comunidad de Estudiantes Cristianos, Panamá (CEC)
Grupo Bíblico Universitario del Paraguay (GBUP)
Asociación de Grupos Evangélicos Universitarios del Perú (AGEUP)
Asociación Bíblica Universitaria de Puerto Rico (ABU)
Asociación Dominicana de Estudiantes Evangélicos (ADEE)
Comunidad Bíblica Universitaria del Uruguay (CBUU)
Movimiento Universitario Evangélico Venezolano (MUEVE)

Oficina Regional de la CIEE: Camino del río 4553, Cortijo del río, Monterrey, Nuevo León , CP 64890 México.
cieeal@cieeal.org | secregional@cieeal.org | www.cieeal.org

El mensaje de
Hechos

John Stott

Este libro se ocupa con integridad de temas tales como: el bautismo del Espíritu y los dones carismáticos, señales y maravillas; la disciplina en la iglesia, la diversidad de los ministerios, la conversión cristiana, los principios misioneros, el costo de la unidad cristiana, los motivos y los métodos empleados en la evangelización, el llamado a sufrir por Cristo, la Iglesia y el Estado, y la providencia divina.

El Sermón del Monte

John Stott

El Sermón del Monte
describe cómo se ven la vida y la comunidad humanas cuando
se encuentran bajo el régimen de la gracia de Dios. ¿Y cómo
se ven? ¡Diferentes! Jesús hizo hincapié en que sus verdaderos
seguidores, los ciudadanos del reino de Dios, deberían ser
completamente diferentes de los demás.

CERTEZA
UNIDA

El mensaje de Efesios

John Stott

Efesios es el evangelio de la iglesia. Presenta el propósito eterno de Dios de crear a través de Jesucristo una nueva humanidad. La nueva sociedad de Dios se caracteriza por la vida en lugar de la muerte; la unidad, en lugar de la división; los sanos valores de la rectitud, en lugar de la corrupción; una lucha incansable contra el mal, en lugar de un vacilante compromiso con él.

El mensaje de
Romanos

John Stott

En Romanos, Pablo da a conocer las buenas noticias
de la liberación: liberación de la santa ira de Dios y de
la condenación que impone su ley, de la alienación gracias
a la reconciliación, del temor a la muerte; de conflictos
étnicos en la iglesia, como también liberación para entregarnos
al amoroso servicio de Dios y de otros.

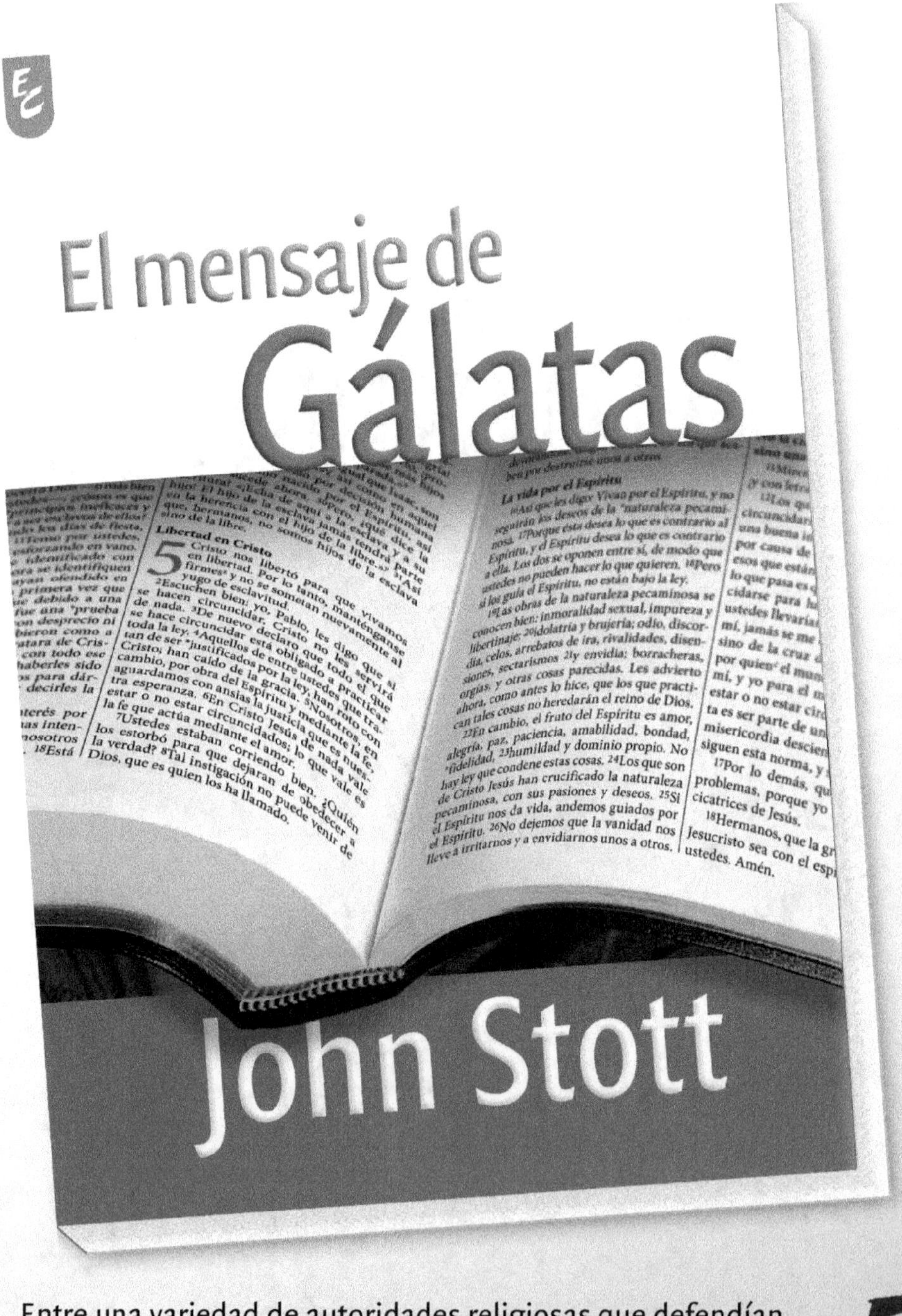

El mensaje de Gálatas

John Stott

Entre una variedad de autoridades religiosas que defendían
enseñanzas diferentes, ¿cómo era posible saber quién tenía
razón? ¿Cómo podrían los cristianos vivir una vida agradable
a Dios en medio de una cultura pagana?
Pablo escribió la carta a los Gálatas para responder
a los problemas que ellos se enfrentaban.

www.ingramcontent.com/pod-product-compliance
Lightning Source LLC
Chambersburg PA
CBHW071734150726
47998CB00005B/1646